승마에서 배우는 경영 인사이트
승마와 경영

승마에서 배우는 경영 인사이트

승마와 경영

최현우 지음

SIGMA INSIGHT

| 들어가며 |

상도商道라는 드라마가 있었다. 조선 최고의 거부 임상옥의 일대기를 그린 드라마다. 미천한 장돌뱅이 신분에서 종3품 벼슬까지 오른 임상옥을 상도 정신商道情神으로 후세에 존경받는 인물로 그렸다. 그는 조선 시대의 삼성, LG, 현대자동차 그룹에 해당하는 개성의 송상, 동래의 남상, 서울의 경상과 치열하게 경쟁하며 중견기업 의주 만상을 당대 최고의 기업으로 성장시켰다. 중국과의 인삼 무역에서 독점적 위치를 확보했으며 인삼을 직접 재배하고 홍삼을 속성 제조하는 독특한 기술을 개발하기도 했다. 제조, 유통, 국제무역까지 대규모 상단을 관리하고 운영하는 활동을 임상옥과 당시 송상의 우두머리 도방은 뭐라고 불렀을까? 당시에는 경영이라는 용어가 없었다. 이런 기업적인 생산과 유통, 상거래 조직은 중국과 일본, 유럽에도 있었을 것이다. 기업 운영 활동을 표현할 때 이들이 쓴 말은 무엇이었을까?

취미가 승마라고 하면 다들 묻는다. "말이 힘들지, 사람은 말 위에서 가만히 앉아 있는데 승마가 운동이 돼요?" 옛날 전쟁영화를 보면 장군이나 장교는 말을 타고 가지만 병졸들은 걸어간다. 왕이나 귀족은 말을 타고 하인들은 걸어간다. 말을 타고 가는 것이 걷는 것보다 편하다고 여기는 게 당연하다. 이들은 말타기와 승마를 구분하지 못한다. 승마는 말을 타고 먼 길을 걷는 게 아니다. 승마 경기를 보면 말이 제자리에서 뛰고, 옆걸음하며, 음악에 맞추어 춤을 춘다. 이럴 때 말에 탄 사람이 가만히 앉아 있기만 하면 어떻게 될까? 드물게 보는 올림픽 승마 경기에서도 선수는 말 위에서 아무것도 하지 않는 것처럼 보인다. 정말 사람이 가만히 앉아 있어도 말이 스스로 알아서 할까? 그렇다면 승마선수에게 메달을 줄 이유가 없다. 회사에서도 직원들은 CEO가 높은 층, 넓은 사무실에서 가만히 앉아 있으면 되는 것으로 안다. 직원들이 물건 만들고, 서비스하고, 기획하고, 회계처리하니 경영자는 가지고 오는 서류에 도장이나 찍고 지시만 하면 되는 것으로 보인다.

중세 사회를 붕괴시키고 문학과 예술을 부흥시킨 사건을 르네상스라고 부른다. 한 사회의 문학과 예술을 부흥시키려면 두 가지 조건이 필요하다. 두둑한 주머니와 문학과 예술을 진흥시키겠다는 의지다. 15세기 이탈리아의 한 집단이 이 조건을 충족시켰다. 북부 베네치아, 제노바, 피렌체 같은 도시에는 동서양의 물건들이 자연적으로 모였고 이들은 이 물건들을 거래해서 부를 쌓았다. 수입이나 수출 무역에 종사하던 상인들은 이전의 소규모 형태를 벗어나 직접 제품을 생산하고 먼 지방의 상인에게 판매하는 기업 형태로 성장했다. 새로운 기술이 발견되고 기업활동에 필요한 제도도 탄생했다. 대표적으로 1474년

들어가며

베네치아는 특별 조례로 지적재산을 10년간 보호하는 특허법을 만들었고, 이로 인해 유럽의 창조적인 과학자와 기술자들이 이탈리아로 몰려들었다. 21세기 실리콘밸리처럼 사회의 다양성은 르네상스의 불꽃이 타오르는 원동력이 되었다. 이 시기에 갈릴레이 갈릴레오도 양수기 기술로 특허권을 획득했다고 한다. 이를 기반으로 두둑한 주머니가 마련됐다. 막대한 재산을 바탕으로 중세 절대 권력도 무너뜨리고 통치권을 가졌지만, 경제력만으로는 통치의 정당성을 확보하기 어려웠다. 이들은 새로운 권위를 쌓는 방법으로 문학과 예술의 진흥을 선택했다. 대표적인 집안이 메디치 가문이다. 뛰어난 회화와 조각품이 제작되고 대규모 건축사업이 시작되었다.

사람들은 이탈리아의 예술적 건축물을 건축가가 만들었다고 생각하지만, 이것은 사실과 다르다. 르네상스 초기에는 건축가라는 신분이 없었고 인부들은 모두 각자의 위치에서 일했다. 십장이 있어서 일을 관리 감독했지만, 그들은 인부와 신분이 동일했고 같이 일하고 같은 공간에 살았다. 인부들이 십장의 지시를 받는 이유는 그가 맡은 일을 더 잘한다는 이유였고 서열은 없었다. 르네상스 이후에 벽돌을 들지 않고 기와도 나르지 않는 건축가라는 신분이 생겼고 그들은 자신을 예술가라 불렀다. 건축 십장이 예술가의 이름을 얻었다면 그들에게 건물 건설을 맡긴 건물주 – 대부분 기업을 운영하는 사람들 – 도 새로운 이름이 필요하지 않았을까? 르네상스 시절 이탈리아는 시민사회가 발달하고 신분이 파괴된 사회였다. 그들은 자신이 수행하는 기업 운영활동을 뭐라고 불렀을까?

그들은 이를 manus 또는 maneggiare라고 불렀다. 말을 몰아 목표 지점에 도달하는 기술, 승마술이다. 영어로 management다. 우리가 지금 경영이라 부르는 활동을 그들은 왜 승마술이라 했을까?

그리스·로마는 신화의 사회다. 신의 서열에서는 제우스가 최고신이고 포세이돈이 이인자다. 이 가운데 포세이돈은 바다를 지배하는 신으로 알려졌지만, 그에게는 사실 더 중요한 역할이 있었다. 말을 창조하고 인간에게 마술馬術을 가르쳤으며 경마競馬를 시작한 말의 수호신이었다. 그래서 그리스 사람들은 포세이돈을 위한 제사에 반드시 경마 경주를 벌였다. 우리가 알고 있는 그리스의 영웅 아킬레스, 헥토르, 아가멤논, 오디세우스는 경마 경기의 우승자였다. 현대적 의미로 기수다. 르네상스 시대 기업을 운영하는 사람들은 자신을 2두 마차, 4두 마차의 기수인 그리스 영웅과 동일시했다. 이렇게 건축 십장이 예술가로, 기업운영이 maneggiare라는 새로운 이름을 얻었다. 경영이 승마술이라는 사실은 산업의 중심이 이탈리아에서 영국, 미국으로 이동하면서 잊혀졌다.

다시 승마술이 기업가와 경영자의 관심을 끌게 된 것은 1990년대다. 이 시대 미국에서는 '자연주의 조교법'이라는 새로운 말 조련법이 탄생했다. 자연주의 승마술은 기원전 354년 그리스 크세노폰의 조련법에도 있었으며 1500년대에 승마인 사이에서 재조명되기도 했다. 현대 자연주의 조교법은 미국의 카우보이 사회에서 각자 독자적인 방법으로 발전되었다. 레이 헌트와 만티 로버츠, 벅 브레나먼이 유명한 자연주의 조교법 실행자였다. 이 가운데 만티 로버츠가 가장 유명하다. 그는 부모와 함께 네바다 사막을 여행하면서 야생마를 며칠간 관찰했다. 그 과정에서 말들의 언어를 해독하는 방법을 알아냈다. 이후 말의 언어를 공부하면서 말과 대화하는 방법을 익혔고 협력하는 방법을 찾아냈다. 이전 5천 년간 인간이 말을 조련하는 방법은 채찍과 당근이었다. '재갈을 물리다', '굴레를 씌우다'라는 말을 들어본 적이 있는가?

말을 꼼짝 못하게 하고 고통스럽게 한다는 뜻이다. 게다가 사람이 타려면 무거운 안장을 지우고 몸통을 조이는 복대를 채워야 한다. 말이 순순히 이 고통을 받아들일 거라고 생각하는가? 자유롭게 들판을 뛰던 말, 인간의 10배에 달하는 체중과 1마력의 힘을 가진 말에게 이 작업을 하는 것이 얼마나 힘들지 짐작해 보았는가? '고려방'이라는 유명한 말은 이 작업 과정에서 5명의 조련사를 병원으로 보냈다.

말과 사람 모두에게 고통스러웠던 조련법에 혁명을 일으킨 자연주의 조교법은 큰 반향을 일으켰다. BBC와 PBS TV는 만티 로버츠가 실제로 애리조나 사막에서 야생마 무리 중 한 마리를 선택해 15분 만에 조련하는 모습을 보여줬다. 조련된 말을 야생으로 다시 보내주자 그 말은 무리와 자연스럽게 어울렸고, 사흘 뒤에는 다시 홀로 만티 로버츠를 찾아왔다.

자연주의 조교법은 인간과 말 사이에 신뢰를 구축하는 데서 출발한다. 말에게 사람이 원하는 행동을 강제하는 것이 아니라 말 스스로 경계를 풀고 순응할 수 있도록 참고 기다리는 것이 비법이다. 서로의 믿음을 기반으로 말의 언어로 이야기하고, 해치지 않는다는 것을 스스로 확신하게 하며 옳은 행동을 할 때까지 묵묵히 기다렸다가 칭찬과 보상하는 방법을 취한다. 만티 로버츠의 '조인-업'이라 부르는 조련법은 영국 엘리자베스 2세 여왕의 말을 직접 조련하면서 유명해졌고 여왕의 권유에 따라 책으로 출간되면서 기업, 정부 조직, 교육기관에서 큰 관심을 보였다. 말을 훈련하기 위한 조련법이 리더십, 자녀교육, 문제아 치료에 적용되면서 기업의 관심을 끌기 시작했으며 세계 유수의 기업이 리더십 교육으로 활용하기 시작했다. 경영과 승마술의 끈이 다시 이어진 것이다.

나는 경영학을 공부하고 오랫동안 조직이론, 경영전략, 재무금융, 신사업 분야를 연구하며 컨설팅하는 작업을 해왔다. 41살에 승마를 시작하고 말에 대해 알게 되면서 '승마 이야기는 경영 이야기'라는 생각을 거듭했다. 승마하면서 배우게 되는 경영의 시사점을 정리하기 시작했고, 주변 사람들에게 말을 비유로 경영을 이야기하면 많은 사람이 흥미를 보였고 듣고 싶어 했다. CEO 또는 교육자를 대상으로 강의했고, 책으로 정리하면 좋겠다는 의견이 있었다. 이 책은 말의 이야기, 사람의 이야기, 경영의 이야기다.

출간을 허락해 주시고 원고에 대해 함께 고민해 주신 출판사 시그마인사이트컴과 김혜련 대표님께 감사드린다. 후배인 플랜제이 서영준 대표와 지혜로운 내 아내, 둘째 아들 유석이는 마음 여린 내가 받을 상처는 아랑곳 않고 독한 지적을 아끼지 않았고 이 상처를 첫째 아들 유상이 내외와 케이워터 김현주 리더십센터장, 한양대학교 전상길 교수님은 나의 불민함을 눈치채지 못하고 격려하며 보듬어 주었다. 감사드린다.

말을 좋아하고 말이 있어 행복한 사람
최 현 우

| 일러두기 |

　내용 중에는 말의 행태와 습성으로 직원의 행동을 설명하는 사례가 있다. 이 대목에서 이성과 합리의 대명사인 인간이나 조직을 말에 비유하는 것은 비약이라는 반론이 있을 수 있다. 승마를 통해 얻을 수 있는 경영의 교훈을 이야기하는 과정에서 불가피하게 발생하는 오해라고 믿는다. 책에서는 승마를 신사업, 혁신, 경영자승계, 조직 등 다양한 비유로 설명하고 있다. 연구에 의하면 인간 사회에 존재하는 모든 것이 말 사회에도 존재한다고 한다. 말과 사람이 3만 년 이상 오랜 기간 함께 전쟁에서부터 농사일에 이르기까지 많은 일을 할 수 있었던 것은 말의 행동과 감정, 사고가 인간의 그것과 공통점이 많았기 때문이라고 한다.
　한국 사람에게는 인간과 말을 동일시하는 것이 불편할지 모르지만, 서구에서는 쉽게 받아들인다. 세계적으로 말은 인간과 동일한 인격체로 대우하기 때문이다. 실제로 올림픽에 출전하는 말에게는 여권이 부여된다. 또한 2009년과 2010년 AP통신이 올해의 여자 체육인 1위로 선정한 선수는 세레나 윌리엄스, 2위는 '젠야타', 5위는 '레이첼 알렉산드라'다. 2015년 스포츠 일러스트레이티드 선정 올해의 스포츠맨 1위 또한 세레나 윌리엄스였지만, 47퍼센트로 최다 득표한 선수는 2위로 선정된 '아메리칸페로'였다. 메이저 리그 우승팀 캔자스시티 로얄스, 육상의 우샤인 볼트, 테니스 스타 노박 조코비치를 눌렀다. (젠야타, 알렉산드라, 아메리칸페로 모두 경주마다.) 사람과 완전히 동일한 존재로 인정하고 있는 것이다.

  혹 불편한 마음이 있더라도 승마하면서 깨닫는 경영의 교훈을 설명하는 과정으로 생각하고, '말도 저러한데 사람은 오죽하겠느냐' 하는 마음으로 이해해주면 감사하겠다.

| 차례 |

들어가며 _ 4
일러두기 _ 10

제1장 승마와 경영

01 승마하면 뭐가 좋아요?   18
02 사람의 말을 가르치는 것보다 말의 말을 배우는 게 빠르다
    - 경영과 승마술   23
03 상금을 생각하면 말이 무거워서 뛰지 못한다
    - '고몰입 조직' 마이다스아이티   29
04 말 심리 치료사, 호스 위스퍼러
    - 엄(嚴)과 정(情)의 경영철학   38
05 승마와 말타기 – 승진과 포상   45

제2장 승마와 경영관리

06 여왕도 말똥은 직접 치운다 - 사랑받는 기업, 행복경영   56

07 셈하는 말, 영리한 한스 - 비전과 경영원칙 수립   63

08 말 등에서는 이론이 소용없다 - 경영자 육성   69

09 한 가지에서 열린 열매, 분노와 두려움 - 지혜와 자기성찰   80

10 구성원을 예민한 상태로 유지하라 - 자극에 예민한 조직 만들기   86

11 마음이 움직여야 말이 움직인다 - 몰입조직   95

12 도박꾼과 확률 분석가 - 경영 슬로건과 미션   101

13 말은 허파로 달리고, 심장으로 버티며, 의지로 승리한다
    - 신사업 성공조건   106

14 호스레이싱(Horse Racing), 달릴 수 있을 때까지 달리다 죽는다
    - 경영자 승계   115

15 칭기즈칸의 고뇌 - 배당정책   120

제3장 승마와 경영전략

16 승마인의 꿈, 명마 – 인재경영   126
17 슈퍼맨과 징기즈칸의 죽음을 부른 낙마
   – 성장전략과 위험, 경영자의 과신   133
18 리듬, 우리가 해결해야 할 가장 아름다운 숙제 – 경기변동   138
19 두 살배기 말은 아무도 모른다 – 신사업 관리   144
20 내가 잘하는 걸 찾아주는 코치를 찾아라 – 강점경영   151
21 부자와 말, 둘 다를 가질 수는 없다 – 경영자의 외도   156
22 괴물은 불구를 극복한다 – 불황과 혁신   163
23 말의 죽음 – 신사업의 안락사   169
24 혼자 살 수 있어야 함께 살 수 있다
   – 아웃소싱(out-sourcing)   177
25 왜 승마를 하세요? – 히든 챔피언   187
26 달리는 말 – 패러독스경영   194

제4장 승마와 리더십

27 기수 없이 뛰는 말이 꼴등하는 이유 – 부조의 리더십   202
28 말 영화 – 드리머 리더십   207
29 말을 호랑이로 만드는 법 – 소통과 신뢰   216
30 개를 닮은 직원, 말 같은 직원 – 전략 참모   223

제5장 승마와 혁신

31 야생마, 재갈을 물리다 – 혁신 피로   230
32 회전을 위해 필요한 반정지(half stop) – 사업방향 전환   237
33 말이 시키는 일을 잘하게 하는 사람은 좋은 조교사가 아니다
    – 학습조직   243
34 속도는 추진의 적이다 – 혁신 추진전략   248
35 환경에 적응할 수 있는 기업은 없다 – 혁신 조직   254

제1장

승마와 경영

01
승마하면
뭐가 **좋아요?**

세상을 살아가다 보면 이유를 설명하기 힘든 일이 많다. 애써 이유를 찾아도 마땅하지가 않다.

"넌 왜 공부를 안 하니?"

"왜 허구한 날 술만 먹고 다녀?"

이런 것들이다. 이런 질문에는 최근 인공지능[AI]과 함께 활발한 연구가 이루어지는 뇌과학 이론이 설명에 도움이 된다. 인간이 어떤 결정을 할 때는 좋고 싫은 감정을 관장하는 뇌의 변연계에서 먼저 결정을 내린 다음에 논리와 계획을 관장하는 전두엽이 그럴듯한 논리를 만들어 낸다고 한다. 실험 결과에서도 변연계에 이상이 있는 사람은 논리적인 사고에 전혀 이상이 없었지만, 의사결정에서는 실수와 미숙함을 보였다. 살던 집을 전세 놓아 본 적이 있을 것이다. 부동산 중개소를 통해 집을 보러 온 사람을 보면 이 사람이 계약을 할 것인지 아닌지를 알 수 있다. 집에 들어와서 대충 휘휘 둘러보는 경우에는 계약할 가능성이 높다. 반면에 변기 물을 내려보고, 수도꼭지를 틀어 보고, 베란다 창고를 열어보는 경우에는 계약하지 않을 가능성이 높다. 이미 변연계에서는 계약하지 않는다고 결정 내린 일을 앞이마에 있는 전두엽에서 그 이유를 찾고 있는 것이다. 그냥 좋아서, 그냥 하고 싶어서 한 일은 설명이 안 된다. 백화점에서 덥석 신상품을 사거나 갑자기 머리를 빨갛게 물들이고 파마한 이유는 무엇일까? 이유는 없다. 하고 싶어서 했고, 좋아서 했다. 멋있어 보여서 했고, 하면 좋을 것 같아서 했다.

'특이한 취미를 가지고 있음.' 이것은 내 인사기록 '기타'란에 적힌 내용이다. 인정할 수 없지만, 승마는 특별한 취미다. 이런 사실을 아는 사람의 첫 질문이 "어떻게 승마를 시작하게 되었느냐"이고 그다음이 "승마하면 뭐가 좋아요?"다. 두 번째 질문은 답을 할 때마다 석연치않았다. 설명이 충분하지 못함을 스스로 느꼈고 승마하면 무엇이 좋은지 내 스스로가 궁금해졌다. 여러분은 궁금하지 않는가?

승마가 좋다는 것에 대한 첫 번째 설명은 살아 있는 동물과 함께 교감하는 유일한 스포츠라는 것이다. 올림픽조직위원회[IOC]는 올림픽에 출전할 수 있는 동물을 두 종류로 제한하고 있다. 그 하나는 말이고, 다른 하나는 인간이다. 승마 관련 자료에는 빠짐없이 등장하는 설명이다. 인간과 교감할 수 있는 동물과 감정을 나누며 함께 즐기는 스포츠라고 승마를 소개하고 있다. 이것이 승마의 좋은 점일까? 감정을 나누고 교감하는 게 좋다면 이왕이면 더 잘 교감할 수 있는 인간과 즐기면 되지 왜 하필 말과 함께하는 것일까? 인간과 인간이 교감하는 스포츠, 예를 들면 스포츠댄스보다 뭐가 좋은 것일까?

두 번째로 들을 수 있는 설명은 승마가 신체에 미치는 긍정적 효과다. 건강과 체력증진, 스트레스 해소, 면역력 강화, 다이어트 효과, 심폐기능 강화, 우울증 해소, 집중력 증대, 골밀도 증가, 폐활량 증가,

전신 근육 발달, 신체 유연성 강화, 균형감각 강화 뭐 이런 것들이다. 스포츠라면 모두 제공하는 것이다. 굳이 승마를 선택할 이유가 되지 못한다.

마음먹고 찾으면 승마만이 제공하는 건강 효과도 있다. 예를 들면 대부분의 운동이 허리에 무리를 주는데 골프가 그렇고, 테니스가 그렇다. 승마는 허리통증을 줄이고 허리 근육과 골반을 강화한다. 미국 정형외과 의사들은 디스크환자의 재활치료로 승마를 권한다. 승마를 통해 얻을 수 있는 자세교정 효과는 매우 크다. 승마를 하면 허리와 어깨가 펴지고 허리를 곧추세우기 때문에 키가 1센티미터 정도는 커진다. 앉을 때도 허리를 숙이는 것보다 참선하는 스님처럼 허리를 꼿꼿이 하는 자세가 더 편하게 느껴진다. 장 기능 강화에도 탁월한 효과가 있어서 변비도 해소되고 장이 시원해진다. 혈액순환 효과도 커서 피부가 몹시 고와진다. 우울증을 고쳤다는 사례도 많다. 어떤 분은 암 수술 후 잠을 자지 못해 수년간 불면증을 겪었고 우울증으로 죽음 같은 삶을 살았다. 그러다 승마 한번 해보라는 주변의 말에 초보자 승마 과정에서 50분 동안 말을 탔는데 말에서 내리자마자 바로 차에서 곯아떨어졌다고 한다. 승마는 불면증에 특효다. 내 아내도 커피 두 잔이면 잠을 못 이루는 사람이지만 승마를 한 날에는 아무리 커피를 마셔도 잠을 이기지 못한다. 이런 이유가 승마가 운동으로 좋다는 설명이 될 수 있을까?

세 번째로 더 복잡하고 이론적인 설명도 있다. 경마를 킹 오브 스포츠 King of Sports 라고 한다. 관중 숫자에서 다른 스포츠를 압도하기 때문이다. 미국에서 열리는 켄터키 더비에는 12만 명의 관중이 모인다.

재팬 더비에는 14만 명의 관중으로 송곳 꽂을 자리가 없다. 승마 또한 킹 오브 스포츠 King of Sports 다. 우리가 흔히 말하는 운동 체력은 8가지 능력으로 구성된다. 근력, 근지구력, 심폐지구력, 유연성, 평형감각, 순발력, 민첩성, 협응력이 그것으로 스포츠마다 요구하는 능력과 그 정도가 다르다. 육상 단거리는 순발력과 민첩성을 요구한다. 이에 비해 근지구력과 심폐지구력의 역할은 크지 않다. 피겨스케이팅이라면 평형감각, 순발력, 유연성을 요구하지만, 근지구력의 역할은 미미하다. 골프는 순발력과 협응력이 요구되지만, 근력, 근지구력, 심폐지구력의 영향은 크지 않다. 이 8가지 운동 능력을 동시에, 거의 같은 수준으로 요구하는 스포츠, 완벽한 체력을 요구하는 스포츠가 승마다. 그래서 승마를 스포츠의 왕이라 부르고, 스포츠의 종착역이라고 말한다.

그렇다면 승마의 단점은 없을까? 너무 비용이 많이 들어서 대중이 접근하기 어렵다는 것이 치명적인 단점이다. 바로 스포츠 오브 킹 Sports of King이라는 것이다. 최근 일부에서는 "승마가 귀족스포츠라는 편견을 버리세요."라고 우기지만 승마는 귀족 스포츠다. 2012년 올림픽에 출전한 선수들의 면면을 보면 확인할 수 있다. 뉴욕시장 마이클 블룸버그의 딸 조지나 블룸버그, 미국 가수 브루스 스프링스틴의 딸 제시카, 구찌 모델이자 그레이스 켈리 모나코 왕비의 손녀 샬럿 카시라기, 그리스 선박왕 아리스토텔레스 오아시스의 손녀 아시나 오아시스 러셀…

옛날에는 더했다. 중세시대에 승마하기 위해 말 두 마리를 키우려면 10에이커, 우리 기준으로 12,200평, 육십 마지기 벌판에서 나는 곡식을 몽땅 먹여야 했다. 한 사람이 연간 쌀 한 가마를 먹는다는 걸 고려하면 4인 가구 60집, 240명이 먹을 양식을 말 두 마리가 해치워

버린 것이다. 그러니 승마를 한다는 것은 평범한 사람은 꿀 수 없는 꿈이었다.

하지만 지금은 누구나 승마를 즐길 수 있다. 경마장에는 해마다 1,300필 이상의 경주마가 들어간다. 적게는 2천만 원, 많게는 3억 원에 구입한 비싼 말이지만 몇 년간 경주마로 뛰고 나면 가치가 백만 원 수준으로 떨어지고 승마장에서는 이 말을 순치시켜 승용마로 활용하기 때문이다. 퇴역 경주마가 없었거나 경마장이 없었다면, 독일이나 영국에서 승용마를 고가로 수입해야 한다. 여기에 말 먹이로 수입하는 곡물의 가격 또한 예전과 비교할 수 없을 정도로 저렴하다. 인건비를 제외하면 월 70만 원이면 말을 키울 수 있다. 다른 스포츠에 비해 고가이긴 하지만 골프보다는 저렴한 5만 원 또는 10만 원에 승마를 즐길 수 있다.

승마하면 뭐가 좋은지 충분히 설명되었는가? 하지만 나는 이런 이유로 승마를 한 게 아니다. 말의 아름다움에 반해서, 말 탄 모습이 부러워서 무조건 승마해야겠다는 생각뿐이었다. 승마하면 뭐가 좋으냐고 묻는 사람의 변연계에서는 자기는 승마하지 않겠다고 이미 결정했다는 걸 안다. 승마하지 않을 논리를 만들고 있는 것이다. 지금은 승마하면 뭐가 좋으냐는 질문에 한마디로 답한다.

"멋있잖아요!"

02

사람의 말을 가르치는 것보다
말의 말을 배우는 게 빠르다
- 경영과 승마술

목숨을 건 대전차 경주.

아카데미 11개 부문에서 상을 수상한 윌리엄 와일러 감독 제작 영화, 벤허의 하이라이트 장면이다. 1959년에 제작된 영화지만 지금도 명절이면 텔레비전에서 방영되기에 모든 세대가 기억하는 영화다. 승마하는 입장에서 보면 궁금한 게 있다. 한 마리 말을 타고도 마음대로 움직이지 못해 곤혹스러운데 네 마리의 말이 동시에 움직여야 방향전환이 가능하고 속도 조절이 가능한 전차, 한 마리라도 원하는 대로 움직이지 않으면 엉키거나 엉망이 되어버리는 4두 마차. 도대체 네 마리의 말을 어떻게 원하는 대로 움직이게 하는 것일까?

영화에서는 마차의 바퀴 축에 톱니를 장착한 멧살라의 공격에 선수들은 필사적으로 말과 마차의 진행방향을 바꾸어 피하려 하지만 모두 속절없이 당하고 만다. 바퀴가 부러지면 기수는 땅에 떨어져 뒤따라오는 마차바퀴와 말발굽에 밟혀 피투성이가 된다. 하지만 벤허는 자유롭게 말을 움직여 멧살라의 흉기를 피한다.

제1장 | 승마와 경영

개발경제시대에 경영학은 사회과학대학이나 정경대학에 속한 주변 학과였다. 우수한 학생은 관료나 법관이 되기 위해 법학, 행정학, 경제학을 배우려 했다. 시대가 바뀌어 기업이 사회의 중심축이 되면서 경영학과는 가장 우수한 학생들이 입학하는 경영대학으로 독립했고, 기업의 간부뿐만 아니라 군 장교, 행정관료 심지어 성직자까지 배워야 하는 학문으로 부상했다. 21세기의 세계는 가히 경영학의 시대다.

경영이란, 경영학이란 무엇일까? 누구도 명쾌하게 답하기 어려운 주제이고 누구나 한마디쯤 소신 있게 말할 수 있는 주제다. 영어로 경영은 management다. Manus라는 라틴어 또는 maneggiare라는 이탈리아어에서 비롯했다는 것이 정설이다. '말을 몰아 목표 지점에 도달하는 기술', 즉 승마술이라는 뜻이다. 왜 경영을 말을 다루는 승마술이라고 했을까?

우리는 승마라 하면 영국 신사모에 검은색 연미복을 입고 경쾌한 음악에 맞추어 우아하게 말 타는 모습을 연상한다. 헬멧을 쓰고 신사복을 입은 선수가 말과 함께 장애물을 넘는 모습을 상상한다. 승마경기는 앞에서 설명한 마장마술, 장애물 경기 외에도 자연상태의 장애물을 넘는 크로스컨트리, 말 마라톤 경기인 인듀어런스, 마상 곡예, 마차경주, 폴로 등 생각보다 다양하다. 역사가 가장 오래된 경기가 마차경주다. 우리가 기억하는 그리스·로마 신화의 영웅들은 대부분 고대 올림픽 마차경주의 우승자였다. 로마 시대에는 네 마리의 말이 끄는 전차경주가 제국 전역에서 열렸다. 현대의 승마경기와 경마는 1700년대 이후에 생겼으니 르네상스 시대 이탈리아인은 마차경주의 승마술이 경영과 같다고 생각했을 것 같다.

대부분의 단체경기가 그렇지만 한 마리 말도 마음대로 하기 어려운데 네 마리의 말을 무리 없이 목표를 향해 움직이게 하는 능력이 필요하다는 점이 경영과 비슷하긴 하다. 자식 하나도 내 맘대로 할 수 없는 게 현실인데 수천 명의 직원을 일사불란하게 조직의 목표 지점을 향해 움직이게 하는 활동이 경영이다. 대전차 경주에 함께 출전할 말을 선발하고 각자의 능력과 적성에 맞추어 지위와 역할을 부여하며 훈련과 교육을 통해 역량을 계발하고 팀의 목적을 달성하도록 동기부여한다. 경쟁상대가 있으므로 최선의 전략을 수립하고 실행해야 한다. 하지만 이런 활동은 모든 단체 경기의 감독과 구단주에게 요구되는 역할이다. 왜 하필 승마술인가?

승마는 말과 사람의 경기다. 하지만 성과는 말이 기준이 되며 사람은 고려하지 않는다. 전차경주나 현대 경마에서도 말의 코가 결승선에 먼저 닿은 팀이 우승자가 된다. 장애물 경기에서는 말이 장애물을 넘었는지, 얼마나 빨리 넘었는지를 평가한다. 마장마술에서는 말의 완성도로 평가한다. 경영도 그렇다. 조직의 성과가 기준이 된다. 모든 스포츠 경기에서 평가 기준은 감독의 행동이 아니라 선수의 성과가 기준이 된다. 그러나 승마 이외의 스포츠는 선수의 선발과 기량 향상 활동, 전략이 감독에 의해 이루어지지만 이들이 경기에 직접 참여할 수 없다. 경기는 선수가 하는 것이다. 승마와 경영은 감독과 선수가 따로 있지 않다. 기승자가 직접 말과 함께 목표를 이루어가는 과정이다. 말의 행동 하나하나가 기수에게 영향을 주고, 기수의 모든 움직임이 말에게 영향을 준다. 말과 끊임없이 상호작용하며 목표를 향해 가는 경기, 그것이 승마. 경영 또한 직원과 경영자가 함께 목표를 이루어가는 과정이다. 전문적인 경영학 용어로 '현장경영'이다.

역사적으로 보면 강한 군대는 장수가 전장에서 병사들과 함께 먹고, 함께 뒹구는 군대였다. 궁예가 그랬고 나폴레옹과 알렉산더가 그랬다. 장수와 병사들이 동떨어져 있는 군대가 적을 이기는 경우는 없었다.

일본의 세계적인 위생업체 유니참의 창업주 다카하라 게이치로는 현장주의 전도사다. 그는 기업 성장의 근본은 현장에 있고 세계 최고의 생산기술은 '현장의 힘'에서 나온다고 외친다. 현장을 직접 경험하지 않으면 결코 제대로 된 제품을 만들 수도, 좋은 서비스를 제공할 수도, 궁극적으로 성공적인 경영을 할 수도 없다는 주장이다. 월마트의 샘 월튼 회장은 시골 마을 소매점 창업 시절의 초심을 잊지 않기 위해 노력하는 사람으로 유명하다. 그래서 그는 현장에 있다. 직접 트럭을 몰고 기사들과 대화하고 매장을 방문하여 고객과 직원을 만난다. 개선사항을 발견하면 현장에서 지시하고 일주일 내에 개선이 이루어진다. 월마트의 임원은 회사에서 보내는 시간의 70퍼센트를 현장에서 보내야 한다. 이것이 최저가 전략을 가능하게 하고 최고의 글로벌 유통기업으로 성장하게 한 비결이다. 외국의 유통기업 중 한국에서 유일하게 생존한 코스트코의 짐 시네갈 회장은 매주 50통의 편지를 직접 고객에게 보내고 날마다 최소 6번, 최대 12번 매장을 방문한다. 창업시절에 직원들과 창고 사무실에서 함께 자고 뒹굴며 라면으로 끼니를 때우던 그때를 잊고, 회사가 안정궤도를 찾으면서 경영자가 현장과 거리가 멀어지는 회사는 경영을 하는 것이 아니다.

승마는 말를 못하는 말과 협력해야 한다. 말과 사는 사람들은 말에게 사람의 말를을 가르치는 것보다 사람이 말의 말를을 배우는 것이 빠르다는 것을 안다. 말에게 사람의 말를을 가르치려는 사람은 초보 승마인이다. 성장하는 기업과 쇠퇴하는 기업은 여기서 차이가 난다. 우수한 기수는 말의 말를을 주의 깊게 경청하고 협력을 끌어내려

한다. 열등한 기수는 말에 대해 안다고 생각한다. 협력이 아니라 복종시키려 한다. 성장동력을 잃은 기업의 공통점은 고객의 말을 배우려 하지 않고, 고객과 직원의 협력을 얻기보다는 이들을 설득시키고 복종시키려 한다. 안으로는 원가를 절감하고 매출과 수익을 올리라고 지시한다. 자신은 움직이지 않으면서 직원들에게는 지속해서 혁신하라고 독촉한다. 밖을 향해서는 제품과 서비스, 회사의 미래와 실적을 자랑한다.

경영자를 둘러싼 모든 사람은 말과 같은 벙어리다. 경영자에게 진실을 말하는 사람은 없다. 생사여탈권을 가진 경영자에게 듣기 싫은 소리나 자신에게 불리한 이야기를 할 바보는 없다. 마케팅 분야의 최근 조사에서 불만 고객의 96퍼센트는 떠난 이유를 진심으로 말하지 않는다고 한다. 제품이 마음에 들지 않으면 사지 않으면 그뿐이고, 경쟁사 제품을 사면 그뿐이다. 시장조사 결과도 믿을 수 없다. 고객은 선의로 거짓말을 하고, 스스로 무엇을 원하는지 모를 뿐 아니라 조사업체나 직원이 결과를 왜곡하기 때문이다.

세계적인 승마선수가 말과 뒹굴며 말의 말을 이해하려 노력하는 것처럼 말하지 않는 고객과 직원의 말을 알아듣기 위해 노력하는 것, 그것이 경영자의 일이다. 아이폰·구글·페이스북·카카오톡은 말하지 않는, 말하지 못하는 고객의 말을 듣고 만든 제품과 서비스이다.

현대 경영학은 시간연구, 동작연구라는 공학에서 시작되었고, 2차 세계대전 이후 군사학에서 개발한 운용과학Operation Research이 도입되었다. 이후 심리학과 사회학, 생물학과 물리학의 성과도 경영학에 활용되고 있다. 경영학은 그런 학문이다. 기업경영에서도 다양한 분야의 아이디어가 활용되고 있다. 삼성전자의 핵심경쟁력은 속도다. 이것은 생선가게에서 얻은 아이디어로 '디지털 사시미 전략'이라 부른다. 일본에서 경영의 신으로 추앙받는 교세라의 이와모리 가즈오 회장은 생물학에서 아메바경영의 아이디어를 얻었다. 20세기에 시작된 자연주의 승마법에 세계 유수의 기업들이 경영의 아이디어를 얻기 위해 관심을 기울이고 있다. 경영학이 승마술에서 비롯되었다면 승마가 경영에 주는 교훈을 찾는 일도 의미 있는 시도가 아닐까?

03

상금을 생각하면
말이 무거워서 **뛰지 못한다**
– '고몰입 조직' 마이다스아이티

여러분은 강의 듣는 걸 좋아하는지 모르겠다. 재미있는 강의는 정말 드물고 긴 시간 재미없는 강의를 듣는 건 고통스러운 일이다. 하지만 이제는 강의가 두렵지 않다. 스마트폰 덕분이다. 강의가 지루하면 스마트폰으로 구글링을 하거나 문자놀이하고 게임을 하면 된다. 강사의 강의 내용이 맞는지도 그 자리에서 확인할 수 있다. 강사에게 있어서 재미있는 강의를 한다는 것은 정말 어려운 일이 되었다. 끌려 나온 청중의 무거워지는 눈꺼풀과 싸우는 것도 버거웠는데 새로운 상대를 만난 것이다.

그를 만난 건 회사에서 강제한 강의에서였다. 그는 마이다스아이티라는 새롭지 않은 벤처기업의 CEO다. 이 기업은 회사의 뛰어난 성과와 혁신제품으로도 알려졌지만, 중소기업 수준으로는 드물게 최고의 복지를 제공해서 텔레비전에도 나오고 유명세를 탔다. 전 직원에게 호텔급 아침 식사를 제공하고 시크릿 셰프와 무료 미용실을 운영한다. 수면실과 피트니스센터도 만들어서 직원들이 근무 중에 언제든 쉴 수 있도록 해준다. 급여 또한 대기업 상위수준이어서 한국의 구글이라는 별명도 얻었다. 나는 강의 내용을 짐작했다. 그는 분명 회사를 어떻게 세웠으며, 회사의 제품은 무엇이고, 얼마나 처절한 어려움을 겪었고, 그 어려움을 어떻게 극복했는지 설명할 것이다. 자신에겐 새롭지만, 우리는 그런 이야기를 숱하게 들어왔다.

스타강사는 뭔가 다른 게 있다. 정신없이 웃기거나, 처절한 고난을 겪었거나, 청중을 숙연하게 하거나, 색다른 경험과 지식을 이야기하거나, 엄청난 슬라이드를 준비하거나, 유명인이거나 뭐든 특색 있는 한 방이 있다. 그는 강의가 서툴렀고 스타강사와는 거리가 있었다. 따분한 목소리, 감동 없는 몸짓으로 단상을 잡고 서 있었다. 청중을 휘어잡는 카리스마도 없었다. 스마트폰을 만지작거리다 눈꺼풀이 무거워졌다. 충분한 수면 뒤에도 강의는 계속되고 있었다. 이제는 그의 강의를 들어야만 한다.

마이다스아이티는 공학기술용 소프트웨어를 개발 보급하는 회사다. 초고층 건물이나 초대형 구조물을 설계할 때는 컴퓨터그래픽을 이용해서 미리 모의실험을 한다. 이 회사 제품은 공학적 타당성을 검증하고 진동이나 지진에 건축물이 얼마나 안전한지 평가해주는 소프트웨어다. 선진국 몇 개 기업만이 할 수 있었던 것을 국내 최초로 개발하고 세계적으로 인정을 받았다. 이 기술을 두바이의 부르즈 할리파Burj Khalifa에 적용했고 베이징 올림픽 주경기장과 상하이 엑스포관, 수통대교에도 적용했다. 세계 101개국에 수출하고 매년 40퍼센트씩 성장해서 2015년에는 매출액 706억 원, 영업이익 72억 원을 달성한

알짜기업이다. 처음부터 글로벌 시장에 도전해서 해외에서 더 알려진 기업으로 히든챔피언의 조건을 고루 갖춘 기업이다. 여기까지는 강소기업 휴맥스와 쓰리세븐, 오토바이 헬맷 회사 홍진 HJC 이야기와 다르지 않다. 그런데 그의 강의는 어디서 들어본 듯한 기시감이 들었다.

마이다스아이티의 경영은 자연이 빚은 인간의 본성, 타고난 결에 맞추어 인간과 세상의 행복을 높이는 자연주의 인본경영이라고 했다. 그는 소프트웨어나 제품을 만드는 회사가 아니라 사람을 키우는 게 목적인 회사라고 말한다. 이것은 일본에서 경영의 신으로 추앙받는 마쯔시다 고노스케의 경영철학에 닿아 있다. 고노스케는 생전에 "마쯔시다 전기는 사람을 만드는 회사입니다. 상품도 만들고 있습니다."라고 말했다.

이런 경영철학은 자신의 경험에서 출발한 것이다. 기계설계학과를 졸업하고 대우조선해양에 입사했지만, 당시 신입사원에게는 복사가 일이었다. 복사를 가장 열심히 했고 복사기 품질이 안정되지 않았던 1980년대에 복사를 잘하기 위해 복사기 회사까지 다녀왔다. 사내에서 발생하는 복사 문제는 모두 해결하는 복사맨이 되었다. 불만 없이 복사에 열중하는 그를 가상히 여긴 부장이 해외 출장에서 사온 고급설계기술 책을 건네주었다. 그는 이 책을 읽고 번역해서 복사맨답게 책으로 만들어 부장에게 전달했다. 부장은 사내교육 기회가 있을 때 고급설계기술 강사로 그를 추천했다. 열정으로 일하니 기회가 주어졌고, 인정을 받으니 일에 몰입하게 됐다. 그는 일이 재미있어졌다. 설계업무를 더욱 열심히 했고, 이를 프로그램으로 만들었다. 이런 실적을 인정받아 가장 빨리 팀장이 되었다. 이런 인생의 선순환을 그는 헌신 → 기회 → 성과 → 재미 → 더 큰 기회 → 더 큰 성과 → 더 큰 인정 →

헌신이라는 선순환으로 표현했다. 이후 포스코로 이직했고, 밤새워 설계 프로그램을 만들어 사내 벤처 1호로 2000년에 독립회사를 설립했다. 이후 회사가 성장하자 직원들의 불만이 늘어나고 2004년에는 하나둘 이직하기 시작했다. 사장은 자신의 경험을 떠올렸다. 열정과 전략적 사고를 하는 사람을 뽑고 그들이 일할 수 있는 환경을 만들면 자신과 같은 인생의 선순환이 가능하다고 생각했다. 이런 기업 환경에서 조직원들이 좋은 소프트웨어를 만들 수 있다는 결론을 얻었다.

인적자원관리를 전공하는 학자들에게는 마이다스아이티의 경영방식이 낯설지 않은 개념이다. 마이다스아이티는 혁신기술 기업이다. 그동안의 한국경제 발전전략인 효율성과 위계질서에 기반을 둔 선진국 따라잡기 전략에 필요한 인재가 아니라, 창의적인 조직이 필요한 기업이다. 창의적인 조직을 만드는 방법은 아메리칸 드림형과 유로피안 드림형이 있다. 뛰어난 프로그래머와 일반 프로그래머의 생산성 차이는 8배 이상이고, 글로벌 제약산업에서는 1퍼센트의 연구자가 전체 연구결과의 40퍼센트를 생산해 낸다고 한다. 그래서 기업마다 창조적인 인재를 찾기 위해 혈안이 된 것이다. 극단적으로 구글은 한 후보자를 대상으로 스무 번 이상 채용면접을 본다. 이렇게 스타 혹은 핵심인재에 초점을 둔 인적자원관리를 미국식 인적자원 관리, 아메리칸 드림 방식이라 한다. 반면에 스타나 핵심인재가 아닌 사람들을 통해서도 창조적 업적을 얻을 수 있는 방식이 있다. 조직에 적합한 인재를 선발해서 올바른 가치관과 공동체 의식을 갖도록 하고, 일할 수 있는 환경을 만들어 주는 것이 핵심이다. 마이다스아이티의 방식이다. 이런 조직을 고몰입 혹은 고참여 인적자원 관리 조직이라 부른다. 강의를 들으면서 내가 떠올린 건 경영과 승마였다. 강사가 말하고 있는 것은 자연주의 인본경영, 고몰입 인사관리조직이 아니라 승마 이야기였다.

마이다스아이티는 사람이 목적인 회사라고 갈한다. 열정과 전략적 사고를 하는 사람을 제대로 키우기만 하면 기업의 성장과 이익은 자연스럽게 따라온다는 믿음을 가지고 있다. 승마 또한 말을 키우는 것을 목적으로 한다. 마장마술은 말의 기량, 말의 정신력 향상을 겨루는 경기다. 말만 잘 키우면 우승과 메달, 상금은 저절로 따라온다. 기수가 우승과 트로피를 생각하면 말이 무거워서 뛰지 못한다는 말이 있다. 당근과 채찍은 잘못된 개념이다. 말이 잘하면 많은 사료를 주고, 못할 때는 굶긴다는 것은 상상할 수 없는 일이다. 말에게 가장 좋은 보상은 인정과 신뢰다. 승마인은 항상 말을 행복하게 만들기 위해 노력한다. 나와 운동하고 싶어 하고 나를 의해 일할 마음을 갖게 하는 것이 기본이다. 마이다스아이티 또한 이와 다르지 않다. 마이다스아이티는 개인 성과급이 없다. 직책수당, 자격수당도 없고 학력수당, 특근수당도 없다. 상여금이 있지만, 팀별로 회사의 이익을 기본급에 비례하여 분배한다. 성과급을 지급한다는 것은 사람을 도구로 보는 것이라 한다. 자연의 결은 '사람은 잘하그 싶어 한다'고 전제한다. 사람은 스스로 협력하고 성취하기를 원하고 최고의 복지는 신뢰라고 말한다.

사장은 자신이 하는 일 중 가장 중요하고 가장 큰 일이 채용이라고 말했다. 국내에서는 드물게 채용만 전문으로 하는 글로벌인사기획팀을 만들었다. 이 팀에서는 인재가 치열하고 치밀한가를 본다. 이것은 학습으로 함양될 수 없는 특성으로 이것이 성과의 근원이라고 믿는다. 그러니 스펙이 필요 없다. 승마와 경마에서는 말 고르기가 가장 중요한 일이다. 어떤 말을 선택하는가에 의해 성적은 거의 판가름 난다. 극단적으로 열정과 전략적 사고를 가진 말은 열악한 환경도, 부실한 훈련도 극복한다. 경마인들은 "말은 허파로 달리고, 심장으로 버티며, 의지로 승리한다."는 말을 믿는다. 대상경주만 10개, 상금으로 30억 원을 번 '당대불패'라는 말은 혈통도 마체도 뛰어난 말이 아니었다. 오르지 이기겠다는 열정 하나로 똘똘 뭉친 말이었다. 미국민이 가장 사랑한 말, 영화로도 제작된 '시비스킷'은 왜소한 체구에 다리가 굽은, 불구로 보이는 말이었지만 지지 않겠다는 근성으로 최고의 말을 꺾었다. 승마선수와 코치의 가장 중요한 자질은 이런 말을 알아보는 것이고, 가장 중요한 일이 이런 말을 선택하는 일이다.

마이다스아이티는 사람을 공부한다. 경영을 잘하려면, 창조적인 조직을 만들려면 사람을 아는 것이 중요하다. 사람을 잘 이해하는 것이 조직의 성공이나 개인의 인생에서 성공의 핵심이라고 강조한다. 승마에서도 말을 키우려면 말을 알아야 한다. 말의 아픔, 말의 생각, 말의 언어를 이해해야 한다. 가장 훌륭한 조교사는 말과 함께 있는 시간이 가장 많은 사람이다. 호스맨horseman은 말을 관찰하고 말을 지켜본다. 말의 생리를 공부하고, 혈통을 공부하고, 말의 심리를 공부한다.

사람은, 자연의 결은 '사람은 잘하고 싶어 하고 기회를 주면 최고의 성과를 내려 하고, 인정과 칭찬을 받고 싶어 한다'고 전제한다. 이 성향은 자신의 능력을 조직이나 사회의 가치로 전환할 때 이루어진다. 이것을 '자연주의 인본경영'이라고 이름 지었다. 1980년대 이후 전 세계에서 채택하는 자연주의 조교법은 '말은 스스로 협력하려 하고, 스스로 사람이 원하는 일을 하려 한다'는 믿음에서 출발한다. 채찍과 당근, 고문과 명령의 전통적인 방법으로는 자율과 자발성을 끌어낼 수 없다는 깨달음이다. 말 스스로 무언가를 하게끔 하고 칭찬하는 방법이다.

마이다스아이티는 2년 전부터 스펙 대신 500개 문항으로 구성된 시험을 치르게 하여 인성 역량으로 인재를 선발할 수 있는 채용 및 통합역량검사 소프트웨어를 전파하고 있다. 2015년에는 국내 대·중·소기업 100개 회사가 마이다스아이티의 소프트웨어를 채택했다.

욕망과 역량은 성공 경험을 먹고 자란다. 한꺼번에 그랑프리급 말을 만들 수는 없다. 올바른 일을 올바르게 하도록 환경을 만들고 올바른 일을 했을 때 칭찬하는 것이 현대의 말 교육법이다. 말을 행복하게 해 주고 열의를 갖도록 한 다음, 할 수 있는 것을 열심히 하게 하고 해냈을 때 칭찬한다. 더 큰 기술을 수행할 기회를 주고 잘했을 때 칭찬과 새로운 기회를 준다. 마이다스아이티 또한 직원을 행복하게 하고 올바른 가치를 부여하며, 성공경험을 갖게 하는 것을 중요시한다. 이 회사는 성장단계별로 핵심역량을 발현하여 성공경험을 갖게 하고, 성공경험이 누적되면 다시 다음 단계의 욕망을 갖도록 발전시킨다.

마이다스아이티의 고몰입 인적자원관리를 승마와 연결해 보면 어느 것 하나 이상하지 않다. 그동안 승마에서 배우는 경영에만 관심을 가졌다. 경영을 통해 승마를 더 잘 알 수도 있다는 걸 오늘 알았다. 그가 승마를 하는지 모르겠다. 한다면 승마에 남다른 능력을 보여줄 것이다.

하프스톱 half stop

말의 걸음걸이 : 트로트 좋아하세요?

두 발 가진 사람의 걸음은 걷기와 뛰기밖에 없다. 네 발 가진 동물의 걸음은 몇 종류나 될까? 동물의 걸음걸이에 관심 가질 이유가 없는 사람에게 개가 걷거나 빨리 달릴 때 움직이는 발의 순서를 물으면 멍해진다. 말을 타야 했던 옛사람들은 동물의 걸음 연구에 열심이었지만 이를 완전히 이해한 것은 연속사진기가 발견된 20세기 이후였다.

다리가 넷인 동물의 걸음은 네 종류다. 대부분의 동물이 동일한 원칙과 순서를 따른다. 이를 지키지 않으면 발이 부딪히고 꼬여서 움직일 수 없다. 말을 탄 사람도 이 원칙과 순서에 따라 춤추듯 리듬을 맞춰야 한다.

첫째, 평보(平步, walk)라는 터벅터벅 걷는 걸음이다. 걸음의 순서는 오른쪽(왼쪽) 뒷발에서 시작해서 왼쪽(오른쪽) 앞발이 움직이고 이어서 왼쪽(오른쪽) 뒷발과 오른쪽(왼쪽) 앞발이 나아간다. 하나 둘 셋 넷 4박자 리듬이다.

둘째, 빠르게 걷는 걸음 또는 바쁜 걸음으로 가는 속보(速步, trot)로 인간에게는 없는 걸음이다. 오른쪽 뒷발과 왼쪽 앞발, 왼쪽 뒷발과 오른쪽 앞발이 동시에 움직인다. 리듬은 핫둘 핫둘, 쿵작 쿵작, 2분의 2박자 또는 4분의 4박자가 된다. 떠오르는 게 있을 것이다. 뽕짝~뽕짝~, 온 국민의 사랑을 받는 트로트 리듬이다. 실제로 속보 걸음을 트로트(trot)라고 한다. 이 리듬은 폭스트로트라는 춤에서 유래했다는 게 정설이다. 이후 한국에서는 트로트, 일본에서는 엔카로 발전했다.

셋째, 일반인에게 가장 친숙한 걸음인 다그닥 다그닥 뛰는 구보(驅步, canter)다. 4분의 3박자 왈츠 리듬이다. 걸음마다 앞서는 발을 기준으로 좌구보와 우구보로 나눈다. 좌구보의 경우 오른쪽 뒷발이 가장 먼저 지면에 닿고 이어서 왼쪽 뒷발과 오른쪽 앞발이 동시에 지면을 디딘 다음 마지막으로 왼쪽 앞발이 바닥을 찍는다. 우구보의 경우 그 반대로 진행한다.

넷째, 싸움터에서 적을 습격할 때 최고 속력으로 뛰는 걸음인 습보(襲步, gallop)가 있다. 경마장에서 경주하는 말의 모습인데 습보에는 교차습보와 회전습보가 있다. 회전습보는 네 발을 시계방향으로 순서대로 사용하는 걸음으로 호랑이나 표범 같은 고양잇과 동물이 뛰는 걸음이다. 온몸을 사용하기 때문에 에너지 소모가 매우 크다. 말은 좌측 뒷발, 우측 뒷발, 좌측 앞발, 우측 앞발 순으로 교차하여 사용하는 교차습보로 뛰는데, 이때는 발만 움직이고 등은 큰 변화가 없어서 에너지 소모가 적고 말 등에 앉은 사람에게 충격을 주지 않는다. 다른 동물은 전속력으로 달릴 때 인간이 탈 수 없지만, 말은 타고 앉을 수 있는 이유다. 습보 또한 왼발이 앞으로 가는 걸음이냐, 오른발이 앞으로 가는 걸음이냐에 따라서 좌습보와 우습보로 나눈다. '다다다다' 4분의 4박자 리듬이다.

말은 언제 평보에서 속보로, 속보에서 구보로, 구보에서 습보로 걸음을 바꿀까? 여러분은 언제 걷기에서 뜀박질로 바꾸는가? 과학적으로는 신체가 앞으로 빠르게 나아가면 몸의 무게 중심을 축으로 회전력이 생긴다. 이 회전력이 중력을 넘어설 때 걷기에서 뜀박질로 바뀐다. 에너지를 가장 적게 쓰는 방식으로 자연스럽게 변환하는 것이다. 동물의 걸음도 같은 원칙이 적용된다. 신기한 것은 동일한 거리를 평보로 가든, 속보로 가든, 구보로 가든, 습보로 가든 에너지 소모량은 동일하다는 사실이다.

04

말 심리 치료사,
호스 위스퍼러
- 엄(嚴)과 정(情)의 경영철학

　애니멀 커뮤니케이터란 사람이 있다. 2009년 한 방송에서 동물과 대화한다는 외국인을 초대했다. 1년 6개월 동안 옥상에서 내려오지 않는 개, 1년 8개월 동안 벽만 쳐다보며 사는 강아지, 망아지를 유산한 후로 사람을 태우지 않는 말과 눈물로 대화하며 그들의 말을 주인에게 전해주고 주인의 말을 동물에게 전해줘 행동에 극적인 변화를 이끌어 내는 모습을 보여 주었다. 이 방송을 보지 못한 사람을 위해 설명하자면, 영화에서 보는 죽은 사람과 산 사람을 연결하는 영매 또는 무당의 모습을 상상하면 된다. 이후 국내에도 동물심리학자 또는 애니멀 커뮤니케이터라고 주장하는 사람들이 나타났다. 이들은 동물과 텔레파시로 대화한다고 주장한다. 그래서 동물을 직접 보지 않고 사진만 보고도 대화할 수 있다고 한다. 텔레비전에 소개된 외국인뿐만 아니라 국내 애니멀 커뮤니케이터들도 사진만 보내오면 동물의 이야기를 듣고 알려주는 방법으로 돈을 번다. 이들이 동물에게서 들은 이야기와 수의사가 진단한 내용이 달라서 논란이 벌어지기도 했다. 이들은 정말 텔레파시로 동물과 대화를 하는 것일까?

실제로 승마를 해 본 사람들은 말이 내 생각을 읽고 있다는 느낌의 신기한 경험을 한다. '저쯤에서 구보로 가자!' 생각하고 있으면 신기하게 그곳에서 말이 구보로 간다. '저쯤에서 속보로 가자!' 생각하면 또 신기하게 그 지점에서 속보로 간다. 생각하는 것만으로 움직이는 것이다. 가끔 겪는 일이다. 승마 교본에서는 뭔가를 하기 전에 먼저 생각하라고 한다. 회전하기 전에 회전한다고 생각하고, 회전하는 방향을 먼저 보라고 한다. 말과 사람의 연결은 승마의 기본이다. 승마는 사람과 말이 하나가 되는, 내 생각이 말의 움직임으로 나타나는 '인마일체人馬一體'를 최고의 목표로 한다. 이것이 텔레파시일까?

말과 사는 사람들은 말의 생각과 언어를 조금은 이해한다. 오래된 호스맨은 말의 몸짓·눈빛·걸음을 보면 말이 어디가 아픈지, 과거 어떤 환경에서 자랐는지 알아맞힌다. 말이 살아온 사연은 그의 몸짓과 눈빛, 걸음, 몸에 그대로 드러나 있다. 애니멀 커뮤니케이터가 일반인에게 신기하게 보이는 것은 동물과 같이 있는 사람이 파악한 몸짓과 몸에 드러난 과거의 흔적을 듣고 감동하는 것인지도 모른다.

여러분은 텔레파시를 믿는가? 현대 과학의 기계론적, 유물론적 사고방식에서는 있을 수 없는 일이다. 비과학적 미신이라며 말도 못 꺼내게 한다. 하지만 루퍼트 셀드레이크 Rupert Sheldrake를 비롯한 신과학 new-science 분야에서는 이 문제에 진지하게 접근한다. 우리가 경험하는, 그리고 현대과학이 터부시하는 주제를 진지하게 탐구한다. 한 예로, 진료 의사의 의뢰를 받아 텔레파시 현상을 보이는 사람들을 과학적으로 실험했다. 앞을 보지 못하는 소년은 집에 있게 하고 병원에 있는 어머니에게 숫자나 영문 알파벳을 보여준다. 그것을 소년이 맞히는지 실험하는 것이다. 100퍼센트 맞히지는 못했지만, 우연에 의한 결과보다는 매우 높은 정확도를 보였다. 또한 동물과 인간의 텔레파시도 실험했다. 개 키우는 사람 중에는 가끔 주인이 도착하기 전에 개가 문간에서 기다린다는 말을 한다. 그런 경우는 정말 많아서 실제 과학적으로 의미 있는 현상인지 실험했다. 귀가 시간을 안다는 동물을 대상으로 실험한 결과, 거의 모든 경우 주인이 귀가하겠다고 가방을 싸는 순간 애완동물은 특이한 행동을 보였다. 심지어 귀가 시간이 매우 불규칙한 선원이나 보험회사 직원들의 경우에도 결과는 동일했다. 텔레파시는 과학적으로 가능하다는 말이다. 이런 현상은 애착 관계가 높을수록 높은 정확도를 보였고 개, 고양이, 앵무새, 말에서 특히 많이 나타났다. 생물학자들은 오랫동안 동물의 심리분석, 행동분석, 동물의 언어를 연구해 왔다. 그럼 애니멀 커뮤니케이터가 주장하는 대로 동물과 사람의 대화는 정말 가능한 것일까?

동물과 사람의 대화는 승마에서 더 유명하다. 고대 그리스에서 말의 훈련방식으로 소개된 것으로 1800년대 아일랜드 사람 다니엘 설리번 Daniel Sullivan이 최초로 호스 위스퍼러 horse whisperer라는 말을 사용했다. 채찍이 아니라 물러서거나 가까이 가는 방법으로 원하는 행동을 요구하고, 말이 원하는 행동을 할 때 긴장을 풀어주는 방법으로 알려져 있었다. 호스 위스퍼러가 일반에게 알려진 것은 1998년, 만티 로버츠라는 미국인이 '말의 말을 듣는 사람: 호스 위스퍼러의 실생활 The Man Who Listens To Horse: The Story of a Real Life Horse Whisperer'이라는 책을 발간하면서부터다. 57주간 뉴욕타임스 선정 베스트셀러 목록에 올랐고 800만 부가 팔린 것으로 기록되었다. 엘리자베스 2세 영국 여왕의 말을, 전통적인 순치 방법으로는 석 달에서 1년 걸리는 작업을 말의 협조 하에 단 20분 만에 해냈다. 공중파를 통해 야생마를 순식간에 순치시켜 타다가 며칠 후 야생으로 보내주는 모습으로 더욱 유명해졌다. 이후 자연주의 조교법 또는 호스 위스퍼러라는 용어가 일반에게 익숙해졌다. 같은 해에 영화도 나왔다. 로버트 레드포드가 감독 주연한 '호스 위스퍼러'다. 승마 중 교통사고를 당해 다치고, 심리적으로 상처를 받아 사람에게 사납게 덤비는 말을 호스 위스퍼러가 치료하는 내용이다. 중년 여성에게는 성공한 워킹맘과 순박한 시골남자가 광활한 자연에서 벌이는 애절한 사랑으로, 승마인에게는 호스 위스퍼러라는 존재를 세상에 알린 영화로 유명하다. 이 영화의 소재가 된 실재 인물 벅 버레나먼의 삶을 다큐멘터리로 제작한 영화도 있었다. 2011년 '벅BUCK'이라는 제목으로 선댄스 영화제에서 관객상을 받았다.

    인간의 10배에 달하는 덩치, 5백 킬로그램에서 6백 킬로그램의 큰 동물을 채찍이나 고문을 통하지 않고 어떻게 순치할까? 그것은 그들의 생각과 언어를 이해하지 않으면 불가능하다. 동물의 생각·행동·언어를 이해하는 것은 생물학자의 주된 관심사였고, 그 방법은 야생의 생활을 오랜 시간을 두고 관찰하는 것이다. 말과 사람의 대화는 세밀한 관찰에서 출발한다. 대표적인 예가 만티 로버츠다. 그는 열세 살 때 네바다 사막에서 머스탱 야생마들을 주의 깊게 관찰하면서 말과 말 사이에 일어나는 의사소통 방법을 찾아냈다. 본인의 표현으로 말의 언어인 에쿠스Equs를 이해하고, 말 사회의 신뢰와 협력·복종·명령·사회관계를 파악했다. 말 연구자에 따르면 말은 냄새, 행동, 몸짓으로 순간적으로 대화한다고 한다. 실제로 인간사회에서 일어나는 모든 현상이 말 사회에도 존재한다고 한다. 이해관계와 그 구조, 갈등과 갈등 해결방법, 권력과 복종관계 등 모든 요소가 있다.

　호스 위스퍼러 또는 자연주의 조교법은 하나의 신념과 하나의 원칙으로 움직인다. 그 신념은 말이 사람을 충분히 신뢰하도록 하면 말은 기꺼이 사람과 협력하여 일하려는 본성을 가졌다는 믿음이다. 심리학자 맥그리거Macgregor가 동기부여의 관점에서 인간관을 분류한 이론과 비슷하다. 그는 전통적 인간관으로 '인간은 본래 일하기를 싫어하고 지시 받은 일밖에 실행하지 않는다. 경영자는 금전적 보상을 유인誘引으로 사용하고 엄격한 감독, 상세한 명령으로 통제를 강화해야 한다.'를 X 이론으로 불렀고, 새로운 인간관으로 '인간에게 노동은 놀이와 마찬가지로 자연스러운 것이며, 인간은 노동을 통해 자기의 능력을 발휘하고 자아를 실현하고자 한다. 경영자는 자율적이고 창의적으로 일할 수 있는 여건을 제공해야 한다.'를 Y 이론으로 불렀다. 호스 위스퍼러는 Y 이론적 인간관에 기반하고 있다. 실제로 자연상태에서 말은 신뢰하는 말에게 진정으로 협력하는 모습을 보인다. 절대적으로 복종하며 원하는 일을 해내는 걸 기쁨으로 여긴다. 호스 위스퍼러, 자연주의 조교법에서는 말의 신뢰를 얻기 위해 엄청난 노력을 들인다. 신뢰를 얻는 방법은 인내와 기다림이다. 말이 스스로 사람이 자신을 해칠 마음이 없고, 자신을 보호하고 함께하는 사람으로 인식할 때까지 기다린다. 짧게는 십여 분 길게는 몇 년이 걸린다. 사람에게 상처받은 말은 오랜 시간을 필요로 한다. 이 과정을 거치지 않으면 다음 단계로 나갈 수 없다. 실제로 벅은 말의 신뢰를 얻기 위해 3시간이고 사흘이고 끈질기게 기다린다. 말 스스로 결정하고 원하는 행동을 할 때까지 기다린다. 지켜보는 사람들은 그 처절함에 눈물을 훔친다. 이렇게 한번 신뢰를 얻으면 말은 평생 그 신뢰를 유지한다.

말을 순치하고 육성하는 원칙은 사랑과 리더십 또는 엄격함이다. 엄嚴 과 정情 이다. 이것은 육아법의 엄부자모 嚴父慈母 와 같은 말이다. 육군3사관학교와 육군사관학교에서도 강조하는 리더십의 핵심이다. 호스 위스퍼러에서 벅은 이렇게 말한다.

"말처럼 생각하는 것을 배워야 말을 이해할 수 있다. 사랑과 리더십이 같은 양을 차지해야 말과 바람직한 관계를 맺을 수 있다."

"펌Firm과 하드Hard를 구분하라."

말에게 완전한 선택과 자유를 준다. 하지만 미리 정한 원칙에서는 절대 물러서지 않는다. 기립하거나, 뒷발을 차거나, 물거나, 협력하지 않는 행동은 용납하지 않는다. Hard는 요구한 것을 하지 않을 때 잔인하게 대접하는 것이다. Firm은 부드럽지만 물러서지 않는 것을 말한다. 기둥에 묶은 것처럼 움직이지 않는 것이다. 채찍으로 처벌하거나 굶기지 않지만, 원칙에서 벗어났을 때는 긴장을 주거나 보상하지 않는 방법으로 원칙을 지킨다.

지금은 색이 바랬지만 초우량 기업, 위대한 기업은 엄격과 온건의 양면을 지닌다고 강조한다. 대부분의 기업이 현장에서부터 제품개발 팀까지 자주성을 강조한다. 하지만 기업 정신의 핵심이 되는 몇몇 가치관에 대해서는 광신적이라 할 수 있을 만큼 엄하다. 3M의 경우 제품개발 챔피언을 중심으로 거의 혼란에 가까울 정도로 자유롭다고 할 수 있다. 그러나 그들이 소중하다고 여기는 기본 정신에 대한 강한 신념은 과격한 종교 집단에 세뇌된 신자도 그들을 당하지 못할 것이라 한다. IBM 또한 광적으로 품질과 서비스를 강조했다. 종업원 한 사람 한 사람을 성숙한 인격체로 대접하지만, 기업의 가치관, 미션,

비전에는 광적으로 집착한다. 비전·미션·가치관은 일의 우선순위, 일하는 이유를 설명해 주기도 하지만, 행동과 선택의 엄격한 기준이 된다.

　호스 위스퍼러의 또 다른 이야기는 – 말이라는 단어를 직원 또는 기업으로 바꾸면 – 기업 경영자에게도 깨달음을 준다.
　'말(직원)과 함께 있으면서 꼭 지켜야 할 한 가지 원칙은, 내 기분이 좋지 않을 때 말(직원)을 다루지 말라는 것이다.'
　'나는 많은 시간을 말(직원)의 문제를 가진 사람(경영자)을 돕기보다 사람(경영자)의 문제를 가진 말(직원)을 도와 왔다.'
　'말(직원)은 당신의 영혼을 비추는 거울이다. 때로는 보고 싶지 않겠지만, 때때로 보게 될 것이다. All your Horse are a mirror to your soul. And sometimes you might not like what you see in the mirror. Sometimes you will.'
　'말을 조금 더 잘 탄다는 것(기업 경영을 조금 더 잘한다는 것)은 단순한 즐거움이 아니다. 당신 자신을 더 나은 상태로 만드는 것이다.'

05

승마와 말타기
― 승진과 포상

"승마는 어디에서 해요? 한 번에 몇 시간 타요? 승마, 그거 비싸죠? 말 한 마리 값만 해도 무지 비싸다던데… 승마하는 게 꿈이에요."

내가 승마한다는 얘길 들으면 답할 겨를도 없이 질문을 쏟아낸다. 실행력이 있거나 승마가 간절한 사람은 말에 접근하는 게 어렵지 않다는 걸 안다. 한국마사회에서 추진하는 '전국민 말타기 운동'을 이용하면 한 번에 2, 3만 원이면 가능하다.

사전적 의미로 승마는 말을 타고, 말을 부리는 행동을 말한다. 눈에 띄지 않는 부조(신호)로 말 탄 사람의 의도대로 말이 움직이게 하는 것이다. 말과 사람이 하나가 되어 말의 능력을 보여주는 경기다. 제자리에서 뛰게 하기, 제자리에서 뛰면서 360도 회전하기, 뛰면서 발 바꾸기, 옆으로 걷거나 뛰기 등은 말과 사람이 하나가 되지 않으면 불가능하다. 그럼 제대로 된 승마를 하려면 얼마나 비용이 들까?

우선 승마가 가능한 말을 구매하는 비용이 만만하지 않다. 2012년 런던올림픽에 우리나라는 단 한 종목의 승마경기에도 출전하지 못했다. 말 때문이다. 올림픽에 출전하는 말은 지상 최고의 말로 저명인사나 부호들이 소유하고 있는 경우가 대부분이다. 2012년 런던올림픽에서 이목이 집중된 미국 승마대표가 탄 말 '라펠카'는 공화당 대선 후보 롬니 부인의 말이다. 이 말의 가격을 말하는 것은 주인의 자존심을 건드리는 행위다. 최하 100억 원 이상으로 롬니 부인은 이 말을 대표선수에게 빌려주었다. 선수 대부분은 자신의 말로 경기를 한다.

100억 원에 이르는 말 값은 승마선수들이 부담하는 비용의 시작이다. 지금은 많이 나아졌지만 중세시대에 말 두 마리를 키우려면 10에이커, 우리 기준으로 12,200평, 육십 마지기 벌판에서 나는 곡식을 몽땅 먹여야 했다. 여기에 두세 마리의 말을 관리하고 훈련하는 관리사와 코치가 있어야 하고 승마대회에 나가려면 6개월 전부터 현지적응을 해야 하니 마구간 대여료, 훈련장소 대여비도 들며 수의사를 별도로 고용하고 보험료까지 지불해야 한다. 여기까지 들어도 억! 소리가 나지만 이게 다가 아니다. 말은 하루라도 쉬면 몸이 달라진다. 서로 교감하는 스포츠이기 때문에 매일 호흡을 맞추어야 한다. 매일 한나절 이상의 시간을 내야 한다. 수천억 원의 재산이 있어야 하고 언제든 시간을 낼 수 있어야 하는 것이다. 돈 많고 한가한 사람, 귀족만이 즐길 수 있는 스포츠다.

올림픽 같은 승마대회에 나가지 않고 단순히 즐기려 해도 다르지 않다. 승마하려면 기본적으로 헬멧과 승마바지, 부츠와 승마장갑, 채찍이 필요하다. 저렴한 것으로 골라도 100만 원은 넘고 비싼 것은 천만 원에 가깝다. 자신의 말을 한두 마리 가져야 하고, 안장과 말 용품까지 장만해야 한다. 싼 것으로 해도 600만 원 이상, 비싼 것은 몇 천만 원이 든다. 레슨도 받아야 한다. 말 하숙비와 레슨비로 5천만 원 이상은 나간다. 게다가 일주일에 적어도 세 번 이상은 한나절 시간을 내서 말을 타야 한다. 수십억 원의 재산이 있어야 하고, 시간적 여유가 있어야 한다. 선진국도 다르지 않다. 영국에서는 축구와 럭비를 하류층이나 워킹 클래스의 스포츠로, 크리켓과 테니스를 중산층 스포츠로, 승마와 폴로를 상류층의 스포츠로 분류한다.

그럼 한국마사회의 전국민 말타기 운동에 참여해서 경험하는 승마는 뭘까? 또 개인이 가서 승마장의 클럽용 말을 일회에 5만 원씩 지불하고 타는 승마는 뭘까?

문자 그대로 말만 타는 것이다. 승마라는, '눈에 띄지 않는 부조(신호)로 말 탄 사람의 의도대로 말이 움직이게 하는 것'은 불가능하다. 클럽에서 제공하는 말 가운데 그런 말은 없으며 있다 해도 내주질 않는다. 승마용 말을 초보자에게 내주었다가는 30분 안에 그 말은 끝장난다. 초보자가 영업용 말을 타면 교관이 있으니 가긴 가지만 말 마음대로 한다. 말을 탄 사람은 걸음도 전환하지 못하고 그저 떨어지지 않으려고 발버둥을 친다. 말타기가 끝나면 떨어지지 않고 끝냈다는 안도감에 뿌듯해 한다. 말 위에 앉아 버티는 것이지 승마를 하는 것이 아니다. 가끔은 몽골에 가서 말 타고 왔다고도 한다. 몽골에서는 걷기도 전에 말을 타지만 몽골 사람이 올림픽 승마경기에 출전하는 모습을 본 적은 없을 것이다. 그들은 예선에도 참가하지 못한다. 문자 그대로 말 위에서 버티면서 말만 타는 것이다.

기업경영에도 승마조직이 있고, 말타기 조직이 있다. 한 사람의 전쟁 영웅이 탄생하려면 수만에서 수십만의 무고한 시민과 병사의 희생이 필요하다. 기업에서 한 명의 실장이 탄생하려면 30명 이상의 직원이 필요하다. 현재 30명의 신입직원이 모두 실장으로 승진하려면 30명 곱하기 30명, 900명의 신입직원이 늘어나야 하는 것이다.

  기업이 성장하지 않으면 이론적으로는 30명의 선배직원이 퇴직하지 않으면 안 된다. 이런 현상은 공무원 조직, 군대, 종교조직에서 볼 수 있다. 승진을 위해서 누군가가 퇴직할 때까지 기다려야 하는 조직은 희망 없는 조직, 성장이 없는 조직이다. 말타기 조직이다. 이들의 승진 이유는 지난 몇 년간 대과 없이 맡은 업무를 수행했기 때문이고 승진할 때가 되었기 때문이다. 이런 조직에서는 포상 또한 돌아가며 수상한다. 우수한 업적을 달성해도 작년 또는 재작년에 받았기 때문에 수상에서 제외된다. 그래서 말 위에서 버티기만 해도 누구나 하나쯤 상을 받게 된다.

  성장을 지속하는 조직은 다르다. 새로운 사업을 벌여서 사업의 성장에 따라 필요한 사람을 뽑아야 하는 상황을 만들지 않으면 승진은 없다. 관리직에서는 다른 사람의 업무까지 업무의 범위를 확대하고 자신이 관리하는 일이 늘어나지 않으면 승진이 없다. 평생 같은 봉급을 받고 같은 일을 한다. 포상 또한 기여가 있으면 열 번이라도 거듭 받고, 아무리 오래 일해도 기여가 없으면 포상이 없다. 문자 그대로 말을 몰아 목표 지점에 도달하지 않으면, 말을 사람의 의도대로 움직이게 하지 않으면 승진도 포상도 없다.

  승마조직과 말타기 조직의 구분은 쉽다. 첫째, 성장하는 조직은 예외 없이 사무실이 시끄럽다. 상하, 좌우간 의사소통이 활발히 일어나고 모든 이야기가 사무실에서 이루어진다. 여기저기 전화하는 소리가 들리고 상사는 부하의 자리에 와서 이것저것을 지시한다. 옆 사람들이 대화하는 중에도 자신이 알려줄 게 있거나 관심이 있는 이야기면 언제든 끼어든다. 반면에 성장이 멈춘 회사는 조용하다. 의사소통은 주로 상사와 그것도 문서를 놓고 이루어진다. 동료 간의 의사소통은 남들의 눈을 피해 회의실이나 은밀한 곳에서 이루어진다. 활발한 의사소통이 없으면 혁신도, 문화의 공유도, 학습도 일어날 수 없다. 직원의 사기와 몰입, 일체감, 충성심도 생길 수가 없다. 성장기업은 무엇보다 의사소통이 잘되는 기업이다.

둘째, 성장하는 조직은 지저분하다. 사람에 비해 일이 많기 때문이다. 게다가 자신의 일뿐만 아니라 남의 일까지 거들어야 하니 서류를 깔끔하게 챙길 시간이 없다. 모두가 바쁘게 일하고 있으니 생산성이 높다. 기업에서 사사社史를 발간할 때 필요 없는 문서는 넘쳐나는데 반해 회사가 오늘날의 기반을 닦은 가장 중요한 사업의, 가장 중요한 결정에 대한 자료는 없어서 애를 먹는다. 구두지시나 연필로 휘갈겨 쓴 메모 하나로 일이 이루어지기 때문이다. 이에 반해 성장이 정체된 조직은 문서에 오자가 있거나 회의실과 책상이 깨끗하게 정돈되어 있지 않으면 불호령이 떨어진다.

성장하는 기업의 세 번째, 가장 중요한 특징은 영업 사원에게 친절하다는 것이다. 성장하는 회사는 새로운 시장을 개척하거나, 신상품을 개발하거나, 새로운 방법으로 원가를 절감하는 직원이 좋은 평가를 받고 승진한다. 새로운 것은 외부에 있으므로 귀와 눈이 밖으로 열려 있다. 그래서 남들은 어떻게 하고 있는지, 시장은 어떻게 돌아가고 있는지, 어디에 원가절감의 기회가 있는지에 대해 소식을 전하는 영업사원은 반가운 존재다. 눈이 밖으로 열려 있으므로 전략의 적합성이 높고 성공 가능성이 높은 제품을 만들 수 있다. 이에 반해 성장이 정체된 회사는 상사의 의중을 미리 알아서 챙기고, 문서를 잘 꾸미고, 회사 내에 나도는 소문을 상사에게 잘 알려주는 직원이 인정받고 승진한다. 그러니 외부의 정보나 소식에는 관심이 없고 영업사원은 귀찮은 존재다.

  당신의 조직은 종업원이 말에 앉아 버티기만 하면 승진하고 포상하는 조직인가? 아니면 말을 몰아 조직과 이해관계자가 원하는 대로 움직여야 승진과 포상이 주어지는 승마조직인가?

 하프스톱 half stop

승마경기 : 몽골에는 왜 승마 메달리스트가 없을까?

걸음마보다 말 타는 법을 먼저 배운다는 몽골인, 중세 이전 수없이 유럽인을 공포에 떨게 했던 침략 기병의 후손인 돌궐 또는 투르크족의 후손들, 로마 멸망의 직접적 계기를 제공한 훈족의 후예(헝가리인), 등자를 발명해서 세계에 전한 인도인, 기마민족의 자손 한국에는 왜 올림픽 승마 메달리스트가 없을까?

승마경기는 모두 일곱 종목이 있지만, 올림픽에는 마장마술·장애물비월·종합마술 세 종목이 치러진다. 승마는 1900년 제2회 파리올림픽에서 정식종목으로 채택되었고 세 종목 모두 남녀구분 없이 개인과 팀 경기로 나누어 여섯 개의 메달이 수여된다.

- 마장마술(馬場馬術, Dressage) : 길이 60미터, 너비 20미터의 직사각형 경기장에서 말의 완성도를 보는 경기로서 정해진 경로를 사람의 의도에 따라 말이 움직이되 자연스러우면서 부드럽고, 조용하면서 절도 있는 움직임을 보이는지 평가하는 경기다. 동작의 정확성, 경쾌함, 말의 유순한 자세를 평가하여 우승자를 정한다.

- 장애물 경기(Jumping) : 800미터의 코스에 설치된 16개의 장애물을 뛰어넘는 경기로 장애물을 떨어뜨릴 때마다 2벌점이 부여되고, 벌점이 동일한 경우 빨리 통과한 사람과 말이 우승자가 되는 경기다.

- 종합마술(Eventing) : 첫째 날은 마장마술, 둘째 날은 자연상태에 설치한 장애물을 넘는 크로스컨트리(Cross Country), 셋째 날은 장애물 경기를 치른 점수를 종합하여 우승자를 정하는 경기다. 경기 중에 말을 바꿀 수 없고, 3일에 걸쳐 실시하므로 3일 경기(Three-Day Event)라고도 한다.

올림픽 종목은 아니지만, 국제승마연맹(FEI, International Federation for Equestrian Sports)이 공인하는 종목으로 지구력·마차·마상체조·레이닝 경기도 있다.

- **지구력 경기(Endurance)** : 말 마라톤에 해당하는 경주로 하루 또는 며칠에 걸쳐 이루어진다. 1일 최대 이동 거리는 40~100킬로미터. 구간별로 말 수의사가 배치되어 말의 심박수와 건강상태를 점검하고, 일정 심박수를 초과하면 실격된다. 말의 건강을 관리하면서 장거리를 가장 빨리 달리는 능력을 겨룬다.

- **마차 경기(Driving)** : 영화 '벤허'에서 보듯 고대 그리스 올림픽 때부터 시행한 유서 깊은 종목으로 1필, 또는 2필, 4필의 말이 끄는 마차를 타고 마장마술, 장애물, 크로스컨트리 경기를 치르는 종목이다.

- **마상체조(Vaulting)** : 말이 일정한 속도로 원을 그리며 뛰는 동안 선수가 말 위에서 여러 가지 체조 동작을 연기하는 종목이다. 물구나무서기, 다른 선수 들어올리기, 무릎 꿇기, 일어서기와 같은 체조 동작을 연기하는데 기술의 난이도와 예술성, 말의 안전성을 평가하여 우승자를 정한다.

- **레이닝(Reining)** : 미국식 승마경기로 카우보이들이 소몰이 하던 작업에서 유래한 종목이다. 눈에 보이지 않는 지시에 따라 말이 정해진 움직임을 보이는지를 평가한다. 소몰이에 필요한 동작인 '급속도로 달리다 순간적으로 정지하는 동작', '제자리에서 회전하는 동작', '원을 그리며 달리는 동작'을 평가한다. 웨스턴 안장에 카우보이 복장의 선수가 출전한다.

사전적 의미로 승마는 '사람이 말을 타고 부리는 여러 가지 동작 또는 그런 경기'를 말한다. 인도와 중국에서 등자를 발명하고, 기원전 8세기경 스키타이인이 그리스를 침략해 뛰어난 승마기술로 서양인을 놀라게 했지만, 그들은 말을 운송수단으로만 생각했고 말의 뛰어난 능력은 타고나는 것으로 믿었다. 이에 반해 그리스인들은 말의 능력은 체계적인 훈련으로 향상할 수 있는 것으로 생각했다. 그리스의 역사가 크세노폰이 쓴 승마이론이 오늘날까지 교본으로 사용된다는 사실에서 알 수 있다. 14~15세기 이탈리아에서는 기승 자세와 말의 움직임, 말의 훈련에 대한 체계가 확립되었고 프랑스·독일·스페인·영국 등 인근 국가로 확산되었다.

또 동양인들은 먼 길을 갈 때 말을 탔고, 말 타고 움직이는 것을 일로 생각했다. 이에 반해 그리스인들은 말 타는 것을 오락과 재미로 생각했다. 제33회 고대 올림픽(BC 684)부터 승마 경기가 있었다는 사실이 이를 대변한다. 이런 유럽의 전통에서 16세기 로마와 나폴리에 승마 교습소가 탄생했고, 승마는 유럽의 명문가에서 귀족스포츠로 발전했다. 이런 문화를 기반으로 스포츠로 발전시킨 것이 오늘날의 승마경기다.

말의 능력은 체계적인 교육훈련으로 향상할 수 있다는 믿음, 말타기를 오락으로 즐기는 문화는 20세기에야 일본과 중국, 몽골에 전해졌다. 말을 타고 유럽을 정복한 몽골과 기마민족 한국에 올림픽 승마 메달리스트가 없는 이유다.

제2장

승마와 경영관리

06

여왕도 말똥은
직접 치운다
― 사랑받는 기업, 행복경영

치킨게임.

기찻길에 두 사람이 서서 마주 오는 기차를 보며 버티는 게임이다. 먼저 기찻길에서 벗어나는 사람이 지게 된다. 반도체 시장의 치킨게임으로 익숙하며, 한·중·일 철강 대전鐵鋼大戰이라는 기사에서도 자주 접하게 된다. 기업 간 경쟁 또는 기업경영을 전쟁으로 생각하는 경향은 학자들의 저술에도 나타난다. 마케팅 분야에서 고전으로 통하는 교과서의 이름은 '마케팅 전쟁'이다. 마케팅은 고객의 머리라는 고지에 자신의 브랜드 깃발을 꽂는 고지전이라는 개념이다. 2010년 이후 국내에 인문학 열풍이 불었다. 기업체 강의 1순위가 손자병법이었고, 이어서 클라우제비츠의 '전쟁론'과 마키아벨리의 '군주론'이 뒤를 이었다. '삼국지 경영' 또한 인기를 끌었다. 모두 인문학 가운데 경영에 가장 가깝고 도움을 줄 내용으로 전쟁이론을 꼽은 것이다. 이 모든 내용을 집대성한 '전쟁의 기술'이라는 책도 전략의 바이블이라는 광고와 함께 홍보되고 있다.

경영이 전쟁에 가깝다는 생각은 오랜 뿌리를 두고 있다. 2차 세계대전 중에 개발된 군사학의 하나인 운용과학Operations Research과 게임이론은 경영학의 사고와 지평을 크게 넓혔다. 더 깊이 뿌리를 찾아가면 경제학에서 찾을 수 있다. 아담 스미스의 경제학은 합리적인 인간, 이기적인 인간을 가정한다. 모두가 자신의 입장에서 이기적인 선택을 하다 보면 경제는 발전하고 최선의 결과를 도출하게 된다는 낙관에 기반을 두고 있다. 이후에 많은 경제학자가 수정을 가했지만, 인간이 이기적이고 합리적이라는 가정은 손을 보지 못했다. 그냥 가정일 뿐인데 인간의 본성에 대해 한번도 생각해보지 않은 대학생에게 가르치고, 일반에게 가르치다 보니 사람들은 인간을 합리적이고 이기적인 존재로 생각하게 됐다. 이런 교육을 받은 분들이 경제정책을 입안하고 관리자가 되고 경영을 맡다 보니 경제주체들은 서로 살기 위해 싸우고 투쟁하는 관계가 되고, 경영은 경쟁회사를 이기기 위해 싸우며 나를 제외한 모든 조직과 사람들을 서로의 이익을 위해 물불 가리지 않는 투쟁의 대상으로 본다.

최근에는 새로운 시각이 생겼다. 이전의 경제학과 경영이론이 설명하지 못하는 문제들이 점차 두드러지고 답을 찾기가 어려워지면서 진화경제학, 행동경제학이 관심을 끌기 시작했다. 마침내 2009년 가장 권위 있는 경영학 저널인 하버드 비즈니스 리뷰에는 학자들을 깜짝 놀라게 할 도발적인 논문이 실렸다. 합리적 경제학의 종말. 내용은 이렇다. 스위스의 연구자들이 인간이 과연 합리적인가 하는 실험을 했다. 실험대상자들은 서로 보이지 않는 커튼으로 가려진 방에 낯모르는 사람과 앉는다. 규칙은 한 사람이 40달러를 그대로 가지고 있어도 되고, 낯모르는 상대에게 10달러를 줄 수도 있다. 자신이 10달러를 주면 실험관리자는 여기에 40달러를 보태어 상대방에게 50달러를 준다. 10달러를 받은 상대방은 그대로 50달러를 가질 수도 있고, 25달러를 돌려줄 수도 있다. 결과는 어땠을까? 합리적인 인간이거나 이기적인 인간이라면 10달러를 줄 이유도 없고, 50달러를 받은 상대방도 25달러를 돌려줄 이유가 없다. 그런데도 많은 사람이 10달러를 주고, 받은 사람은 25달러를 돌려주었다. 인간은 이기적이지도 합리적이지도 않다는 것을 멋지게 보여준 것이다. 실험은 더 이어졌다. 자신이 10달러를 주었음에도 상대방이 25달러를 돌려주지 않는 경우 자신이 1달러를 던지면 상대방의 돈 2달러를 빼앗는 규칙으로 게임을 하도록 했다. 합리적이고 이기적인 인간이라면 이런 게임은 하지 않는 것이 맞다. 하지만 실험에서는 대부분의 사람이 25달러를 던져서 상대를 빈털터리로 만들었다. 인간은 합리적이지도 이기적이지도 않다는 것이다.

경영은 전쟁과 다르다. 전쟁은 상대가 있고 힘을 모았다가 일정한 기간, 그것도 되도록 짧은 기간에 상대를 파멸시키고 전투력을 파괴하는 것이 목적이다. 기업의 활동은 단기간으로 끝나는 것이 아니고 경쟁회사를 파멸시키는 것도 아니다. 고객에게 가치 있는 제품이나 서비스를 제공하여 재무적 건전성을 지키고 이해관계자의 요구를 충족시키는 것이다.

경제, 경영분야에서 해결하지 못한 많은 문제 가운데 하나가 임금문제다. 이상하게도 기업들은 종업원에게 시장 가격보다 많은 임금을 지불한다는 것이다. 오랜 연구 결과 학자들은 대략적인 답을 찾았다. 경영자들은 더 많은 임금을 지불하고 종업원의 헌신과 동기부여를 얻어내려 한다는 것이다. 먼저 종업원을 믿고 10달러를 준다는 것이다. 그리고 종업원은 50달러를 벌어 25달러를 돌려줄 것이라 믿는 앞서 실험 내용과 비슷하다. 종업원을 이기적인 인간으로 보고 적은 돈으로 많은 일을 시켜 이익을 얻는 것은 불가능하다. 고도로 발달한 사회에서 노동에 대한 동기는 인간의 욕구 피라미드 가운데 가장 높은 단계에 속한다. 지식 노동자의 성과는 측정하고 통제하기 어렵다. 분야별 전문가는 오로지 동기부여가 되고 목표가 있어야 일하며, 강제로 통제하는 방법은 통하지 않는다.

기업들도 이런 사실을 깨닫기 시작했다. 우량기업들은 이미 알고 있었지만 학자들만 애써 외면해 왔던 진실이 드러나기 시작했다. '사랑받는 기업'이 2010년 전 세계를 뜨겁게 달구었다. 요지는 기업의 부를 만드는 원천은 경영진이 아니라 최일선에서 일하는 직원이라는 것과 직원이 행복해야 고객에게 행복을 줄 수 있다는 내용이다. '사랑받는 기업'은 급여와 복지가 높고 종업원의 사기도 높은데 이 비용은 높은 생산성과 낮은 이직률로 상쇄되고 남는다는 것이다. 실제로 '사랑받는 기업'에 대한 투자수익률은 2006년 6월을 기준으로 지난 10년간 1,026퍼센트로 미국의 우량기업들(S&P)의 122퍼센트에 비해 8배 이상 높다. 이른바 행복경영이다.

행복이란 무엇일까? 행복에 대한 우리의 생각은 최근 극적인 변화를 겪었다. 1990년 이전만 해도 메테를링크의 '산 넘고 물 건너 파랑새를 찾았지만, 알고 보니 자신의 집에 있는 비둘기가 파랑새더라'는 식의, 행복은 멀리 있는 것이 아니고 늘 우리 곁에 있다는 생각이 지배적이었다. 하지만 지금은 바뀌었다. 행복이 무엇인가에 대해 사람마다 다르겠지만, 심리학자들의 오랜 연구에 의하면 대체로 세 가지로 정리된다. 행복이란 신체가 없으면 느낄 수 없으며, 분명한 신체적인 느낌으로서 행복이라는 감정이 존재한다는 것, 사람들은 행복이 그저 주어지는 것으로 생각하지만 행복의 감정은 우연이 아니라 올바른 생각과 행동의 결과라는 것, 운동은 더 많은 행복을 가져다준다는 것이다. 행복하려면 행복해지겠다는 굳은 의지와 결단이 필요하고 행복해지는 방법을 실천할 때 비로소 행복이 찾아온다. 특히 스포츠가 행복을 느끼기에 가장 좋은 방법이라고 한다.

일반적으로 심리학자들은 행복을 느끼기에 가장 좋은 스포츠로 승마와 스포츠 댄스를 꼽는다. 이들 스포츠는 우리의 몸을 가장 기분 좋은 상태로 만들어 주고 경쟁심을 없애며 늘 새로운 것을 배우고 느끼게 하기 때문이다. 운동을 더 잘하겠다는 욕심은 오히려 행복을 느끼는 데 방해가 된다. 운동을 가장 잘하는 프로 선수들이 반드시 행복하지 않은 것을 보면 알 수 있다.

대부분의 스포츠는 – 좀 심하게 말하면 – 상대가 불행해야 내가 행복해지는 스포츠다. 2002년 한일월드컵 8강전, 전후반 포함 연장전까지 120분간의 사투에도 승부를 가리지 못했고 승부차기에서 4대 3인 상황에서 마지막 키커인 홍명보가 성공하면 4강이 결정된다. 홍명보는 멋지게 골을 넣었고 보기 힘든 환한 웃음을 지어 보였다. 우리는 사상 최초의 월드컵 4강에 열광했다. 바로 다음 장면에는 승부차기에서 실축한 스페인의 포워드 호아킨의 눈물과 주장 이에로의 절망이 있었다. 2012년 7월 30일 올림픽 펜싱 여자 에페 준결승전에서 비디오 판독 결과 시합시간은 이미 끝났음에도 초시계의 1초는 변하지 않았다. 이 시간, 부당하게 패배한 신아람은 억울함을 호소하며 주저앉아 울었지만 승자인 독일의 하이데만은 감격스러운 표정으로 양손을 쳐들었다. 이들에게 경기는 전쟁이고 상대는 투쟁의 대상이다. 이기적이고 합리적인 경제학적 인간이다.

승마는 '서로를 행복하게 해주기 게임'이다. 승마를 잘하려면 말이 내 뜻에 맞게 움직여 줘야 한다. 말이 나를 즐겁게 받아들이고 함께 운동하고 싶어 하고, 함께 성과를 내고 싶도록 노력해야 한다. 말은 자발적으로 힘겨운 운동을 하고 싶어 하지 않는다. 그래서 승마인은 말을 행복하게 만들기 위해 애쓴다. 영국 왕족도, 세계 최고의 승마선수도 말을 씻기고, 먹이고, 깔짚을 깔고, 건강과 기분을 관리하는 일을 남에게 미루지 않는다. 운동 중에도 모든 관심은 말을 편하게, 행복하게 하는 데 쏠려 있다. 말의 컨디션과 몸 상태, 기분을 챙겨야 하고 부족한 것은 서로 보완해 가면서 협력하는 운동이 승마다. 말이 이기적인 행동을 할 때는 강하게 나무라서 협력의 성과와 즐거움을 공유하도록 하는 것이 핵심이다. 승마인에게는 변하지 않는 원칙이 있다. 말이 가장 최선의 상태일 때, 내가 원하는 상태일 때 말에서 내려야 한다는 것이다. 그래야 말은 그 상태를 기억하고 즐거운 추억을 가지며, 사람과 함께하는 운동을 즐거워한다. 상대가 행복해야 내가 행복해진다는 승마의 원칙은 행복경영의 원칙과 같다.

잭 웰치는 경영자가 무엇을 할 때 백 번 이야기하지 않으면 이야기하지 않은 것과 같다고 말한다. 그만큼 자기 생각에만 골몰해서 직원을 생각하지 못한다는 것이다. 기업 경영자는 비전과 목표, 행동강령을 정하고 설득한다. 그리고 그곳을 향해 혼자 먼저 뛰어간다. 종업원, 협력업체, 고객들도 그 일을 하고 싶어 하는지는 생각하지 않는다. 이들이 말귀를 알아듣지 못하고, 경영의 어려움을 이해하지 않고, 자신들에게도 좋은 일인데 안 한다고 불평한다.

국가대표 승마코치는 묻는다.

"여러분들은 승마할 때마다 목표를 세우시죠? 오늘은 무엇을 연습하겠다, 어떻게 하겠다, 오늘은 무엇 무엇까지 연습하겠다, 대회준비를 위해서는 오늘 무엇을 해야 한다. 이렇게 생각하고 말에 오르죠? 그런데 말도 그럴까요?"

휴일이면 20만 명 이상의 경마팬이 모여든다. 이들이 간절하게 바라고 묻는 것이 있다.

"말은 뛸 준비가 되었는가? Is the horse ready to run?"

당신의 직원들은 일할 준비가 되었는가? 당신의 협력사는 함께 일하고 싶어 하는가?

07

셈하는 말, 영리한 한스

– 비전과 경영원칙 수립

독일에는 '영리한 한스 Clever Hans'라고 부르는 '셈하는 말'이 있었다. 이 말은 계산문제를 내면 다리를 두드려 답을 했다. 조교사가 "2 곱하기 3은 얼마인가?"라고 질문하면 다리를 여섯 번 두드리는 방식이다. 덧셈, 뺄셈, 곱셈뿐만 아니라 분수 계산까지 척척 맞추었다. 승마 인구가 170만 명에 이를 정도로 승마가 생활화된 독일에서는 모든 이의 관심을 끌기에 충분한 사건이었다. 의심 많은 사람은 조교사가 알려주고 있다고 생각하여 그를 뒤로 물러나게 한 후 다시 질문하고, 관중들 가운데 누군가가 신호를 주고 있다고 생각하여 관중이 없는 곳에서 문제를 내기도 했지만, 영리한 한스는 여전히 바른 답을 찾아내었다. 비밀은 무엇이었을까?

많은 학자의 실험과 연구 끝에 마침내 비밀이 밝혀졌다. 말과 관중 사이에 커튼을 치고 말의 시야에서 사람이 사라지게 한 상태에서 문제를 내자 영리한 한스는 답을 맞히지 못했다. 그제야 학자들은 어떻게 된 일인가를 알게 되었다. 영리한 한스는 다리를 두드려 정답에 가까이 갈 때 사람들의 자세나 표정에서 나타나는 미세한 변화를 감지할 수 있었던 것이다. 답을 알고 있는 주위의 관객들은 말이 다리를 두드려 바른 답에 근접할 때 긴장하게 된다. 영리한 한스는 정답에 해당하는 숫자만큼 발을 두드렸을 때, 그가 한 번 더 두드려 실수라도 할까 봐 사람들이 숨죽이는 것을 감지하고 두드리는 것을 멈추어 수학 문제의 답을 알아내었던 것이다. 재미있는 것은 사람들이 자신의 감정변화 때문에 말이 발 두드리기를 멈춘다는 사실을 알고 있는 상태에서도 영리한 한스는 정확히 셈을 했다는 것이다. 심리학자에 따르면 인간은 자신의 감정이 신체언어로 나타나는 것을 감출 능력이 거의 없다고 한다. 말은 사람의 몸짓이나 근육이 약간만 변하더라도 믿을 수 없을 정도로 민감하게 느끼므로 무의식중에 나오는 작은 변화도 감지하는 것이다.

사실 사람들도 어떤 일이 잘되고 있는지 아닌지를 표정만 보고도 찾아낸다. 증권사의 기업분석가는 어떤 기업에 대해 잘 모르는 경우에도 그 기업을 방문하여 사무실과 공장을 둘러보고 사람들의 표정을 보면 기업의 성장성을 판단할 수 있다고 한다. 중요한 결정을 내려야 하는 경영자도 종업원들의 표정에서 많은 사실을 파악한다. 종업원들이 몇 개월 간 고민해서 작성한 보고서를 불과 몇 십분 간 보고를 받고 이해하는 것은 경영자들에게도 힘든 일이다. 신기술, 신사업, 경제분석 등은 전문지식이 필요하고 자신이 잘 모르는 분야인 경우가 많다. 이해할 때까지 묻고 대답할 시간이 없어 그 자리에서 추진여부를 결정해야 하는 경우도 있다. 이럴 때 경영자는 종업원의 눈을 본다고 한다. 그 눈에서 진실성과 열의, 자신감이 있다면 그 보고서를 믿고 결정을 내린다는 것이다.

영리한 한스는 산수문제를 풀어서 세계적인 화제를 불러왔다. 1904년 독일뿐 아니라 뉴욕타임스에도 소개되었다. 19세기 초 찰스 다윈의 진화론 발표와 함께 동물이 지능을 갖는가는 인류의 관심사였다. 독일 정부가 공식적인 조사팀을 구성했고, 최종적으로 주변 사람의 미세한 신체 변화를 통해 답을 찾는다는 사실을 확인하였다. (출처 : 위키디피아)

    승마인들은 말이 사람의 의사를 알아들을 수 있다는 사실을 잘 알고 있다. 그래서 말을 탈 때는 가장 편안한 호흡과 마음으로, 옆에서 폭탄이 떨어져도 놀라지 않는다는 마음으로 타는 것이 원칙이다. 말이 사람의 심장박동수를 본능적으로 파악하고 있기 때문에 심장박동수가 높아지면 예민해지고 경계하기 때문이다. 표정과 몸짓은 인간을 제외한 모든 동물이 사용하는 언어다. 인간도 일상에서 사용하는 가장 솔직한 언어지만 정작 인간 자신은 잘 인식하지 못한다. 심리상담이나 코칭 분야에서는 의사소통에서 단어가 차지하는 비중은 7퍼센트 정도에 불과하고, 목소리의 크기나 속도·높낮이가 40퍼센트, 상황과 몸짓이 의사소통의 53퍼센트를 차지한다고 한다. 심지어는 정확한 의사 파악을 위해서는 단어는 무시하고 목소리와 눈빛, 몸짓만 관찰하라고 조언하기도 한다. 말과 인간이 93퍼센트 의사소통할 수 있고 때로는 인간의 마음에 대해 사람보다 더 정확히 알 수 있는 이유다.

경영자들은 부하 종업원의 표정에서 모든 것을 읽으면서도 부하직원 또한 경영자의 말이 아니라 몸짓을 통해 경영자의 생각을 읽고 있다는 사실을 곧잘 잊는다. 자신은 전 직원의 일거수일투족을 다 알 수 있지만 자신의 생각과 의도는 종업원들에게 감출 수 있다고 생각하는 것이다. 경영자가 하나하나의 물체를 예의 주시하는 호랑이와 같은 전투 동물fighting animal의 눈을 가졌다면 종업원들은 도주 동물flight animal의 눈을 가지고 있다. 말은 낯선 물체를 만나면 무조건 도망가는 대표적인 도주 동물이다. 도주 동물은 눈이 얼굴의 측면에 있어서 미간과 꼬리를 제외한 345도를 볼 수 있다. 승마 중에도 말은 사람의 눈동자를 계속 지켜본다. 기업에서는 종업원들의 눈이 모여 24시간 360도로 경영자를 관찰하고 경영자의 몸짓 하나하나에 민감하게 반응한다. 기업확장에 관심이 있는 경영자가 아무리 내실이 중요하다고 강조해도 종업원은 CEO가 무엇에 관심이 있는지 금방 알아낸다. CEO가 몸짓과 표정으로 알려주고 있기 때문이다.

'존중과 소통, 성실과 최고지향이 우리의 가치이며, 우리는 남이 우리에게 대해 주기를 바라는 방법으로 남을 대합니다. 우리는 현재 고객뿐만 아니라 잠재고객과 함께 개방적이고 정직하며, 진실하게 일할 것입니다.' 이것은 미국 경영자들이 역사상 최고로 꼽는 '엔론'의 비전과 경영원칙의 일부다. 이렇게 훌륭한 비전과 경영원칙을 가진 기업이 어쩌다 2001년 12월, 미국 역사상 가장 큰 규모의 파산사태를 일으켜 5천여 명이 일자리를 잃고 2만여 명의 종업원들이 퇴직연금마저 받을 수 없는 상황에 이르렀을까? 경영진이 9명이나 구속되는 일이 왜 일어났을까? 엔론의 비전과 경영원칙은 단지 비범한 문서에 지나지 않았기 때문이다. 이 작업에 참여했던 작가는 "엔론의 경영진이 자신들이 믿는 대로 '감옥에 가지 않는 한도 내에서 최대한 많은 돈을 벌기 위해 수단과 방법을 가리지 않을 것입니다'라고 비전을 설정했다면 경영진과 주주, 종업원들이 지금보다 덜 불행해졌을 것"이라고 말한다.

기업의 목표 또한 마찬가지이다. 목표설정이론에 따르면 회사가 정한 목표를 구성원들이 나의 목표라고 받아들여야 구성원의 의도가 되고 행동으로 나오고 성과로 나타난다고 한다. 경영자도 스스로 목표라고 생각하지 않은 목표를 종업원이 자신의 목표라고 받아들이기는 힘들다.

장수한 기업, 초우량기업 연구 결과에서 빠지지 않는 법칙이 있다. 핵심가치에서 떠나지 않는다는 것이다. 이들 기업의 핵심가치는 창업자 자신이 철저히 옳다고 믿고 있는 원칙이다. 후계자 승계에 있어서도 이 비전과 원칙이 몸에 밴 사람을 첫 번째 조건으로 한다. GE의 경우 핵심인재 선정에서 성과가 아니라 GE의 핵심가치의 체화를 우선적으로 고려한다. 의료전문기업인 존슨 앤드 존슨은 '제품에 대한 책임'이라는 단순하고 소박한 신조 하에 다음의 5개의 경영원칙, 단일업종에서 다각화한다, 보수적으로 미래지향적 장기투자를 한다, 전문가에게 경영을 맡긴다, 재정적 기강을 유지한다, 이윤창출 이외에 다른 목표를 가진다는 원칙을 철저히 지킨다.

경영자가 종업원을 속이는 것은 불가능하다. 스스로 믿지 않는 가치와 원칙을 종업원에게 이야기하면 신뢰를 잃는다. 솔선수범하지 않고 자신이 해야 한다고 생각하지 않는 일을 강요하면 종업원은 더 건성으로 처리한다. 많은 기업이 비전과 경영원칙 설정을 종업원이나 컨설팅회사, 대학교수에게 맡겨서 가장 그럴듯하고 멋지게 만든다. 종업원이 이 건성으로 만들어진 비전과 원칙을 따라 줄 것이라는 바람은 이루어지기 어렵다. 종업원은 경영자를 360도 입체 관찰하고, 단어가 아니라 몸짓의 미세한 변화로 알아차리는 '영리한 한스'라는 사실을 잊지 말아야 한다.

08

말 등에서는
이론이 **소용없다**
– 경영자 육성

"허리 펴요! 뒤꿈치 내리라고 했잖아요! 속보하면서도 신경 쓰세요! 속보에도 세 가지 종류가 있다고 했잖아요!"

벌써 열흘째다. 레슨코치는 내가 말에 오르자마자 온갖 문제점을 쏟아내고 요구사항을 폭포처럼 퍼붓는다. 말에서 내릴 때까지 쉼 없다. 예의 바른 나는 코치의 말에 꼬박꼬박 대답하려니 도대체 정신을 차릴 수가 없다. 코치가 가운데 서서 소리를 지르고 있으니, 말은 말대로 내게 집중하는 것이 아니라 코치만 쳐다보고 있다. 나와 말이 정신없이 한 시간을 보낸다.

김 사장은 자주 찾는 중국음식점 사장이다. 한 달 매출이 1억 원 이상 되는 큰 음식점이다. 손님이 뜸한 토요일 저녁, 고량주를 놓고 마주 앉았다. 일찍 결혼해서 생계가 막막하던 시절, 아내와 함께 외삼촌의 가락동 해산물 가게에서 봉급 없이 일했고, 외삼촌이 가게를 그만두자 그 가게를 이어받아 새벽부터 밤늦게까지 해산물을 중국음식점에 배달했던 일, 중국산 해산물이 쏟아져 들어오면서 가게를 접고 부실한 중국음식점을 속아서 인수해서 고생했던 일, 천신만고 끝에 그 중국집을 정상화시켜서 팔아버리고 새로 지금의 중국음식점을 열게 된 일을 담담하게 이야기했다. "제가 고생했던 일을 이야기하자면 끝이 없어요."라며 조금은 지루해 하는 나를 아쉬운 듯 쳐다보았다. "사장님이 고생한 이야기를 중국음식점에 관심 있는 예비창업자나 종업원에게 이야기하면 반응이 어때요?"라고 물었다.

"듣기는 하는데요. 무슨 말인지 못 알아들어요!"

레슨코치의 끝없는 요구에 나도 그랬다. 보름째 되던 날, 나는 참았던 이야기를 꺼냈다.

"코치님, 승마이론 시험을 보면 아마 제가 코치님보다 더 나은 점수가 나올 겁니다. 제가요, 몰라서 못 하는 게 아녜요. 머리로는 알고 있는데 몸이 안 따라줘요. 한 가지 기술이 내 몸에 익을 때까지 하루에 하나씩만 가르쳐 주세요."

레슨코치의 멍한 표정에서 나 또한 후회막급이었다. 교관도 한 시간 내내 소리 지르면 목이 아프고, 본인도 피곤한 일이라 열심히 가르치려는 열성과 관심에 감사하고 고맙다는 이야기를 먼저 해야 했다. 나도 나름대로는 열심히 하려 한다는 말을 먼저 해야 했다는 후회와, 이론 점수는 내가 나올 것이라는 말을 한 경솔함에 마음이 무거웠다.

승마를 시작하면서 가장 먼저 한 것이 승마에 대한 책을 찾는 일이었다. 대형 서점을 뒤지고 또 뒤져도 승마 교본은 없었다. 마침 동호인 중 한 사람이 이미 절판된, 일본에서 출간한 번역본을 찾아냈다. 출판사에 연락까지 해서 허락 하에 복사본을 만들었다. 밤새워 읽고 외웠지만 내용은 없었다. 당장 달라지는 건 하나도 없었다. 지인들이

고삐

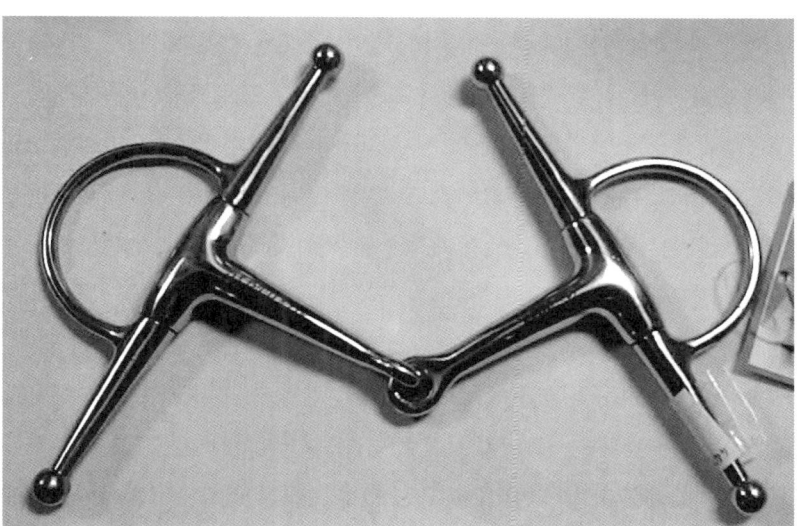

재갈

승마할 때 기본으로 장착하는 장비. 말의 입에서 사람의 손으로 연결하는 끈이 고삐이며, 말의 입에는 아래 사진과 같은 쇠로 연결된 재갈이 물려 있다.

해외출장을 갈 때마다 승마 교본이나 잡지를 사다 달라고 요청했고 열심히 읽었다. 인터넷을 검색해서 소용되는 모든 내용을 별도로 정리하여 묶음 책을 만들기도 했다. 승마이론이라면 자신이 있었다. 하지만 말에만 올라가면 아무 소용이 없었다. 말이 빠른 걸음으로 갈 때 '고삐를 잡은 손이 출렁거리면 안 된다'는 사실은 알고 있고 '자세를 바로잡고, 어깨에 힘을 빼고, 손목을 부드럽게 하고, 체중을 발뒤꿈치로 해서 흘러내려 가도록 해야 한다'는 것은 알지만 어떻게 하면 그렇게 되는지 알 방법이 없었다. 어떤 사람은 영원히 고삐를 고정시키지 못하고 승마를 그만두기도 한다. 고삐를 출렁거리지 않게 된 것과 허리를 온전히 펴고 타게 된 것은 그로부터 수백 번을 더 기승하고 수없는 시행착오를 겪고 난 뒤의 일이다.

야구의 타격이론과 투구이론에 대한 설명은 선수보다 물리학자들에게 듣는 게 낫다. 골프 이론은 골프코치가 프로골퍼보다 더 잘 알고 있다. "나는 물밑 암초를 보지 못한 서툰 선장이었다." 1986년 8월 6일, 허구연 감독은 이 말을 끝으로 청보 핀토스의 선장에서 물러났다. 남긴 성적은 15승 2무 40패, 승률 2할 7푼 3리였다. 허구연 씨는 알다시피 우리나라에서 손꼽는 야구 이론가이자 해설가다. 야구에 대해 그렇게 잘 아는 사람이 왜 감독직에서는 참담한 성적을 냈을까? 이후 허구연 씨는 다시 감독직을 꿈꾸지 않았다. 경영자보다 경영학자가 경영이론에 대해서는 더 잘 안다. 경영학의 성자들, 소위 그루라고 부르는 이들은 하버드 비즈니스 스쿨에 차고 넘친다. 그런데 왜 글로벌 기업들이 CEO를 찾을 때 그들에게는 연락하지 않을까?

최근 유명대학 MBA 과정을 보면 기업에서 파견한 임원과 핵심인력으로 꽉 찬다. 짧게는 1년, 길게는 2년 이상의 시간을 학교에서 보낸다. 일없이 지불하는 급여만 1억 원이 넘는다. 학비 또한 수천만 원이다. 이게 소용된다고 생각하는 걸까? 이것이 회사의 장기성장과 전문경영자 양성을 위해 도움이 된다고 생각하는 걸까? 쓸데없는 곳에 시간과 노력을 낭비하고 있는 것은 아닐까? 한국의 경영자, 글로벌 기업의 경영자 가운데 대학 때 경영학을 전공한 사람은 거의 없다. 경영학의 본산인 미국대학에는 경영학과가 없다. 경영은 경영학이 아니기 때문이다. SK그룹의 고 최종현 회장은 아들을 경영학과에 보내지 않은 것으로 유명하다. 오히려 대학에서는 공학이나 이학을 배우고 경영은 직접 기업에서 배우는 게 낫다고 생각했던 것이다. 워런 버핏 또한 5살 때부터 직접 콜라를 팔고, 아버지가 하원의원이던 시절에도 신문 배달을 하고, 주식투자를 했다. 아버지의 가업을 잇기 위해 경영학과에 간다는 생각 또한 현명하지 못한 일이다. 가업을 충실히 잇게 하고 싶다면 경영학과에 보내지 말고 회사에서 경력을 쌓도록 하는 것이 낫다.

무슨 스포츠든 잘하려면 근육의 협동성이 필요하다. 모든 근육이 하나의 활동에 적합하도록 협력해야 한다. 이게 선천적으로 잘 되는 사람이 있고, 도통 안 되는 사람이 있다. 경영자의 눈으로 보면 아들 중에도 경영에 소질이 있는 자식이 있고, 없는 자식이 있다. 직원 중에도 소질이 있는 직원이 있고, 없는 직원이 있다. 소질이 없는 자식이나 직원에게 경영학을 가르쳐 경영을 맡기겠다는 생각은 무모한 발상이다.

로스쿨이 생기면서 웬만한 대학에서는 법학대학이 폐지되었다. 그리고 법대에 진학할 우리나라 최고의 학생들이 경영대학을 지원하고 있다. 교수님들이 놀랄 정도로 똑똑한 아이들이다. 하지만 이 학생들이 경영학은 알겠지만, 경영을 알까 하는 의구심이 생긴다. 머릿속에 이론만 가득하고 실제 경영에는 참여해 보지 않은 학생들의 장래는 어떻게 될까?

작은 기업이라도 기업을 경영해 본 사람들은 자신의 쓰라린 실패와 손실에서 얻은 경험과 노하우를 절절한 목소리로 이야기한다. 그러면서 정작 중요한 이야기는 아무에게도 하지 않는다. 경영학과 졸업생이 이들의 이야기, 하지 않은 이야기, 할 수 없는 이야기를 알아차릴 수 있을까?

승마는 머리나 이론으로 하는 것이 아니다. 몸으로 익히는 것이다. 경영은 자신이 알고 있는 단순한 철학과 믿음을 행동에 옮기는 것이다. 경영자가 머리나 이론으로 경영하려는 순간 회사는 방향을 잃고 헤매게 된다.

하프스톱 half stop

말의 종류 : 백마, 얼룩말 그리고 보통 말

"말도 여러 종류가 있지요?"

간혹 묻는 분이 있다. 이런 질문을 해주는 분은 반갑다. 승마하는 사람이나 경마하는 사람도 잘 묻지 않는 질문이다. 백마, 얼룩말, 보통 말만 알고 있는 사람들과 달리 평소 관심을 갖고 말을 지켜본 사람들이 하는 질문이다. 집에서 기르는 개가 여러 종이 있듯 말도 수백 종이 있다.

가까운 직장 동료들이 해외출장에서 말과 관련된 책을 사다 주며 그들도 놀란다. 대형서점에서도 한 권 찾기 힘든 우리나라와는 달리 선진국 책방에 가면 한쪽 벽면이 모두 말과 관련된 책이다. 개중에는 말 백과사전도 있어서 수백 종의 말이 소개된다. 하지만 일일이 외울 필요는 없다. 오늘도 지구촌 어디에선가는 새로운 품종을 만드는 노력을 하고 있기 때문이다. 1700년대 이후, 모든 나라에서 필요에 따라 다른 종끼리 교배해서 좋은 말을 만들려는 노력을 경주하고 있다. 그렇게 해서 만든 새로운 종에 대니쉬 웜브레드, 뉴질랜드 웜브레드, 스탠더드브레드, 한라마와 같은 새로운 이름을 붙인다. 그러니 말의 종류를 외우기보다는 기본 로직을 이해하면 된다.

"피는 물보다 진하다"는 말이 있다. 과거에는 자식이 부모의 피를 물려받는다고 생각했지만, 현대 과학에 의하면 어미말·아비말과 망아지의 피는 다르고 피는 유전되지 않는다고 한다. 그럼에도 혈통은 말을 분류하고 가치를 매기는 데 가장 중요한 요소로 간주된다. 경마 경주에 참여하는 말은 모두 국제 혈통서(International Studbook)에 기재된 말이다. 3대에 걸쳐 혈통이 증명되지 않으면 경주마 자격을 얻을 수 없다. 이러한 전통에 따라 말은 피의 냉열(冷熱)을 기준으로 크게 세 종류로 나눈다.

먼저, 냉혈마(冷血馬, Cold Blood) 또는 삼림마·중종마(Heavy Horse)라고 부르는 유럽의 삼림지대에서 사는 종이다. 덩치는 코끼리처럼 거대하지만, 덩치에

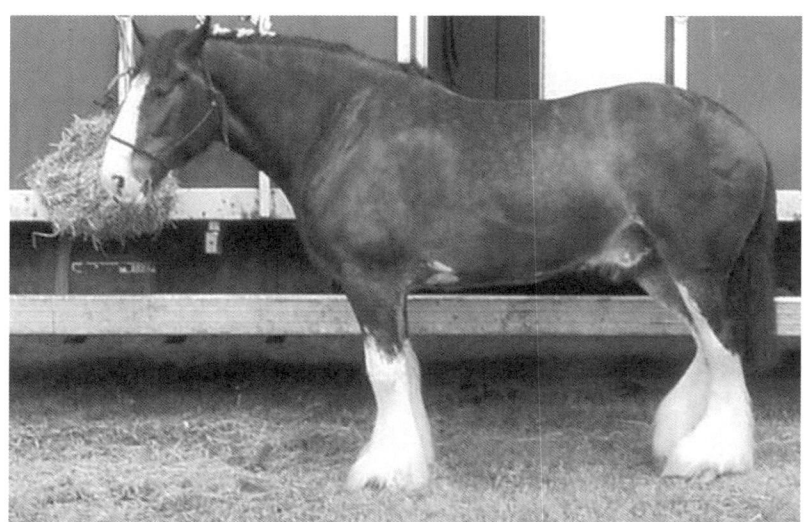

삼림마. 주로 북유럽에 분포하며 수레를 끌거나 목재를 운반하는 용도로 사용한다. 체중이 1톤에 달할 정도로 육중하지만 성격이 온순하다. (출처 : 위키디피아)

비해 느리고 착하기 그지없다. 영화에서 보는 마차 끄는 말, 짐수레 끄는 말, 밭에서 쟁기 끄는 말, 숲에서 목재 옮기는 말이 이 품종이다. 발굽 부분에 긴 털이 있다면 냉혈마라고 생각하면 된다. 동력기관이 보급되기 전에는 유럽의 일을 모두 이 말이 해냈다. 지금은 차가 갈 수 없는 곳이나 숲에서 나무를 옮기는 일 등에 사용한다. 한국에는 한국마사회가 한 마리 기르고 있는데 경마장에서 말 축제가 열릴 때 전시한다.

두 번째, 현재 지구상에서 가장 많은 종류인 경종마(Light Horse) 또는 핫 블러드(Hot Blood)라고 부르는 종이다. 우리가 말이라고 알고 있는, 가장 흔히 보는 종이다. 이름에서 유추하듯이 경쾌하고 날렵하며 예민하고 까다로운 성격을 가졌다. 주로 사막 지역이나 초원에서 서식했던 종으로 가장 유명한 말이 아랍 말이다. 생긴 게 멋있고, 빠르며, 지구력이 있다. 1700년대 이전 말 경주에서는 아랍 말을 당할 수가 없었다. 아랍 말은 전 세계로 퍼져 말의 품종을 개량하는 역할을 했는데 대표적인 말이 경마장에서 뛰는 더러브렛('순수한 혈통'이라는 뜻)이다. 1700년경, 영국에 뛰어난 아랍 말 세 마리가 우연히 들어왔다. '고돌핀 아라비안',

경마장에서 볼 수 있는 더러브렛. 마체가 우아하고 날렵하며 예민하다. 지구상에서 가장 빨리 달리는 말이다.

'다알리 아라비안', '바이얼리 터크'다. 경주에서 뛰어난 능력을 보인 이들은 씨수말로 전향했고, 그간 뛰어난 능력을 보인 영국 말과 교배해서 '더러브렛'종이 탄생했다. 이후 경마관계자는 더러브렛끼리만 교배시켰고, 보다 빠른 말을 만들기 위해 노력한 결과 지구상에서 가장 빠른 '달리는 기계(racing machine)'를 재창조했다. 1900년 이후에는 어떤 아랍 말도 더러브렛을 이기지 못했다.

우리가 승마장에서 자주 만나는 말은 두 종류다. 경주를 마치고 퇴역한 더러브렛과 '웜브렛'이라는 종이다. 퇴역한 경주마는 대부분 순치 과정을 거쳐 초보자용 말로 사용하거나, 드물게 장애물 경기용 말로 활용된다. 웜브렛은 더러브렛과 비슷하지만 조금 육중해 보인다. Hot Blood와 Cold Blood를 잘 섞어서 따뜻한 피로 만든 것이다. 아랍종 또는 더러브렛과 냉혈마를 교배시켜 온순하고, 승용감 좋으며, 영리한 승마용 말로 만든 것이다. 독일에서 개량한 말은 저먼 웜브레드, 네델란드에서 개발한 말은 더치 웜브레드 하는 식이다. 아시안게임에서 본 정유라의 말 '비타나 V', 김동선의 말 '플레저'는 웜브렛이고 우리나라에서는 생산되지 않아 수입가격이 15억, 18억에 달한다. 그 외 세계 각지에 분포하는 말들 예를

승마대회에서 볼 수 있는 웜브렛. 아라비아 말과 삼림마를 교배하여 침착하고 활발한 승마용 말로 개량했다. 나라마다 웜브렛의 형태는 조금씩 차이가 있다. (출처 : 위키디피아)

조랑말. 전 세계적으로 분포하며, 성격이 온순하고 강인한 생명력을 가졌다. 체고가 147cm 이하면 조랑말로 분류하며 제주도의 토종마와 몽고말은 조랑말이다. (출처 : 위키디피아)

들면, 영화에서 볼 수 있는 미국의 머스탱·팔로미노, 세상에서 가장 아름다운 말인 투르크메니스탄의 아칼-테케(Akhal-Teke)도 모두 경종마다.

마지막 한 종류는 포니라고 부르는 조랑말이다. 전 세계적으로 분포하며 키가 147센티미터 이하면 어떻게 생겼든 조랑말로 분류한다. 조랑말은 생명력이 강하고 관리가 쉬우며 지구력이 뛰어나다.

말 축제가 열릴 때 단골로 소개되는 말이 있다. 키가 80센티미터 정도로 덩치 큰 개처럼 보이는 '미니어처'라는 종이다. 영국에서 애완용으로 개량한 조랑말의 한 종류다.

09
한 가지에서 열린 열매,
분노와 두려움
- 지혜와 자기성찰

　이 사장의 분노가 폭발했다. 말을 원형 마장에 집어넣더니 채찍으로 사정없이 엉덩이를 내려친다. '뷰티호스'는 미친 듯 원형 마장의 가장자리를 돈다. 두려움과 공포로 눈빛이 파랗다. 이 사장의 육두문자가 쏟아진다. 붉은 얼굴이 사찰의 험상궂은 사천왕상을 닮았다.
　"이 자식이, 말을 안 들어."
　뷰티호스의 목에는 하얀 거품 땀이 흐른다. 이 사장의 얼굴에는 붉은 근육이 섰다. 자기 말을 자기가 때리는데 뭐라고 할 수도 없다. 모두 둘러서서 낮은 목소리로 속삭인다.
　"상종 못할 사람이네, 말이 뭘 잘못했다고, 저 좋은 말, 다 버려놓는구나."
　뷰티호스.
　왕년에는 전국승마대회에서도 우승한 우수한 말이다. 기구한 운명을 거스를 수 없어 흘러 흘러 이 사장에게까지 왔다.

말을 처음 보는 사람들은 얼어붙는다. 뷰티호스 같은 윔브렛 좋은 남자 어른의 키보다 크고, 건장한 남자 체중의 10배가 넘는다. 묵직한 뒷발이 상상을 깨고 말의 목까지 날아오고, 1미터 이상 떨어진 사람의 가슴을 발로 차서 실신시키는 모습을 보면 그 위력에 압도당한다. 놀라서 질주할 때의 속도와 땅을 두드리는 발굽 소리에는 묘한 흥분과 함께 범접하지 못할 권위가 느껴진다. 여기에 낙마로 목숨을 잃은 징기즈칸, 슈퍼맨 릭 리슨, 아시안게임 승마선수 김형칠을 떠올리면 초보자가 교관을 쳐다보는 눈은 애처롭기까지 하다. 선배 승마인의 낙마로 인한 허벅지 뼈, 갈비뼈, 엉치뼈, 견갑골 골절과 기절 이야기까지 듣고 나면 긴장은 더해진다. 실제로 안장에 올라 말이 뛰기 시작하면 몸은 굳고 얼굴은 하얗게 질린다. 이런 두려움은 말의 크기와 리듬에 익숙해질 때까지 계속된다. 다그닥 다그닥 뛰는 구보까지 익숙해지면 드디어 말을 통제할 수 있다는 자신감이 생긴다.

이쯤 되면 갈림길이 나타난다. 뛰어난 교관에게 차근차근 레슨을 받는 승마인은 말을 존중하고 협력해서 말과 함께 발전해 나간다. 승마에서 말의 협조가 얼마나 절실한지 깨우치고, 말에 대한 사랑과 신뢰감이 서로에게 얼마나 중요한지를 깨닫게 된다. 예를 들면 박차를 사용할 때도 처음에는 한두 번 가볍게 쳐서 말에게 불쾌감을 주고, 그다음부터는 실제로 박차를 몸에 대지 않는다. 필요한 경우 옆구리 근처에 박차를 가까이해서 박차를 댈까 말까 물어본다. "알아서 해줄래? 불편하게 할까?"를 묻는다. 혼이 나야 하겠다는 말은 매우 드물다. 이것이 반복되면 신뢰관계가 생기고 말이 나를 즐겁게 해주기 위해 안달하고, 사람은 말을 실망시키지 않기 위해 안달하는 상태가 된다. 승마는 자신을 위한 운동이 아니라 말을 위한 운동임을 알게 된다. 그럴 때 승마가 더 즐겁다는 걸 안다. 다른 갈림길을 걷는 사람은 질주에 관심을 가진다. 말을 제압하는 데 짜릿한 흥분을 느끼고 말과의 전쟁에 돌입한다. 들판을 전속력으로 달리고 일부러 말을 흥분시키거나 공포에 몰아넣는다. 놀라서 날뛰는 말을 몰아붙인다. 채찍으로 다스리고 자신의 생각대로 움직이지 않으면 분노를 느낀다. 말이 다치면 버리면 된다.

분노는 자신의 안전이 보장되고 불안감이 해소되었을 때 나온다. 자신에 대한 푸대접, 무시, 부도덕성이 원인이다. 이 원인이 나보다 큰 힘을 가졌거나, 지위가 높거나, 경제적으로 월등한 대상에게서 나오면 두려움을 느낀다. 자신이 통제할 수 있거나 힘이 약한 자가 이런 원인을 제공할 때는 분노를 느낀다. 동일한 원인에 대해 약한 자에게는 분노를, 강한 자에게는 두려움을 느끼는 것이다. 40대, 50대의 경영자나 임원 관리자에게서 이런 일이 많다. 사회적으로 가장 힘 있는 시기이고, 남에게 시키는 위치에 있는 사람들이다. 승마는 말에게 명령하는 것이 아니라 말에게 선택하게 하는 것, 말이 스스로 선택했다는 기분을 갖게 하는 것이라는 충고에 이들은 코웃음 친다.

분노와 두려움은 생명의 가장 기본적인 반응인 '공격-도주 반응'의 연장선상이다. 생명체는 낯선 대상을 보거나 위험에 처했을 때 공격하거나 도주하는 반응을 보인다. 이것은 진화 과정에서 살아남게 한, 가장 뛰어난 전략이다. 상대가 해볼 만하거나 빠져나갈 구멍이 없을 때는 분노를 보이면서 공격한다. 다른 경우에는 두려움을 보이고 도주를 선택한다. 가장 효과적인 전략이지만 인간적인 행동과는 거리가 멀다.

인간은 지식과 지혜의 힘으로 공격 혹은 도주, 분노 또는 두려움의

원시적 반응에서 벗어나면서 비로소 인간의 모습을 가지게 되었다. 지식과 지혜는 우리를 자유롭고 교양 있는 근대 시민의 자세를 유지하게 한다. 월식에 대한 두려움은 천문학의 발달로 해소되었고, 천연두의 두려움은 세균학의 발달이 해소해 주었다. 중세 시대 마녀사냥으로 나타난 분노는 자연현상에 대한 이해가 증가하면서 사라졌다. 말에 대한 분노와 두려움 또한 말에 대한 지식과 지혜를 통해 벗어날 수 있다. 말을 알고 말을 통해 지혜를 얻으면 분노와 두려움에서 벗어날 수 있다.

'혁신기업의 딜레마'를 저술한 크리스텐슨에 따르면 성공한 기업의 90퍼센트가 창업 초기에 의도한 사업으로 성공한 것이 아니라고 한다. 성공한 벤처기업 아이센스가 좋은 예다. 2016년 현재 매출액 1019억 원, 시가총액 4300억 원에 달한다. 이 회사는 기업에서 의뢰하는 연구개발 용역사업과 교수들이 보유한 바이오센스 기술과 특허의 임대사업을 목적으로 2000년 실험실의 벤처기업으로 출발했다. 창업은 했지만, 연구개발 의뢰도 없었고, 특허를 임대할 기업도 없었다. 방법이 없어서 바이오센스 기술을 이용해서 중가스와 전해질 분야 개발사업으로 전환했지만 자금부족으로 이 또한 실패였다. 남은 돈으로 할 수 있는 사업은 바이오센스 기술을 활용한 고성능, 저가격 혈당측정기를 개발해서 생산능력과 유통망을 보유한 대기업에 기술을 이전하는 방법뿐이었다. 2002년 목표한 제품을 개발하고 녹십자·대웅제약·유한양행 등에 기술이전을 타진했지만, 관심을 보이는 기업은 없었다. 이후 자체 생산에 착수해서 오늘날의 성공을 이루었다. 이 기간 동안에 창업자의 심정은 어땠을까?

창업을 결심한 다음 날부터 첫새벽에 저절로 눈이 떠진다. 잠이 오지 않고 사업이 제대로 될까 조바심한다. 주위에서 창업한 사람 백 명 중 서넛만 성공한다는 말이 헛소문이 아니다. 승마 초보자가 말에 오르는 두려움이 온몸을 감싼다. 이미 사업기반을 잡은 사업가들을 보면 부럽고 존경스럽다. 애초에 생각했던 계획은 빗나가고 새롭게 추진한 사업도 모두 실패했다. 생각과는 달리 고객의 반응은 시들하고, 내가 얼마나 자금이 간절한지 상대는 이해해주지 않는다. 하루하루 돈은 들어가고, 돈 나올 구멍은 보이지 않는다. 남의 주머니에서 돈 꺼내는 일이 이렇게 어려운 줄 몰랐다. 나를 믿고 험한 걸음을 함께하는 창업 동료와 부하직원의 신뢰와 협력이 간절하다. 직원이 실망하고 떠날까봐 두렵다.

그러다 어느 날 물건을 사주는 천사를 만난다. 적은 돈이지만 매출이 생기면서 겨우 숨 쉴 여유가 생긴다. 이 매출을 기반으로 거래처를 늘리고 제품을 개선하며 매출 규모를 점차 늘려나간다. 언제 회사가 쓰러질지 모르는 시간이 지나고 회사는 안정을 찾는다. 점차 몸도 마음도 편안함에 익숙해지며 창업 초기의 두려움은 사라진다. 이제는 무슨 일이든 뜻대로 되지 않으면 분노가 두려움을 대신한다. 직원을 야단치고 불평을 쏟는다. 경영은 종업원과 고객, 이해관계자를 즐겁게 하는 것이라는 걸 잊고 분노가 그를 지배한다.

그러던 어느 날 생각하지 못한 벼락을 맞았다. 금융위기이든, 외환위기든, 전염병이든, 석유 파동이든, 직원의 부정이든, 무슨 일이든 생기고 회사는 한순간에 파산한다. 누구나 뜻하지 않게 부도를 맞을 수 있다. 분노는 극에 달한다. 세상이, 직원이, 정부가, 모든 것이 분노의 대상이다. 분노를 술로 달래고, 분노를 가족에게 표출한다. 가족이 그를 떠나고 빠져나올 수 없는 나락으로 떨어진다.

경영심리학자 다니엘 길버트의 연구결과, 돈이 있을수록, 권력이 클수록 부도덕하고 무자비해지며 분노하는 경향이 있다고 한다. 쉽게 상대가 자신의 지위에 비해 푸대접하거나 무시한다고 느낀다. 대한항공 땅콩 회항 사건, 여명 808 맥주잔 폭행사건, 몽고간장 직원 폭행사건, 왕 상무 라면 사건이 뷰티호스의 이 사장과 같은 심리상태에서 나온 사례다.

두려움이 분노로 바뀌지 않으려면 지식과 지혜가 필요하다. 지혜는 성찰에서 나온다. 뛰어난 경영자는 자신의 문제에 대해 자문하고 의논해 줄 멘토를 가진 사람이 많다. 빌 게이츠가 그렇고, 잡스가 그렇고, 잭 웰치가 그랬다. 일이 터질 때마다 분노하는 경영자와 임원이 지배하는 기업은 미래가 없다.

10

구성원을 예민한
상태로 유지하라
– 자극에 예민한 조직 만들기

뒤트임^{vent}.

신사복이든 숙녀복이든 정장 상의에는 반드시 뒤트임이 있다. 예민한 사람들은 한 번쯤 의문을 갖는다. 왜 정장에만 뒤트임이 있을까? 기차나 철도가 발명되기 전, 유럽에서는 말과 마차가 유일한 교통수단이었다. 남자들이 말을 타면 상의의 뒤끝은 안장에 깔려 말이 상하로 움직일 때마다 엉덩이에 끼어 등을 당겼다. 이런 불편을 간단하게 해결하는 방법이 양복의 가운데 또는 양옆을 찢는 것이었다. 오늘날 정장의 뒤트임은 15세기 대중 승마 시대의 화석인 셈이다. 지금도 승마 마장마술경기는 그 시대 그 복장 그대로 경기를 한다.

올림픽 종목 가운데에도 승마는 특이한 종목이다. 유일하게 동물이 참가하는 경기, 유일하게 남녀 구분 없이 기량을 겨루는 경기, 최고령 참가 선수를 매회 경신하는 경기다. 승마경기는 마장마술, 장애물, 종합마술경기가 있다. 이 중에서 마장마술 경기는 말의 훈련 정도를 겨루는 경기이다. 어린 말을 조직적, 체계적으로 훈련하여 말의 온순성과 유연성, 예술성을 계발하는 종목이다. 상식적으로는 불가능하다고 생각하는 기묘한 현상을 엮어내는 것을 마술魔術이라고 한다. 마장마술은 이와는 다르지만, 승마인에게 북경올림픽 금메달리스트인 '앵키'의 경기는 마술魔術 같은 마술馬術이다. 말이 뛰면서 360도 자유자재로 회전하고, 발걸음을 바꾸어 뛰거나 사람이 경보하는 것 같은 빠른 걸음으로 음악에 맞추어 춤을 춘다. 앵키는 편안히 앉아 있기만 할 뿐 움직임이 전혀 없다. 말의 몸에는 땀이 흐르고 고삐와 닿은 목줄기에는 땀이 하얀 거품이 되어 뭉쳐져 있지만, 말은 스스로 걷고, 뛰고, 춤을 춘다. 비결은 무엇일까?

말이 춤추고 뛰는 이유는 기수가 말을 춤추고 뛰게 하기 때문이다. 말은 자연상태에서 걸으면서 풀을 뜯을 뿐, 위협이 없는 한 결코 힘들게 뛰지 않는다. 자연의 법칙이다. 혹 쓸데없이 뛰는 말이 있었다 해도 힘을 잃은 상태에서 맹수의 공격을 받으면 먹히기 때문에 이유 없이 뛰는 말은 진화과정에서 멸종했다. 마장마술경기에서 기수는 말이 뛰고, 춤추게 끊임없이 부조扶助를 준다. 경기에서 말이 뛰는 속도는 보통사람이 앉아 있으면 앞으로 날아가 내동댕이쳐질 정도로 등의 반발력이 세다. 경험 있는 승마인도 이런 말을 타면 3분도 버티지 못한다. 선수들은 온몸으로 그 반동을 흡수하면서 머리·어깨·가슴·엉덩이·허리·손·발꿈치 등 신체 모든 부위를 따로 사용하여 말을 달리게 하고, 솟구치게 하고, 방향을 전환하고, 발을 바꾸게 한다.

경기용 말이 아니라도 기본적으로 승마에는 엄청난 체력이 소모된다. 보통의 여성들은 한번 말을 타면 최소한 3일은 몸살로 끙끙거린다. 국내 최초로 2,000승을 달성한 서울경마공원의 박태종 기수도 하루 서너 경주를 마치고 나면 500그램의 체중이 빠진다고 한다. 원래 살이 찌지 않는 체질에, 46킬로그램의 체중에서 이 정도의 몸무게가 빠진다고 하면 말을 타는 것이 얼마나 운동강도가 높은지 알 수 있다. 남들은 "가만히 앉아 있는 사람이 왜 힘들어? 뛰는 말이 힘들지!" 하지만 기실은 이렇듯 온 힘을 짜내어 최선을 다하고 있는 것이다. 기업의 근로자들도 비슷한 생각을 갖는다. 자신들은 기름때 묻혀 가며 한여름에 땀을 뻘뻘 흘리며 일을 하는데 사장은 보고나 받고 지시만 하면서, 좋은 사무실, 좋은 차를 타면서 하는 일 없이 많은 봉급을 받는다고 생각한다.

하지만 말을 타고 있는 경영자의 실상은 다르다. 경영자가 되면 회의, 인터뷰 등 스케줄이 꽉 찬다. 업계나 협회의 간부 또는 회장으로 선임되기도 하고, 원고청탁과 연설요청이 쇄도한다. 정치인과 만나야 하고 언론 관련 모임에도 참석해야 한다. 모두 회사 경영을 위해서 필요한 일이다. 이런 환경에서 분초를 나누어 회사 일을 해야 한다. 말도 제대로 할 수 없다. 알면서도 벙어리가 되어야 하고 모르는 일도 아는 척해야 한다. 항상 다른 입장을 가진 사람들이 그들의 생각에 따라 경영자의 말과 행동을 해석하여 전달하기 때문에 진실을 전하기가 여간 어렵지 않다. 소박한 관심이 엄청난 프로젝트로 발전하고, 불평 한 마디에 중요한 프로젝트가 힘을 잃는다. 한 마디 한 마디를 고민해서 이야기해야 하고 누구와 의논하기도 어렵다. 자신에게 오는 정보는 좋은 의도에서든 나쁜 의도에서든 사전에 걸러지기 때문에 정확한 정보를 얻기 위해서는 엄청난 노력이 필요하다. 스스로 최선을 다해 일하는 근로자는 드물다. 직원들이 열정을 가지고 일에 최선을 다하도록 하는 것도 경영자의 몫이다. 직원은 근무시간이 끝나면 일이 끝난다. 실수하더라도 자신이 책임을 지는 것이 아니라 경영자가 책임을 진다. 경영자는 근무시간이 끝나도 일이 끝나지 않는다. 경영자라는 직책은 어렵고 자신의 전문성은 한계가 있으며 육체적, 정신적으로 에너지 소모가 많다는 것을 항상 깨닫는다. 이 모든 것은 경영자가 되기 전에는 알지 못하는 사실이다. 말을 타보지 않은 사람에게, 경영자 역할을 해보지 않은 사람에게 승마가 왜 힘든지, 경영자의 역할이 왜 힘든지 설명하는 일은 참으로 어렵다.

아마추어 마장마술 경기에서는 선수가 혼신의 힘을 다해 고삐와 정강이로, 몸으로 말을 조종하는 모습을 누구나 볼 수 있다. 올림픽 경기에서는 말 탄 사람의 움직임이 거의 없다. 세계적인 선수들이 말이 스스로 움직이는 것처럼 보이게 만드는 비결은 무엇일까?

카메라 시장의 선두기업으로 니콘과 함께 세계 시장점유율 80퍼센트 이상을 차지하던 캐논이 2008년 니콘에 역전당하는 상황이 발생했다. 캐논은 니콘보다 앞서 1970년대부터 해외생산을 시작했지만 2000년부터 'Made in Japan'을 내세우며 일본 국내생산으로 회귀하는 전략을 선택했다. 캐논의 일본 오이타 공장에서는 고부가가치 제품을 포함해서 전체 제품의 70퍼센트를 생산하고 있다. 니콘은 캐논보다 20년 늦게 카메라의 해외생산을 시작했고 2004년부터는 생산라인 대부분을 태국의 아유타야 지역으로 이전했다. 얼핏 생각하면 일본에서 생산하는 캐논의 제품이 니콘의 제품에 비해 품질 우위가 있을 것으로 생각하겠지만 실제로는 캐논의 고가제품에서 불량품이 나오고 생산성에서도 니콘에 뒤지는 현상이 나타났다. 캐논은 2005년 이후 총 12종의 DSLR 제품을 출시했는데 이 중 5가지 제품에서 불량이 나온 반면 니콘이 출시한 제품에서는 불량이 나오지 않았다. 더욱이 업계 3, 4위 업체인 소니나 올림푸스에서도 불량제품이 없었는데 유독 캐논만이 그것도 중 고급형 기종에서 촬영한 화면에 흑점이 나타나거나 오일 유출, 자동초점장치의 정밀도 이상 등 다양한 형태로 불량이 나타난 것이다. '일본에서 생산하면서도 고수익을 낸다'는 캐논의 제조현장에서 문제가 일어난 것이다. 실제로 2007년 10월에 발생한 화재사건은 플라스틱 외장제 표면에 흠집이 난 것을 라이터로 지져서 마무리하려다 생긴 사고였다. 화재가 커지자 소화기로 불을 끄는 바람에 전체공정이 중단되는 사태로까지 번졌다. 제품 이상이 생길 때 대응하는 작업표준이 있었음에도 불구하고 지키지 않은 것이다. 이런 현상은 비단 캐논만의 현상이 아니다. 우리 기업에서도 일부 나타나는 일이다. 한국을 대표하는 전자기업에서도 국내 공장보다 인도와 베트남의 공장에서 생산성과 품질이 더 높게 나타나고 제품의 불량은 더 적은 곳이 있다고 한다. 왜 이렇게 우량기업을 좀먹는, 소위 선진국의 '하향 평준화 문화' 현상이 나타나는 것일까?

답은 마장마술을 하는 말의 경우와 닮아 있다. 승마에서는 말을 항상 예민한 상태로 유지하는 것이 기본이다. 예를 들어 전진을 위한 신호는 종아리로 누르기, 뒤꿈치로 누르기, 살짝 차기, 세게 차기 순으로 자극이 강해진다. 말이 움직이면 점점 더 약한 자극으로 움직이게 한다. 차기에서 반응하면 뒤꿈치로 누르기, 종아리로 누르기 순으로 오랜 시간을 두고 점차 자극에 예민해지도록 훈련을 시키는 것이다. 이렇게 훈련된 말은 종아리를 움직이는 시늉만으로 전진한다. 말을 극도로 예민한 상태로 만들었기에 움직임 없이 움직이게 할 수 있는 것이다.

선진국 근로자의 하향 평준화 현상은 강한 자극만을 계속 사용한 것이 원인이다. 마치 1960년대 내성이 없었기에 안티푸라민이 두통,

피부염, 복통을 모두 치료하는 만병통치약이었던 것과 같다. 우리 근로자는 지난 40여 년간 끊임없는 위기의식과 보상의 자극을 받아왔다. 그 결과 이제는 어지간한 위기나 웬만한 보상에도 반응을 보이지 않는다. 강한 자극으로 인해 둔감해진 것이다. 승마에서 우수한 말, 좋은 말은 예민한 말이다. 초보자가 예민한 말에 강한 자극만 주면서 30분을 타면 둔한 소가 되어버린다. 우리 기업은 그동안 '더 강한 자극주기 경쟁'에 골몰해 왔다. 건강한 조직은 경영자의 자극, 환경의 자극에 예민한 조직이다. 예민한 조직에서는 강한 자극을 연속해서 사용하지 않는다. 약한 자극에 반응하면 그보다 더 약한 자극으로 반응하도록 꾸준히 관리하는 '예민한 조직 만들기' 경쟁이 필요한 시점이다.

승마와 운동량 : 본인이 하는 운동 말씀하세요

회사원들은 1년에 한 번 건강진단을 받고, 40대가 넘으면 2년에 한 번 정밀검진도 받는다. 암 검진, 뇌 검진, 운동기능검진 결과에 대한 전문의 상담도 받는다. 운동검진도 받고 평소 운동에 대한 전문의 상담을 받았다.

"폐활량, 골밀도, 체력 모두 결과가 좋습니다. 평소 어떤 운동을 하세요?"

"일주일에 두 번 승마합니다."

"아니, 본인이 하는 운동 말입니다."

승마의 운동량에 대해 어떻게 설명해야 할지 갑자기 막막해졌다. 사극과 영화를 보면, 아랫것들은 걸어가는데 장군이나 상(上)것들은 말을 타고 간다. 높은 신분의 사람은 말 타고 가니 말 타면 걷는 것보다 편하다는 이야기다. 이렇게 알고 있는 사람들은 당연히 "승마, 그거 운동이 되나요?"라고 묻는다.

승마의 운동 효과를 이해하려면 먼저 안장에 대한 설명이 필요하다. 말을 탈 때 사용하는 안장은 영국식 안장과 웨스턴 안장으로 나뉜다. 대학 시절 공학이나 경제학을 전공한 사람은 새들 포인트(saddle point)라는 용어를 들었을 것이다. 안장에 사람이 앉는 곳은 상하로 보면 가장 높은 곳이지만 좌우로 보면 가장 낮은 지점이다. 극대극소값 또는 극소극대값을 갖는 지점이 새들 포인트다. 이 설명과 함께 교수님이 그리는 말 안장이 영국식 안장이다. 웨스턴 안장은 영국식 안장에다 앞과 뒤에 벽을 세운 안장이다. 등자가 넓고 편하게 위치하면서 발이 빠지지 않도록 설계되어 있다. 카우보이나 몽골 사람들이 가축 관리를 위해 말을 탈 때 편하게 가기 위한 목적으로 만들었다. 손발의 움직임과 체중 이동이 제한되어 복잡한 승마기술을 구사하는 데는 제한이 있다. 박물관에서 보는 고대 동양의 안장은 모두 웨스턴 안장과 비슷하게 앞뒤를 막은 모습이다. 웨스턴 안장은 기승자의 피로를 최소화하도록 설계되어 있기 때문에 사극에서 보듯 걷는 것보다 체력 소모가 한결 적다.

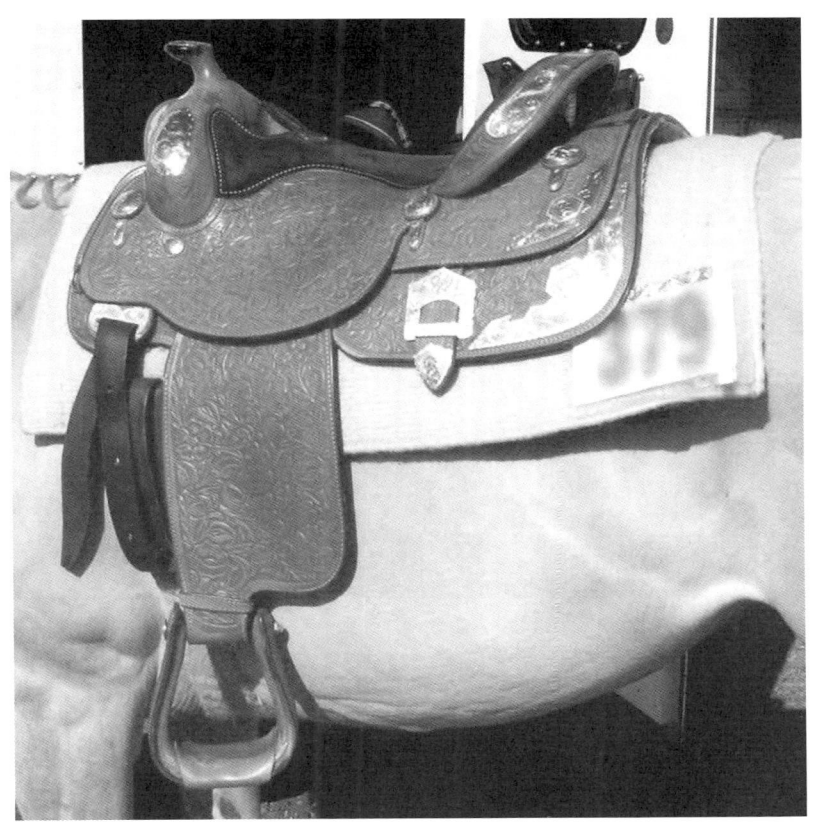

웨스턴 안장. 안장의 앞과 뒤를 막고 등자가 편해서 낙마의 위험이 적다. 고대 동양에서 사용한 안장형태다. 카우보이가 말 위에서 여러 가지 작업을 할 때 사용한다. (출처 : 위키디피아)

    승마에서 사용하는 안장은 손발을 자유롭게 움직일 수 있도록 설계한 영국식 안장이다. 말과 기승자의 일치된 움직임을 목적으로 만들었고 안전장치가 없다. 균형을 잃으면 바로 낙마하기 때문에 기승자는 고도의 집중과 균형감각을 유지해야 한다. 처음 영국식 안장으로 말을 탄 사람은 특별한 경험을 한다. 45분을 타고도 10분쯤 탄 것 같은 느낌, 손과 발을 들 수 없는 경험이다. 고도로 집중한 탓에 시간 가는 줄 몰랐고, 끊임없이 흔들리는 말 등에서 균형을 잡으려고 평소 쓰지 않던 근육을 무리하게 사용하다 보니 손발이 풀려버린 것이다. 담뱃불을

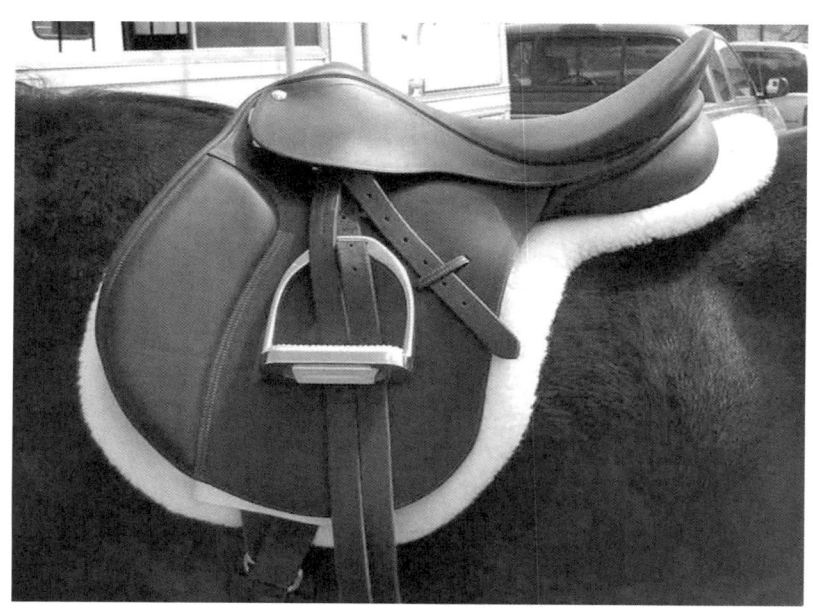

영국식 안장. 말을 탄 사람은 다리와 체중을 자유롭게 사용하여 말을 부릴 수 있지만 낙마를 막아줄 장치가 없다. (출처 : 위키디피아)

붙이고도 팔을 들어 입으로 가져갈 수 없거나, 운전 중에 발을 들어 엑셀에서 브레이크로 옮기지 못하는 경우도 있다. 또한 말 위에서는 허리·배·허벅지·어깨에 격렬한 자극이 동시에 가해진다. 말 위에 앉아 있기만 해도 온몸이 뻐근하다. 다그닥 다그닥 뛰는 구보로 시속 20킬로미터로 달리면 사람과 말이 금세 땀에 젖는다. 시간당 약 3천 칼로리가 소모되기 때문에 45분 승마는 45분간 축구 경기를 한 운동량과 비슷하다. 승마인 대부분이 날렵한 체격을 유지하고 비만을 찾기 어려운 이유다.

간혹 고급 승마자를 만나면 운동이 안 된다고 말하는 이도 있다. 10여 년 동안 매일 말을 타면 운동량은 줄어든다. 수영이나 테니스 베테랑 선수가 초보자와 시합하면 운동이 안 되는 것과 같은 이유다. 근육과 감각이 승마에 적응하고, 체력도 늘어나 큰 체력소모 없이 말을 탈 수 있다. 60대 승마선수가 올림픽에 출전하고, 유럽에서 70대 노인이 승마를 즐길 수 있는 비결이다.

11

마음이 움직여야
말이 **움직인다**
– 몰입조직

런던 올림픽 승마 마장마술경기.

우아하고 아름다운 말과 사람의 퍼포먼스를 기대하며 캐나다 대표팀의 입장을 기다린다. 춤추듯 경쾌한 걸음으로 경기장에 입장한다. 중절모를 벗고 심판에게 인사한 후 돌아서자마자 말이 고개를 쳐든다. 경기에 임하는 말의 목은 활처럼 아치를 그리고, 머리와 땅의 각도가 직각이 되어야 한다. 말이 선수의 지시를 거부하고 경기를 거부하는 것이다. 가까스로 다잡고 다시 시도했지만 말은 요지부동이다. 마장마술 경기에서 말이 두 번 이상 거부하면 실격이다. 4년간 올림픽만 바라보고 살아온 선수가 준비한 경기를 보이지도 못하고 소득 없이 돌아가야만 한다. 이런 현상은 드물지 않는 일로 2008년 베이징 올림픽에서도 있었다. 세상에서 가장 좋다는 말, 세상에서 가장 말을 잘 탄다는 사람들인데 왜 이런 일이 일어날까?

드레사지Dressage. 마장마술경기는 가로 60미터, 세로 20미터 경기장에서 사람이 아니라 말이, 정해진 운동을 얼마나 정확하고 아름답게 하는가를 겨루는 경기다. 사람과 말이 하나가 되는 데 목적을 둔다. 이렇게 되려면 사람이 원하는 동작을 말이 스스로 해야 한다. 말이 사람을 신뢰하고, 사람의 지시에 주의를 기울이고, 경기에 몰입해야 한다. 적어도 그렇게 보여야 한다.

직장생활을 해본 사람은 모두, 주인의식을 가지라는 사장님의 말씀을 듣게 된다. 또한 주인의식은 회사에서 초청한 정신교육 강사님의 단골 메뉴다. 이는 한국에만 존재하는 정신 나간 발상으로 본인도 무슨 소린지 모르고 하는 말이다. 종업원은 주인이 아니다. 주인 아닌 사람이 주인의식을 갖는 건 정신분열증이다. 내용을 따지면 더 복잡한 병증이다. 회사 돈 버는 데는 주인의식을 가지고 벌고, 회사 돈 쓰는 데는 절대 주인의식을 갖지 말란다. 그땐 허락받고 쓰는 노예의식을 가져야 한다. 경영자가 원하는 주인의식으로 정신병원에서도 찾기 어려운 병증이다. 외국에서는 주인의식을 이야기하지 않는다. 일에 대한 열정·몰입, 회사에 대한 충성심 등으로 부른다.

직원이 열정이나 몰입 또는 정신 나간 주인의식을 갖는 기업과 그렇지 않은 기업의 성과 차이는 크다. 값비싼 명품기업의 예를 보자. 명품은 장인이 한 땀 한 땀 혼신의 힘을 다해 만든 제품이다. 내 일이 아닌 남의 일, 해봐야 회사 좋고 사장 좋은 일이지, 내가 왜 열심히 해야 하느냐고 생각한다면 명품은 절대 탄생하지 않는다. 루이뷔통의 작업 정신이 '사랑과 정성'이라는 대목이 이해가 간다. 한참 잘 나갈 때 일본 자동차 회사 직원은 길을 가다가 더러워져 있는 자기회사 차를 보면 스스로 닦았다. 식품회사 직원은 식당에서 저녁을 먹으면서 경쟁사 제품을 먹는 손님을 보면 자기 돈으로 자기회사 제품을 사서 전달했다고 한다. 뛰어난 제품, 불량 없는 제품은 이런 환경에서 생산

된다. 혁신 또한 이런 환경에서 나온다. 이런 직원들이 있다면 회사가 장기적으로 발전할 것은 자명하다. 서비스 기업에서는 더욱 그러하다. 한 연구는 전체 구성원 중 17퍼센트에서 30퍼센트 정도의 구성원만 몰입상태에 있더라도 고성과 조직이 될 수 있다고 결론 내리고 있다. 사우스웨스트 항공사와 페덱스에서 이 사실을 확인할 수 있다. "고객도 중요하지만, 우리 직원이 더 우선이다. 충성스런 직원이 충성스런 고객을 만들기 때문이다."고 강조한다. 기업이 성공하기 위해서는 애사심과 열정이 무엇보다 중요하다. 직무기술서와 명령으로 종업원에게 억지웃음 짓게 할 수는 있지만, 마음에서 우러나오는 서비스를 기대할 수는 없다. 초우량기업, 독일의 강소기업인 히든챔피언들은 이런 직원으로 가득 차 있다. 몰입의 사전적 정의는 '깊이 파고들거나 빠짐'이다. 연구결과에 따르면 몰입도가 높은 구성월일수록 더 많은 수익을 창출하고, 더 고객 중심적이며, 조직에 대한 충성도가 더 높다고 한다. 반대의 경우 조직의 매출이나 수익에 부정적인 영향을 주는 것으로 나타난다. 그래서 기업마다 직원의 충성심을 높이고 몰입을 이끌어 낼 비법에 골몰하고 있다.

주인의식을 가진 직원, 미국식으로 열정과 몰입이 있는 직원은 어떻게 만들 수 있을까? 열정과 몰입, 충성심이 전제되지 않으면 경기가 불가능한 마장마술 경기에서 힌트를 찾을 수 있다.

말을 접해보지 않은 사람은 사람이 타면 말이 알아서 간다고 생각한다. 막상 타보면 말은 꼼짝하지 않는다.

"왜 안 가요?"

물으면 레슨 코치가 웃는다.

"가자고 해야 가지요."

"어떻게 해야 돼요?"

레슨 코치는 차분하게 알려준다.

"박차를 주고, 채찍으로 자극하거나, 무게중심을 앞쪽으로 하는 체중 변화(시팅)로 하세요."

초보자이니까 이렇게 말하지만, 사실은 잘못된 설명이다. 이렇게 설명하면 추진하는 지시('부조'라 한다)만 알면 자동차 운전하듯 승마할 수 있다고 생각하게 만든다. 말은 기계가 아니다. 말이 움직이고 싶어야 움직인다. 말의 마음을 움직여야 말이 움직인다. 박차를 사용하든, 채찍으로 때리든, 체중 변화든 도달하는 곳은 말의 마음이다. 억지로 밀어붙이면 말은 반항해서 기승자를 낙마시키거나, 가더라도 뒤틀어진 억지스러운 걸음을 보인다. 뒤틀어진 말이 된다. 말의 마음을 움직이는 것은 당근이 아니라, 말 탄 사람의 말에 대한 신뢰와 사랑이다. 마장마술 경기자는 말에게 신뢰와 사랑을 주고, 그 사랑이 말의 마음에 닿아 말이 주인을 위해 무엇인가를 해주고 싶어 안달하는 상태로 만들어야 한다. 여기에 공정함^{fairness}이 더해져야 한다. 구체적인 기대를 표시하며, 잘할 땐 잘한다고, 못하면 내가 서운하다고 알려줘야 한다. 핵심은 신뢰와 사랑이다. 신뢰와 사랑을 위해 할 수 있는 모든 정성을 다한다.

경영이론에서도 몰입과 충성심 제고를 위한 방법을 제시한다. 명확한 목표나 비전의 제시, 기회와 능력의 균형, 개인의 경력개발과 회사의 목표 연결, 회사의 인재상과 조직문화에 적합한 인재선발, 변화와 자유를 부여하는 업무과정 설계 등이다. 이 또한 요령만 알면 종업원의 열정과 몰입, 충성심을 이끌어낼 수 있다고 생각하게 만든다. 이는 오해다.

직원이 회사를 위해 일할 상태가 되어 있어야 일이 제대로 된다. 그런 마음가짐이 없는 직원을 채찍으로 움직이면 뒤틀어진 억지스러운 일이 된다. 뒤틀어진 직원이 된다. 구체적인 기대를 표시하고, 잘했을 땐 잘했다고, 못하면 서운하다고 하는 피드백과 함께 마음을 움직이게 해야 한다. 학자들은 회사가 종업원에게 적정한 금액보다 많은 임금을 주고 보다 나은 성과에 대한 기대를 구체적으로 표시하면 직원의 몰입과 헌신이 증가한다는 사실을 밝혀냈다. 관통하는 것은 직원에 대한 사랑이다. 직원이 회사로부터 존중받고 사랑받을 때다.

아들이 취직했다. 그 어렵다는 취직경쟁을 뚫었다. 복지카드를 내게 보여줬다. 회사가 정한 가게에서 정한 만큼 물건을 살 수 있는 카드다. 복지카드의 역사는 내가 직접 겪었다.

힘든 시절, 열심히 일한 직원이 명절을 맞았다. 경영자가 열심히 일한 직원을 명절에 빈손으로 보내는 건 도리가 아니다. 고맙다는 마음을 전하고 싶어서 상여금도 주고, 소용될 선물을 직접 골라서 나누어 주었다. 당시에는 귀했던 설탕, 비누 치약 세트, 조미료가 주 종목이다. 같은 물건을 여러 번 주니 이건 마음을 쓰는 게 아니다 싶어 품목을 변경했다. 주방기구, 전자제품, 구두 상품권으로 바뀌었다. 직원들은 명절이면 당연히 받는 것으로 생각하게 됐다. 이왕 주는 거 더 소용되는 걸 줬으면 좋겠다는 의견이 생겼다. 사랑하는 마음을 보여주자는 것인데 이왕이면 직원이 좋아하는 것을 주는 게 맞다. 몇 가지 물건을 정하고 선택하게 했다. 복지과 직원의 일이 많아졌지만 만족하는 종업원도 많아졌다. 새로운 아이디어가 생겼다. 백화점 상품권을 주면 누구나 원하는 물건을 살 수 있다. 복지과 직원의 일도 줄고 모두 자신이 원하는 물건을 살 수 있다. 직원을 사랑하는 마음에서 그렇게 했다. 선물로 준 상품권이 자신이 가는 백화점이 아니란다. 기왕 주는 것이니 더 편리하게 해주면 좋겠단다. 옳은 말이라 여겨 경영자는 사랑하는 마음에서 백화점 상품권을 몇 가지 종류로 나누어 선택하게 했다. 더 뛰어난 제안이 나왔다. 꼭 백화점 상품권이라야 하느냐? 연중 어느 때든 필요할 때 사도록 하면 좋지 않겠느냐는 거다. 그래서 나왔다. 복지카드. 효율적이고 좋은 제도다. 누구나 만족한다. 그런데 어디 갔을까? 열심히 일한 직원에게 고마움을 전하던 그 마음은 어디 갔을까? 직원은 선물을 챙겨주는 경영자의 고마운 마음을 느끼고 있을까?

복지카드의 역사는 선물손실을 없애기 위한 역사다. 선물은 반드시 손실이 발생한다. 십만 원짜리 선물을 받은 사람에게 당신에겐 얼마의 가치가 있냐고 물으면 평균적으로 7만 원쯤으로 평가한다. 심지어는 마이너스가 되는 경우도 있다. 자신에게 전혀 맞지 않는 옷, 읽기 힘든 책, 영양식품 같은 건 처치 곤란이다. 이 선물손실을 없애는 방법이 있다. 선물 대신 현금을 주면 된다. 이렇게 간단하게 손실을 피하는 방법이 있는데 왜 사람들은 오늘도 선물을 고르고 있는 것일까?

승마인의 말사랑은 말에 대한 애정 때문이다. 말만을 위한 것이 아니라 자신을 위한 것이다. 기업 경영자가 종업원을 애정으로 대하고 더 잘해주는 것은 종업원만을 위한 것이 아니다. 자신의 이익으로 돌아온다. 돈보다는 사랑과 신뢰, 공정함이 직원을 몰입하게 하고 충성심을 갖게 하고 이상한 주인의식(?)을 만든다. 영혼 없는 복리후생비는 아무런 도움이 되지 않는다. 선물을 고르는 것은 그 '선물손실'보다 고귀한 마음을 담을 수 있기 때문이다.

12

도박꾼과
확률 **분석가**
– 경영 슬로건과 미션

    라스베이거스에 캐빈이라는 전설적인 도박꾼이 있었다. MIT를 졸업한 천재적인 두뇌의 캐빈은 우연히 라스베이거스에 놀러 갔다가 많은 돈을 잃었다. 이를 계기로 게임의 원리를 체계적으로 분석해서 한두 번은 잃을 수 있지만, 장기적으로 하면 돈을 딸 수 있는 원리를 알아냈다. 이후, 다니던 직장을 그만두고 도박장에만 출근했다. 라스베이거스의 도박업자들은 한참 지난 뒤에 캐빈이 계속해서 돈을 딴다는 사실을 알았고, 도박장 출입을 금지시켰다. 출입금지의 명분은 주거침입이었다. 도박장 출입이 어려워지자 캐빈은 라스베이거스 도박게임의 원리와 이기는 방법을 책으로 출판했다. 책은 공전의 인기를 얻었고 캐빈은 마침내 텔레비전 토크쇼에 초대되었다. 사회자는 마지막으로 캐빈에게 자녀들도 아버지의 직업이 도박꾼이라는 것을 알고 있는지, 그리고 자녀들이 학교에 제출하는 가정환경 조사서에 아버지의 직업을 도박꾼이라고 적는지를 물었다.

"아이들도 제가 도박으로 돈을 번다는 것을 알고 있습니다. 아빠의 직업란에는 확률분석가 Probability Analyst 라고 쓰죠."

도박은 역사에 기록되는 천재들의 지대한 관심이었다. 최근까지도 뛰어난 학자들은 도박에 많은 시간과 정열을 쏟아붓는다. 2005년 세계적 화제를 모았던 경영학 서적은 '성장도박 Growth Gamble'이었다. 이 책에서 저자는 비판적인 통계치로 보면 99퍼센트의 기업이 새로운 성장기반을 창조하는 데 실패하고 있다고 한다. 성장을 위한 프로젝트를 맡는 것은 위험을 무릅쓴 도박이라는 의미다.

역사가들은 서로마제국 멸망까지를 고대, 르네상스 시대 이전을 중세, 그 이후를 근대로 분류한다. 또 2차 세계대전 이후를 현대로 분류한다. 과학자들의 분류는 다르다. '알라의 뜻대로', '내일 일은 하나님만이 아십니다', '사람의 도리를 다하고 하늘의 뜻을 기다린다(진인사대천명)'는 종교적 가치관이 사회적 힘을 가진 시기를 현대 이전, 설득력을 잃은 시기를 현대로 분류하는 학자도 있다. 확률이론이 알려지기 전까지, 미래에 일어날 일은 신神만이 아는 일이었고 개인이 책임질 일이 아니었다. 하지만 현대에 와서는 다르다. 모든 사람이 미래의 일을 예측하고 일어날 상황과 확률을 생각하고 최선의 결과를 얻기 위해 노력하는 것을 당연한 것으로 여기고, 이를 게을리했을 때는 책임을 묻는 사회가 되고 있다. '전쟁의 결과는 하늘의 뜻이므로', '구제역으로 인한 가축 매립의 결과는 하늘의 뜻이므로'라는 주장은 설득력을 잃는다.

이렇게 현대와 고대를 구분하는 확률이론은 주사위 도박에서 비롯되었다. 주사위 도박은 인류가 공동생활을 하기 시작한 신석기 시대부터 즐긴 도박이었고 '두 사람이 여섯 번의 주사위 게임을 해서 이긴 사람이 판돈을 가지기로 했는데 다섯 번이 끝났을 때에 게임을 중단해야 하는 상황이 발생했을 경우에는 판돈을 어떻게 나누어야 하는가?' 하는 문제는 로마 시대부터 1500년 이상 지구의 모든 천재를 밤잠 설치게 한 문제였다. 이 문제는 18세기 토마스 베이즈가 과거의 실측치를 토대로 미래의 발생확률을 계산하는 방법을 찾아내면서 해결할 수 있었다. 이런 과학적인 업적이 이루어지자 사회 전반의 인식은 크게 변했다. 미래는 아무도 모르는 일, 신의 영역으로 생각하던 사람들 사이에서 미래는 예측하고 관리할 수 있다는 믿음이 자리 잡기 시작한 것이다. 도박과 레저의 개념도 어느 정도 구분할 수 있게 되었다. 결과를 전적으로 우연에 의존하는 게임, 예를 들면 주사위 던지기, 로또 등과 같은 활동은 도박인 반면, 분석과 추리에 의해 결과를 더 잘 예측할 수 있는 활동은 도박과는 다르다는 인식이 생겼다. 경마 전문기자나 전직 축구감독의 승패 적중률은 일반인과 아주 다르고, 이것은 전문지식 분야에 속하며 이를 즐기는 것은 레저의 개념으로 받아들여졌다.

한국에서는 도박과 레저의 경계가 여전히 모호하다. 손흥민이 소속한 토트넘 핫스퍼의 축구경기에는 6만여 명이 관전하고, 영국 국민 대부분은 승패를 맞추는 베팅에 참여한다. 이탈리아에서도 거의 모든 축구팬이 승패를 맞추는 스포츠 토토에 참여한다. 축구경기를 즐기러 왔는지, 베팅을 위해 왔는지 구분하기 어려울 정도다. 월드컵 경기가 열리면 방송에서는 한국의 우승 확률이 500분의 1이라고 발표한다. 도박사의 예상이다. 회사원 사이에서는 한국이 그리스를 몇 대 몇으로 이길지를 두고 내기한다. 축구는 스포츠인가, 도박인가? 국제축구연맹의 슬로건은 '축구를 위해, 세계를 위해'이다.

2010년 세계 최고의 복서 '매니 파퀴아오'와 '오스카 델라 호야'와의 경기를 앞두고 8대 2로 '호야'가 우세하다는 보도가 나왔다. 도박사의 예상이다. 미국의 복싱경기는 대부분 라스베이거스의 도박장에서 열린다. 현장에 있는 거의 모든 관중은 베팅을 한다. 누구나 자신의 분야에서 메이저가 될 수 있다는 '난 곧 메이저리거가 될 거야'가 슬로건인 메이저리그 야구 또한 베팅의 대상이다. 심지어 류현진 투수가 시즌 몇 승을 거둘지를 두고 베팅이 이루어진다. 하지만 나는 아직 축구, 복싱, 메이저리그 야구를 도박이라 생각하는 한국인을 만나지 못했다.

한국에서의 경마는 여전히 사행산업으로 분류되고 있다. 사행 행위가 무엇인지는 잘 모르지만, 대부분 로또, 카지노, 스포츠 토토, 경륜, 경정사업을 이르는 것을 보면 좋은 의미가 아니라고 생각한다. 사행산업이란 요행을 바라는 행위를 하는 사업이다. 문제는 이런 사업을 주관하고 있는 기업이나 기관이 스스로를 사행산업으로 정의하고 있다는 것이다. 직원과 조교사, 마주, 관리사를 도박장 운영자로 자리매김한다면 그들이 자신이 하는 일에 열정을 갖고 조직의 발전을 위해 일할 수 있을까?

와코루는 세계적인 여성용 속옷회사다. 하지만 자신들은 그렇게 생각하지 않는다. 한 사람 한 사람마다 아름다움을 함께 느끼고 공감하며 보다 가깝게 다가가려 노력하는 기업이라고 생각한다. 더 나아가 인류의 행복을 만드는 회사라고 생각한다. 좋은 속옷을 입으면 엄마가 행복하고, 그 행복한 마음이 가족에게 전해지고, 온 가족이 행복하면 세상이 행복해진다고 생각한다. 세계 최고의 기업 GE의 슬로건은 고객의 삶을 풍요롭게 하는 회사, 꿈을 실천하는 회사다. 소니는 대중에게 혜택을 주기 위해 앞선 응용기술의 즐거움을 경험하게 하려고 일하는 회사다.

  기업경영은 종업원에게 일하는 이유를 제공하는 것이다. 이것은 경영자의 가장 중요한 역할이다. 일하는 이유와 명분이 없다면 회사생활은 도둑들의 장물 나누기 게임으로 변질한다. 그래서 우량기업들은 재무적 목적 이외의 슬로건과 미션에 따라 행동한다. 어떤 분야에서 사업하든 설득력 있는 슬로건과 미션이 필요하다.

13

말은 허파로 달리고,
심장으로 버티며, **의지로 승리한다**
– 신사업 성공조건

　미국에서는 매년 봄과 가을에 경주마 경매시장이 열린다. 크고 작은 경매장에서 매월 경매가 이뤄지고, 3만 필 이상의 말이 거래된다. 가장 유명한 경매시장이 오칼라 브리더스 세일 Ocala Breeders Sale 과 팹시그 팁튼 Fapsig Tipton Sales 경매장이다. 압권은 4월에 열리는 팹시그 팁튼의 1세마 경매시장, 1일차 셀렉트 세일 Select Sale 이다. 여기서는 미국에서 한 해 태어난 3만 7천 필의 경주마 가운데 혈통과 체격이 가장 완벽한 말이 거래된다. 아비말과 어미말, 조부마와 조모마, 외조부마와 외조모마, 나아가 그 선대 말의 경주 성적을 보면 벌린 입을 다물기 어렵다. 화려한 가문에 걸맞게 생김새 또한 조각상처럼 완벽하다. 1세마임에도 윤기가 흐르고 움직일 때마다 근육을 따라 몸이 반짝거린다. 구매자는 세계 최고의 부호 또는 중동과 유럽의 왕족이다. 경매 최고가는 160억 원을 기록하고, 상장된 말의 평균 거래가격만 10억 원을 웃돈다. 이들은 자라서 최고의 경주마가 될까?

"이제는 성장이다. 매니지먼트를 중시하는 시대는 가고 성장을 이끄는 리더가 각광받는 시대가 왔다."

경영의 신이라 부르는 잭 웰치의 후임으로 GE의 최고경영자로 선정된 제프리 이멜트 회장은 취임사로 이렇게 말했다. 최근 몇 년간 GE와 도요타 등 초우량 기업뿐만 아니라 국내 대기업들도 성장을 경영의 화두로 내세우고 있다. 지난 1990년대 후반부터 2000년대 초반에 걸친 경기 침체기의 경영 화두였던 선택과 집중과는 크게 대비되는 단어이다. 매출 증가 없이 원가절감과 혁신으로 이익을 향상시키는 것이 한계에 달했기 때문이다. 기업마다 미래 먹거리, 성장사업을 찾기 위해 분주하다.

기업이 성장하려면 좋은 성장기회가 필요하다. 기존의 사업에서 새로운 고객 또는 시장을 확대하거나, 혹은 신기술이 열어주는 새로운 사업을 찾기 위해 노력을 기울인다. 회사 내에 신성장 조직을 만들고, 글로벌 컨설팅 펌을 동원해서 합리적인 이유에서 성공할 수 있는 사업분야를 선정한다. 분야 선정과 함께 수백 쪽에 달하는 사업계획서도 마련한다. 1세마 경매시장에서 우수한 혈통과 뛰어난 신체구조를 가진 경주마를 고른 것이다. 이것으로 신사업은 성공적으로 추진되고 회사의 매출과 규모는 성장할까?

경마장에는 마주馬主라는 사람이 있다. 경주마를 사서, 이를 관리하고 훈련하는 전문가인 조교사調敎師에게 맡겨, 상금이 걸린 경마 경주에 출전시키는 사람이다. 경마 상금이 수익이고 경주마 구입비, 경주마 관리비용이 든다. 뛰어난 말을 만나면 엄청난 상금을 벌고 은퇴한 뒤에는 씨수말로 천문학적 수익을 얻지만, 대부분은 적자를 보며 취미생활로 즐긴다. 이들이 경주마 경매시장의 고객이다. 억대를 들여 구입한 말도 경주에서 성적을 못 낼 수 있다는 것을 이들은 안다. 혈통이나 신체구조는 경주마의 우수성을 보장하지 않기 때문이다. 뛰어난 사업기회와 빈틈없는 사업전략이 담긴 사업계획서만으로는 부족한 이유와 같다.

컬른Curlin이라는 말이 있었다. 내가 소유했던 경주마 벽두劈頭의 아비말이었다. (한국에서는 구매하기 힘든 뛰어난 혈통을 가진 말로 경마팬의 관심을 끌었다.) 컬른이 팹시그 팁튼 1세마 셀렉트 세일에 상장되었을 때 시장의 반응은 싸늘했다. 혈통과 체격은 훌륭했지만 앞다리가 휘어진 심각한 결함을 가지고 있었기 때문이다. 컬른은 5만 7천 달러에 팔렸다. 우리 돈으로 6천만 원 수준이니 특급말로 볼 수 없는 평범한 가격이다. 컬른은 이 결함을 극복하고 승승장구했다. 엘리자베스 2세 여왕과 알막툼 두바이 국왕이 꿈꾸던 우승상금 38억 원이 걸린 세계 최고의 경주인 두바이 월드컵에서 2008년 우승했고 미국 삼관마 경주인 프리크닉스 스테익스Preakness Stakes에서 우승했다. 그해 말에는 미국 최고의 말을 가리는 브리더스컵 클래식에서 우승했으며, 역사상 최초로 우승상금 천만 달러를 돌파한 경주마가 되었다. 은퇴 후 1회 교배료만 4만 달러를 받는 씨수말이다. 100두와 교배하면 한 해 교배료로 4백만 달러, 우리 돈으로 44억 원을 번다. 컬른을 가장 우수하고 가장 수익성 있는 말로 만든 건 무엇일까?

매력적인 사업기회와 뛰어난 사업계획서가 신사업을 성공시키고 기업을 성장시킬 것이라는 믿음에는 중요한 가정이 숨어 있다. 첫째, 미래 사업환경은 계획서에서 가정한 대로 전개되고 둘째, 신사업을 추진할 우수한 인재(리더) 확보가 가능하며 셋째, 확보된 인력이 열과 성을 다해 사업 추진에 매진할 것이라는 가정이다. 이 가정은 충족될까?

오랫동안 사업을 평가하고 투자한 벤처 캐피털 전문가들이나 기업의 성장전략 분석가들은 이 가정이 충족되는 경우는 드물고 그렇지 못한 경우가 대부분이라고 단언한다. 사업계획서에서 생각한 대로 미래 사업환경이 진행될 가능성은 제로 퍼센트에 가깝다. 설혹 일어날 수 있는 모든 가능성을 고려한 계획이라도 그렇다. 학자들은 역사상 가장 완벽한 사업계획서로 1992년에 개장한 유로 디즈니랜드$^{Euro\ Disneyland}$를 꼽는다. 이 계획서를 두고, 디즈니사의 로버트 패트릭 회장은 "사업이 잘못된다면 그게 오히려 이상한 일이다."라고까지 공언했다. 유로 디즈니는 개장 첫해에만 1조 2천억 원의 손실이 발생했다. 성장사업을 추진하는 과정에서는 예상했던 환경과는 다른 상황에 직면하게 된다는 것은 부정할 수 없는 진실이다. 첫 번째 가정은 결코 충족될 수 없는 가정이다. 두 번째 가정은 충족될까? 이 조건만 충족된다면 유능한 리더는 사업 추진과정에서 예상치 못한 환경변화와 예상하지 못한 장애가 나타나더라도 이를 극복하고 상황 변화에 따라 전략과 목표를 적절히 수정해서 사업을 성공으로 이끌 수 있다.

국가별로 최고의 경마 경주가 벌어지는 곳인 호주의 멜번컵 경주, 미국의 켄터키 더비 경주, 영국의 더비 경주에 출전하는 최고 능력의 말을 보면 혈통이 보잘것없거나 체형에 문제가 있는 말을 어렵지 않게 볼 수 있다. 앞다리가 휜 말, 뒷다리가 너무 곧게 뻗은 말, 경주에는 도저히 적합해 보이지 않는 말이 최고의 경주에 출전하기 위해 예시장을 걷는 모습을 볼 수 있다. 인간의 경기에서도 박지성은 축구 선수로는 결격인 평발을 가졌다. 이봉주 선수는 마라톤 선수로서는 치명적 결함인 길이가 다른 다리를 가지고 있다. 뛰어난 경주마, 뛰어난 선수는 이런 결함을 극복한다. 역으로 지방의 3류 경주에 출전하는 말 가운데 완벽한 체형과 뛰어난 혈통을 가진 말을 발견하는 것도 어렵지 않다. 완벽한 체형, 뛰어난 혈통이 최고의 성적을 보장하지 않는 것이다. 우수한 경주마와 부진한 경주마를 가르는 요소는 눈에 보이지 않는다.

실제로 성공한 사업을 사후적으로 분석해 보면 애초 계획과는 다른 방향, 다른 방법으로 성공한 경우가 대부분이다. 삼성의 반도체, 포스코의 파이넥스, 전화, 철도, 자동차 사업 등이 그렇다. 애초에 세운 계획대로 사업을 일으킨 경우는 사례를 찾기 어렵다. 이렇게 사업을 성공적으로 이끈 리더는 - 경험적으로 볼 때 - 몇 가지 특성을 가진다고 한다.

우선 이들은 비전을 가지고 있다. 무엇 하나 정해진 게 없고 모든 것이 불투명한 사업의 미래를 남들이 이해할 수 있도록 구체적으로 그려내고, 이것을 단계적 추진계획으로 전환하는 능력을 갖추고 있다. 이 비전의 실현에 자신의 인생을 걸고, 다른 사람들이 이 사업에 참여하도록 설득한다. 더불어 이들은 초조한 상황을 견디는 능력도 매우 뛰어나다. 두 번째 특징으로는 이들은 외향적인 성격과 내성적 성격을 동시에 가지고 있다. 자신의 비전을 가슴 깊이 확신하기 때문에 웬만한 반대에는 흔들림이 없다. 외향적인 성격으로 조직 내외에서 마찰이 빈번하게 일어나기도 한다. 자신의 아이디어와 비전에 목숨 걸고 있다는 것이 행동에서 자연히 표출되기 때문에 다른 사람들이 그의 비전을 믿게 하는 경향이 강하다. 세 번째 특징은 매우 도전적 자세다. 지금까지 해오던 방법이 통하지 않으면 주저 없이 남이 해보지 않았던 새로운 방법을 시도하고, 실패하더라도 또 다른 방법을 시도할 좋은 아이디어를 얻었다고 생각하는 경향이 있다.

최고의 경주마는 여러 가지 조건을 갖추고 있다. 혈통과 체격은 그 중의 하나다. 그러나 경마관계자는 태도, 기질, 성격, 용기, 뛰고자 하는 욕망, 이기려는 의지와 같은 정신적인 부분이 더 중요하다는 것을 알고 있다. 강한 정신력과 용기, 좋은 태도를 가진 경주마는 체형상의 약점이나 심지어는 잘못된 관리와 훈련도 극복하고 뛰어난 성적을 올린다.

비전과 도전정신을 갖춘 인력만 확보한다면 신사업의 성공과 성장은 자연스럽게 이뤄진다. 잭 웰치는 이런 역량을 가진 성장사업 추진팀을 구성하고 몇 개의 뚜렷하고 도전적인 목표만 제시한 후, 자유롭게 사업기회를 찾아내 목표를 달성하도록 했다. 경영자가 진정으로 성장을 원한다면 매력적인 성장기회나 사업계획서를 작성하는 데 들이는 노력만큼 잠재력 있는 인재의 발굴과 육성에 주력해야 한다. 개구리의 골격을 만들고, 근육을 붙인다고 해서 들판을 뛰는 것이 아니다. 뛰겠다는 의지와 뛸 수 있는 힘이 있어야 한다. 훌륭한 계획서가 아니라 프로젝트 리더의 태도, 기질, 성격, 용기, 리더십, 성공에 대한 욕망, 정신력이 사업을 성공으로 이끈다.

경마와 관계된 사람이 굳게 믿는 우승 원칙이 있다.

"말은 허파로 달리고, 심장으로 버티며, 의지로 승리한다."

 하프스톱 half stop

트리플 크라운, 더비를 아세요?

2010년 밴쿠버 동계 올림픽에서 한국은 금 여섯, 은 여섯, 동 두 개로 역대 최고의 성적을 거두었다. 이 대회에서는 쇼트트랙 외에 모태범, 이상화, 이승훈이 스피드 스케이팅에서 금메달을 딴 것도 주목을 받았지만, 화제는 단연 피겨 스케이팅 세계 챔피언 김연아였다. 쇼트, 프리 합계 228.56점이라는 경이적인 세계 신기록을 수립하며 피겨 강국 일본의 아사다 마오와 안도 미키를 압도적인 점수 차로 물리치고 피겨 여왕에 등극했다. 이 사건을 해외언론은 어떻게 썼을까? 워싱턴포스트는 이렇게 썼다.

"그것은 완벽했다. 1973년 벨몬트 스테익스(Belmont Stakes)에서 세크리테리엇(Secretariat)의 31마신(馬身)차 승리, 1997년 마스터즈에서 타이거 우즈의 12타차 승리, 1985년 빌라노바가 조지타운을 상대로 펼친 퍼펙트 게임을 지켜볼 때의 완벽함이었다."

2014년 2월 러시아 소치 동계올림픽이 있었고 김연아는 은메달리스트가 됐다. 미국언론은 다음과 같이 썼다.

"경기 결과를 요약하면 피겨 스케이팅에서 유나 킴은 '특별함'이었다. 그녀는 세크리테리엇이며, 그녀는 마이클 조던이고, 그녀는 베이브 루스며, 그녀는 스캔들 이전의 타이거 우즈다."

세크리테리엇을 아는 사람은 드물 것이다. 기사에서 맨 먼저 언급한 걸 보면 미국인에게 마이클 조던, 베이브 루스, 타이거 우즈보다 유명한 선수임이 분명하다. 세크리테리엇은 사람이 아니라 삼관경주(Triple Crown)에서 우승한 말이다. 지금은 삼관왕을 주요 3개 대회에서 우승한 팀이나 선수에게 사용한다. 프로축구팀이 리그우승, FA컵 우승, 챔피언스 리그에 우승하거나, 개인이 올림픽과 월드컵, 세계선수권에서 우승하거나, 야구에서 투수가 평균자책점, 다승, 탈삼진에서 수위를 차지하거나 타자가 타율, 홈런, 타점에서 수위를 차지하는 경우 삼관왕에 올랐다고 한다. 하지만 이 용어는 1930년 갤런트 폭스라는 말이 미국의 3대 경마 경주인 켄터키 더비(Kentucky Derby), 벨몬트 스테익스(Belmont Stakes), 프리크니스 스테익스(Preakness Stakes)에서 우승하면서 유래한 말이다. 이 경주는 경주마의 일생에서 단 한 번, 3세마일 때만 출전할 수 있는 경주로 NBC 방송사가 올림픽, 슈퍼볼과 함께 3대 스포츠로 선정해서 전 세계에 위성 중계하는 체육행사다. 켄터키 더비는 매년 5월 첫째 토요일에 켄터키주 처칠다운즈 경마장에서 2,000m 경주로 열리고, 2주 뒤인 5월 셋째 주 토요일에는 매릴랜드주 핌리코 경마장에서 프리크니스 스테익스가 1,900m 경주로 열린다. 벨몬트 스테익스 경주는 3주 뒤 뉴욕의 벨몬트 파크에서 2,400m 경주로 열린다. 대부분의 경주마가 체력관리를 위해 4주 간격으로 경주에 출전하는데, 어린 3세마가 7주에 걸쳐 미국 전역을 이동하면서 각기 다른 경주거리를 뛰어야 하기에 초인적인 아니, 초마적(超馬的)인 능력을 요구한다. 앞선 경주에서 우승해서 2관을 차지했다 하더라도 체력이 고갈된 상태에서 벨몬트 스테익스 한 경주만 노리고 차분히 준비한 복병마(伏兵馬)에게 일격을 당하는 경우가 많다. 그 결과 백 년간 트리플 크라운은 단 12차례에 불과했고 탄생주기는 점점 길어지고 있다. 서버튼의 1919년 첫 트리플 크라운 이후 1930년에 갤런트 폭스, 1935년 오마하, 1937년 워어드미럴, 1941년 휠라웨이, 1943년 카운트필리트, 1946년 어설트, 1948년 사이테이션, 1973년 세크리테리엇, 1977년 시애틀슬루, 1978년 어펌드가 그 주인공인데 이 가운데 세크리테리엇은 세 경주에서 모두 신기록을 세웠고, 벨몬트 스테익스 2,400m 경주에서 세운 2분 24초 주파기록은 아직도 깨지지 않는 기록이다.

1978년 삼관마 어펌드가 탄생한 이후 37년간 벨돈트 경주가 열릴 때마다 결승선을 통과하는 말을 본 앵커의 멘트는 '누가 우승했다'가 아니라 'Oh-! No-!'였다. 2015년 마침내 트리플 크라운이 탄생했을 때 중계 아나운서는 절규하면서 외쳤다.

"우리가 응원한 그가 옵니다. 37년간의 긴 기다림은 드디어 끝났습니다. 아메리칸페로가 마지막 걸음을 딛습니다. 아메리칸페로가 트리플 크라운의 위업을 달성했습니다.(And he is. The thirty-seven waiting is over. American Phroah is finally run. American Phroah has won the Triple Crown.)"

더불어 언론에서는 '더비'라는 단어도 자주 사용한다. 한 나라를 대표하는 팀 간의 경기, 같은 지역을 연고로 하는 라이벌 팀 간의 경기를 표현할 때 사용한다. 치열한 라이벌전이라는 뜻이다. 축구의 경우 FC 바르셀로나와 레알 마드리드, 밀라노와 유벤투스, 야구에서 양키스와 메츠의 경기에 이 용어를 붙인다.

더비란 단어 또한 경마용어다. 1779년 가을, 경마의 종주국 영국 경마계를 이끄는 사람들이 한자리에 모였다. 당시 영국에서는 아내나 약혼자의 기념일에 친구들과 말 경주를 벌이는 것이 관례였다. 영국 경마지도자 더비(Durby) 백작과 찰스 번버리(Charles Bunbury) 경은 파티에서 3세 암말과 수말, 거세말이 대결하는 경주를 만들기로 하고 대회 명칭을 동전 던지기에서 이기는 사람의 이름으로 정하기로 했다. 여기서 더비 백작이 승리하면서 경주 이름은 '더비 스테익스(The Derby Stakes)'로 결정됐고, 제1회 더비는 1780년 엡섬(Epsom)경마장에서 1,600m 경주로 열렸다. 참고로 스테익스는 말 소유주인 마주가 각자 일정액의 돈을 내고 이긴 사람이 갖는 내기 경주다.

14

호스레이싱(Horse Racing),
달릴 수 있을 때까지 **달리다 죽는다**
   - 경영자 승계

 경주마 무리가 마지막 코너를 돌아 직선주로로 접어든다. 뿌연 먼지가 일어나고 굽소리가 트랙을 덮는다. 기수는 채찍을 말의 눈앞에서 흔들기 시작한다. 고삐를 세차게 밀고 당긴다. 말의 다리와 어깨, 근육의 뒤틀림에 가슴이 뛴다. 관중들은 모두 일어섰다. 함성과 응원, 원망이 뒤엉킨다. 쫙쫙 채찍 소리와 굽소리가 가득하다. 이 순간은 누가 죽어 나가도 모른다. 말은 땀과 먼지가 뒤섞여 황금빛으로 빛난다. 하얀 기수복이 흙을 뒤집어썼다. 가장 앞선 말의 코에서 피가 흐른다. 기수복에도 피가 튄다. 드디어 반 마신 차이로 결승선을 통과한다. 환호와 한탄으로 다시 경마장이 소란해진다. 코피를 흘리던 말은 앞발을 꿇으며 쓰러진다. 쓰러진 말의 대야 만한 슬픈 눈동자, 눈물을 흘리는 주인공. 그리고 말은 이내 숨을 거둔다. 영화 '각설탕'의 마지막 장면이다.
 "달릴 수 있을 때까지 달리다 죽는 것도 경주마의 행복이겠지요." 라는 대사가 우리의 기억에 선명하다. 그런데 생각해 보자. 달릴 수 있을 때까지 달리다 죽는다? 정말 말은 달릴 수 있는 곳까지 달리다 죽을까? 설마?

사실이다. 승마장에서도 이런 일은 가끔 일어난다. 뜨내기 승마인이 와서 말에 타자마자 50분을 다그닥 다그닥 뛰는 구보로 달리면 정말 말은 죽어 나간다. 승마장 주인과 고객 간에 다툼이 일어난다. 대부분은 승마장 사장의 씩씩거림으로 끝나지만, 비인간적인 승마에 대한 비난으로 승마장은 소란해진다. 그래서 말 마라톤인 '인듀어런스'에서도 중간중간 말의 맥박을 잰다. 미리 정한 수준을 넘으면 실격이다. 말의 평상시 심장박동수는 분당 30회 정도다. 사람의 박동수 60회에 비해 낮다. 하지만 최고 속도로 달리면 박동수는 무려 분당 230회로 8배 가까이 높아진다. 사람의 최대 박동수가 180회로 3배 높아지는 것과 비교하면 엄청난 부담이다. 이 상태로 계속 달리다 240회를 초과하면 심장에 무리가 오고, 말은 죽는다.

죽을 때까지 달리는 동물을 본 적이 있는가? 지구상의 동물 중 죽을 때까지 달리는 동물은 말이 유일하다. 전미 박스 오피스 1위를 달렸고, 미국인들은 결코 잊지 못하는 영화 '시비스켓'에서 3관 경주마 '워 어드미럴'이 뒷발굽이 앞발에 부딪혀 피를 흘리면서도 결승점까지 달리는 장면이 나온다. 그래서 현대의 경주마를 '달리는 기계 racing machine'라고도 부른다. 자신이 죽는 줄도 모르고 달리는 동물의 경기, 말들의 경주, '호스레이싱 Horse Racing'이다.

미국 대통령 경선은 민주당과 공화당의 목숨을 건 레이스다. 그래서 호스레이싱이라 부른다. 우승마에게 장미로 장식된 담요를 수여하는 '세상에서 가장 찌릿한 2분'이라는 켄터키더비 경주의 별칭은 '장미를 향한 질주 The Run for the Roses'다. 이를 본떠 '백악관을 향한 질주 The

Run for the White house'라고도 부른다. 말이 전쟁에서 습격할 때 전속력으로 뛰는 걸음걸이가 습보, 영어로 갤럽gallop이다. 경주마가 보이는 걸음이다. 1991년 현대자동차의 첫 SUV 차량, 갤로퍼galloper도 같은 뜻이다. 목숨을 건 질주, 대선 레이스의 결과를 추적하는 여론조사기관의 이름이 '갤럽'인 것은 기막힌 우연이다. 미국 대통령 선거에 대한 외신 기사 중 '호스레이싱'이라는 단어가 나오면 경마를 모르는 기자들은 갸우뚱하거나 멋대로 해석을 해버린다.

미국의 대선 레이스는 1월에 시작된다. 각 당의 대선 후보는 7월에 있을 후보자 선정 전당대회를 겨냥해 각 주의 당원대회(코커스)와 프라이머리(일반인 예비선거단)의 지지를 호소하기 위해 전국 유세에 나선다. 모금활동을 벌이고 정책과 국정 방향을 정한다. 텔레비전 토론도 해야 하고 유권자들도 만난다. 7월 전당대회가 끝나면 11월 초에 있을 대통령 선거를 위한 치열한 레이스에 돌입한다. 이런 호스레이싱을 통해 후보자들은 지역정치인에서 비로소 한 국가를 이끌어 갈 대통령으로서의 지식과 역량을 키워 나간다. 그래서 세계의 제국, 미국을 이끌어 갈 유능한 지도자를 실수 없이 육성한다.

위대한 기업, 초우량기업의 CEO 선발 또한 호스레이싱 방식을 채택하고 있다. 세계적인 소비재 기업 P&G의 CEO 앨런조지 래플리는 2013년 5월, 새로 선임되자마자 차기 경영자를 찾는 일부터 시작했다. CEO로서 가장 중요한 역할을 다음 경영자를 찾는 일로 정한 것이다. 왜 그럴까? 기업의 성패는 리더에 의해 결정되기 때문이다. 조직의 크기는 리더의 역량을 넘어설 수 없기 때문이다. 그런데 꼭 내부에서 육성을 해야 하는 것일까? 외부에서 영입하는 방법도 있다. 하지만 지금까지의 연구결과로는 CEO를 외부에서 영입한 기업의 실적이 좋아졌다는 증거를 찾기 어렵다. 성과 향상이 있었다 하더라도 외부영입 CEO가 잘해서라는 증거가 없다. 오히려 CEO의 외부영입으로 기업의 성과가 하락했다는 증거는 많다. 외부영입은 기업 내에서 적합한 CEO를 찾을 수 없을 때 택하는 마지막 수단이다. 더욱이 외부영입이 일상화되면 기업의 핵심이념, 비전, 경영철학은 단절되고 정체성을 상실한 기업으로 전락한다.

이들 기업은 신입사원 채용 때부터 미래의 CEO를 채용한다는 자세로 임한다. 직장생활은 CEO로 성장하기 위한 과정이다. 입사 후 일정 기간이 지나면 가능성을 보인 직원을 대상으로 CEO를 향한 레이싱이 시작된다. 이들에게 신사업이나 모험적인 업무를 맡겨서 테스트한다. 테스트를 통과하면 더 어려운 테스트가 기다린다. 이 모든 테스트를 통과한 임원은 주요 사업을 맡아서 실적을 내야 한다. 기업 운영 전반에 걸쳐 능력을 보여야 한다. 기업의 핵심 이념과 비전, 철학이 몸에 배어야 한다. 테스트 중인 후보자가 누구인지 공개하지 않지만 알 만한 사람들은 안다. 100년 우량기업 GE 또한 최소 3명의 CEO 후보를 선정하고 이들 간에 피를 말리는 경쟁을 통해 최고의 CEO감을 선정한다. 현직 CEO와 후보자 중 한 명이 같은 비행기를 타고 '지금 만약 비행기가 추락하여 우리 둘 다 죽는다고 하면 남은 두 사람 중에 누가 CEO가 되면 좋겠는가'를 묻는 질문은 너무나 유명하다. 이런 CEO 선발 과정을 통해 장기적으로 꾸준한 성과를 내는 우량기업을 만들어 간다.

한국의 CEO 승계는 가족 상속이 가장 일반적이다. 아직은 자본주의를 충분히 경험하지 못한 결과다. 1930년대 이전에는 유럽이나 미국, 일본도 기업을 키워서 자녀에게 상속하는 것이 기업인의 꿈이었다. 하지만 3세, 4세로 경영권이 승계되면서 망하는 기업이 다수였다. 3대를 이어 유능한 CEO 자질을 가진 자녀가 나오긴 어렵다. 호스레이싱을 통해 검증된 CEO가 경영하는 기업과의 경쟁에서 이기기 어려웠다. 기업도 성장시키고 자녀도 살리는 묘안이 필요했다. 자연스럽게 기업의 경영권과 소유권을 분리하는 작업이 시작됐다. 우리나라도 2세, 3세 경영 이후에는 경영권과 소유권을 분리하는 흐름이 나타날 수밖에 없다.

공기업과 민영화된 기업은 또 다른 파행을 브인다. 공기업의 CEO 자리는 정권 창출에 대한 포상 또는 퇴직 관료들의 은퇴에 대한 보상 수단으로 변질한지 오래다. 공기업의 경영성과와 효율성이 떨어지는 이유다. 민영화 기업 또한 CEO 후보의 리더십 교육 등 육성 노력을 기울이지만, CEO 선정은 이와 상관없이 일주일 또는 한 달 간의 이벤트로 끝난다. 호스레이싱을 통해 대통령을 만들어 가고, 글로벌 기업을 이끌어갈 유능한 CEO를 육성해 나가는 과정이 생략되어 있는 것이다. 그러니 자격 없는 CEO, 의욕 없는 CEO, 무능한 CEO가 선임되고 기업은 부실로 치닫는 위험에 내몰린다. CEO는 기업의 흥망을 결정한다. 유능한 CEO를 실수 없이 선정하는 일은 주주와 종업원, 지역사회와 국가에 너무나 중요하다.

우리 기업들이, 자신이 죽는 줄도 모르고 달리는 동물의 경기, 말들의 경주, 호스레이싱을 통해 CEO를 선정하는 모습을 언제쯤 볼 수 있을까? 기업과 국가의 미래를 결정하는 과제다.

15

칭기즈칸의 고뇌
- 배당정책

만수라는 사내가 있었다. 키 크고 잘생긴 사람이다. 러시아 공사였던 아버지와 몽골인과 러시아인의 피가 섞인 어머니를 가진 몽골의 부유층이었다. 몽골국립대학 러시아어과를 나온 수재로, 우리로 치면 서울대 영문학과 졸업생이다. 지금은 한국의 초대형 기업이 추진하는 몽골 국제공항 신축공사 현장 감독으로 있다. 몽골의 상류층이지만 부모가 이혼하고 생활이 힘들어져 한국에 오게 되었고, 흘러 흘러 내가 다니는 승마장에서 말을 관리하고 있었다. 말밥 주고, 훈련하고, 병 치료까지 뚝딱 해낸다. 신기한 것은 이 친구가 몽골에 있을 때는 말을 보지도 못했다는 것이다. 그런데 어떻게 그런 일이 가능하냐고 물었더니 그랬다.

"몽골인의 몸에는 모두 말의 피가 흐르고 있어요."

그렇다. 우리는 말 하면 몽골을 생각한다. 몽골을 떠올리면 칭기즈칸을 빼고 말할 수 없다.

2000년대 초 KBS TV에서 몽골 드라마 '칭기즈칸'을 방영했다. 그의 덕목을 이야기할 때 많은 사람이 아내 버얼테에 대한 존중과 사랑을 든다. 칭기즈칸이 어릴 적에 약혼해 9년 동안 사모하던 여인 버얼테는 신혼의 단꿈이 사라지기도 전에 메르키트족에 납치당한다. 당시 몽골은 약탈한 여자를 첩으로 삼았다. 칭기즈칸은 의형제 차무하와 함께 메르키트족을 공격해 8개월 만에 그의 아내를 되찾는다. 그러나 그때부터 칭기즈칸은 고뇌에 빠지게 된다. 그의 아내 버얼테가 임신한 것이다. 칭기즈칸은 그 아이가 자신의 아이인지 아닌지를 깊이 의심한다. 그러나 칭기즈칸은 고뇌하는 중에도 아내가 낳은 아들 주치에 대해 "주치는 나의 아들이다. 다시 이를 거론하는 자는 내 아들도 신하도 아니다."라고 명확하게 정리한다.

해마다 2월이면 전문경영인에게는 가장 힘든 결정이 기다린다. 실적 평가에 따라 자리를 지킬 수 있을지 혹은 짐을 싸야 하는지 결정하는 시점이기 때문이다. 외환위기 이전의 대기업 전문경영인의 경우 대주주 혹은 오너와 관계가 좋으면 자리에 대한 걱정은 덜 수 있었다. 그러나 최근 배당금에 높은 관심을 보이는 외국인 주주의 비중이 높아지면서 전문경영인의 실적에 대한 스트레스가 커졌다. 공기업 전문경영인의 경우는 대기업의 경우보다 스트레스가 더하다고 한다. 연말이면 주가, 순이익, 생산성 등의 실적 평가가 이뤄지고 정부 정책을 잘 따랐느냐 그렇지 않으냐에 따라 교체 대상이 된다. 그러나 공기업의 전문경영인에게는 정부 정책을 따를 경우 기업 실적이 낮아지고, 높은 실적을 유지하기 위해서는 정부 정책만을 따를 수는 없다는 고민이 있다. 공기업에서 민영화된 기업의 전문경영인은 대기업이나 공기업의 경우보다 더 어려운 입장이다.

외환위기 이후 정부는 국가신인도 회복을 목적으로 공기업의 민영화를 적극적으로 추진했다. 애초 이들 기업의 주식은 국민주의 형태로 국민에게 배정됐지만 민영화 이후 대부분의 주식이 외국인의 손에 넘어갔다. 대표적인 민영화 기업만 봐도 국민은행 82%, 포스코 52%, KT&G 56%, KT 47%의 주식을 외국인이 보유하고 있다. 우리가 애정을 갖고 있는 이들 기업을 흔히 심리적 국민기업이라고 표현하지만 그 실상은 외국인 소유의 기업인 것이다.

민영화된 이 기업들에 대해 정부가 보유한 주식이 단 한 주도 없음에도 불구하고 우리는 공기업과 동일한 공공적 역할을 요구하고 이 기업들의 전문경영인에 대해 공공성에 초점을 둔 엄격한 평가 기준을 적용하고 있다. 특히 민영화된 기업의 공공적 역할과 외국인 주주들의 요구 가운데 갈등이 가장 심하게 일어나는 시점이 2월, 즉 올해 실적을 감안해 배당액을 내부적으로 결정해야 하는 계절이다. 외국인 주주들은 경영 환경이 좋은 해에는 높은 실적을 들어 자본차익 획득을 위한 자사주 매입과 고배당을 요구하는 한편, 경영 환경 악화로 실적이 낮은 해에는 주가 상승률이 낮았음을 들어 더욱 높은 배당을 요구한다. 만약 이들의 요구가 충족되지 않으면 주총 거부 및 경영진 퇴진 압력까지 행사한다. 그러나 민영화된 기업들이 외국인 주주들을 설득해 적정 수준의 배당과 자사주 매입을 실시하면 정부와 시민 단체가 강한 불만을 쏟아낸다. 국부의 해외 유출이 심각하다든가, 외국인들이 4년간 4대 기업에서만 35조 원, 배당만으로 2조 8천억 원을 거둬갔다는 등의 불만들이다.

사실 외국인 주주가 배당으로 많은 금액을 거둬가는 것에 대해 민영화된 기업의 전문경영인에게 책임을 물을 수는 없다. 이들 기업 역시 땀 흘려 일한 과실이 우리 국민, 우리 땅에 남기를 간절히 바랄 것이다. 하지만 이들은 우리가 자신이 경영하는 기업의 주식을 외국인에게 넘기는 것을 안타깝게 쳐다볼 수밖에 없는 위치에 있다.

　지혜로운 어머니 커어룬은 칭기즈칸에게 "버얼테는 납치를 당해 고통을 당하면서도 네 곁으로 돌아가기를 간절히 바랬어. 버얼테가 무엇을 할 수 있었겠니? 싸움과 복수는 너희들이 해야 할 일이다. 사랑하는 아내를 잘 지켜주지 못하고 수모와 고통을 당하게 했으니 사과해야 할 사람은 너야."라고 말했다.

　2월은 우리가 애정을 갖고 있는 심리적 국민기업, 실질적으로는 외국인 기업인 민영화된 공기업의 과실이 해외로 유출되는 것을 탓하기보다 이들 기업을 지키기 위해 지금 우리가 무엇을 할 수 있을지 생각해봐야 할 계절이다.

제3장

승마와 경영전략

16

승마인의 꿈,
명마
— 인재경영

　　선수 몸값만 1600만 달러. 맨체스터 유나이티드에서 2009년 레알 마드리드로 이적한 크리스티아누 호날두의 이야기가 아니다. 2006년 플로리다에서 열린 1세마 경매시장에서 최고가를 기록한 망아지 '더 그린 멍키'의 몸값이다. 구미에서는 말을 스포츠 선수로 생각한다. AP 통신은 2009년과 2010년 올해의 여자 운동선수로 경주마인 제냐타를 선정하기도 했다. '더 그린 멍키'보다 비싼 말도 있었다. 일본 경마 산업의 영웅으로 추앙받는 요시다 젠야가 1991년 미국에서 도입한 선데이 사일런스다. 당시 가격이 1천만 달러였으니 지금의 가치로는 2천만 달러가 넘는 가격이다. 씨수말이었던 선데이 사일런스는 우수한 모계혈통도 아니고 형편없는 체형에 광분하는 기질까지 있어서 사람들은 요시다가 터무니없이 비싼 가격에 샀다고 비웃었지만, 이 말은 세계적인 명마를 생산하여 일본이 아시아 유일의 경마선진국으로 도약하고 경마가 전 국민의 사랑을 받는 스포츠로 발전하는 계기를 제공했다.

매년 봄과 가을에는 세계 각국에서 말 경매시장이 열린다. 한국에서도 최고가는 2억 원을 훌쩍 넘고 평균낙찰가격도 3천만 원에서 4천만 원으로 점차 높아지고 있다. 경매시장에서의 낙찰률은 50퍼센트를 넘지 않는다. 말 생산자들이 나름대로 우수한 말을 선별해서 경매에 내놓지만, 낙찰률이 10퍼센트에 그치는 경우도 있다. 주인을 찾지 못한 평범한 말은 50~100만 원에 거래된다. 건강한 소는 최소한 3백만 원을 받을 수 있고 최고등급 한우는 1천만 원 내외에 거래된다. 소는 가격차가 4배를 넘지 않는데 비해 말은 4만 배도 넘는 것이다.

정부에서 일자리 창출을 국정 최우선 정책과제로 선정할 만큼 실업이 사회문제가 되고 있다. 2017년 2월 기준 공식통계로 잡히는 실업자만 135만 명이고 사실상의 실업자는 450만 명에 육박한다고 한다. 대기업의 채용행사에서 선택된 사람은 3천만 원에서 4천만 원대의 연봉을 받지만, 직장을 얻지 못한 사람들은 소득이 없거나 88만 원 세대로 대표되는 극히 낮은 비정규직 급여를 받고 있다. 산업화 시대에는 노동력을 제공할 평범한 사람을 필요로 했지만, 지식기반사회로 경제구조가 변화하면서 자동화와 전산화로 대체되고 있기 때문이다. 오늘날의 채용시장은 말 경매시장과 닮아 있다.

승마와 경마는 말의 경기다. 우수한 말이 아니면 결코 메달을 획득할 수 없다. 경마는 마칠기삼馬七騎三이라고 한다. 경주성적은 말이 70퍼센트, 기수가 30퍼센트를 결정한다는 말이다. 경주마는 구입 후 3~4개월간의 훈련을 마치고 경기에 나서면서 수익이 발생한다. 모든 말의 훈련과 보유비용이 비슷하지만 벌어들이는 수입은 천문학적 차이를 만들어낸다. 한 푼도 못 버는 말이 있는가 하면 수백억 원의 상금을 가져오는 말이 있다. '더 그린 멍키'는 사상최고 경매가를 기록했지만 단 한 번도 우승하지 못하고 은퇴했다. 마주는 엄청난 손실을 본 것이다. 선수로서 은퇴하고 난 뒤에는 더 큰 차이를 보인다. 명마는 씨암말이나 또는 종마로 수백억 원을 호가하지만 평범한 말은 사료용으로 팔려나간다. 고만고만한 말 수십 마리가 아니라 단 한 마리의 명마가 마주에게 엄청난 부와 명예를 안겨준다. 그래서 승마인과 마주는 명마를 가지는 것이 일생의 꿈이다. 명마를 만나면 인생이 찬란하게 빛나고 모든 사람의 부러움을 한 몸에 받는다.

뛰어난 인재를 갖는 것은 모든 경영자의 꿈이다. 승마와 경마가 말의 경기이듯 조직의 성과를 창출하는 원천은 사람이고, 한 사람의 인재가 최고의 기업으로 만들어내기 때문이다. GE·펩시의 CEO는 인재의 채용과 선별, 교육 훈련과 관리자 육성, 성과 부진자 처리에 근무시간의 절반을 사용한다. 마쓰시타 고노스케는 "마쓰시타 전기는 사람을 만드는 곳입니다. 상품도 만들고 있습니다."라고 말했다. 삼성의 창업자 호암도 "내 일생을 통해 80퍼센트는 인재를 모으고 기르고 육성하는 데 시간을 보낸 것 같다. 삼성이 발전한 것도 유능한 인재를 많이 기용한 결과"라고 회고했다.

1900년대에는 지식노동자가 수행하는 작업이 전체 작업의 17퍼센트에 불과했지만, 오늘날은 그 비율이 60퍼센트를 훌쩍 넘어섰다. 지식사회에서는 재능 있는 노동자가 더욱 중요해진다. 자동화된 기계와 네트워크를 통해 창의적이고 생산적인 고부가가치를 창출해내는 능력이 주는 차별적 가치가 엄청나게 크기 때문이다. 구글의 유스티스 부회장은 "일류 엔지니어 한 명이 평범한 인력 300명보다 낫다."고 했다. 뛰어난 천재 한 명을 보유한 기업이 경쟁에서 앞서는 더욱 치열한 인재경쟁의 시대가 온 것이다.

우수한 말, 기업의 경쟁력을 결정하는 우수한 인재는 타고나는 것일까 아니면 육성되는 것일까? 마주들은 말의 구입에 가장 큰 노력을 기울인다. 승마나 경마에서는 말 구입에 가장 큰 비용이 들기 때문이다. 조교사나 훈련을 통해 능력을 향상시킬 수 있는 부분은 제한되어 있는 것이 또 다른 이유이다. 조교사별로 엄청난 차이를 만들 조교법도 없거니와 있다 해도 금방 모방하기 때문에 영원한 비법이란 것은 애초에 존재하지 않는다. 한마디로 명마는 타고나는 것이고 훈련과 육성은 부차적인 것으로 생각한다. 그래서 뛰어난 마주나 조련사의 첫 번째 자질로 어린 말이 명마로 자랄 수 있는지 알아보는 안목을 든다. 한마디로 '될성부른 떡잎'주의이다.

기업의 비용구조는 이와 다르다. 채용에는 많은 돈이 들지 않고 유지에 동일한 비용이, 해직에는 많은 돈이 드는 구조이다. 그래서 채용에 많은 노력을 기울이지 않는다. 채용공고를 내면 사람들이 몰려들고 그중에 적합한 사람을 뽑기만 하면 된다. 평범한 사람을 뽑는 데 편리한 방법이다. 우수한 인력은 회사의 발전에 엄청난 기여를 하고 적당한 때에 타 회사로 전직해서 회사에 부담을 주지 않지만, 열등한 직원은 회사에 기여하지도 못하면서 전직도 하지 않기 때문에 오랫동안 많은 돈이 든다. 함께 일했던 사람을 해고하거나 좌천하는 것은 모두 꺼리고 법적 위험도 있기에 많은 비용과 시간이 든다. 그래서 우수한 인재로 육성하기 위해 많은 돈을 쏟아붓는다. 사람은 모두 비슷하므로 우수한 인재는 교육과 훈련에 의해 결정된다는 '김매기'주의이다. 종자회사에서 생산되는 씨앗은 모두 같으므로 성과는 김매기에서 결정된다. 하지만 인간과 말은 그렇지 않다. 경주마는 사람이 기르는 생명 가운데 인공수정이 허용되지 않는 유일한 산물이다. 인간 또한 대량의 인공수정이 허용되지 않는다. 따라서 인간의 능력과 특성, 자질은 차이가 있다.

위대한 기업과 좋은 기업의 차이는 이것이다. '위대한 기업'의 저자 짐 콜린스는 위대한 기업이 되기 위해 가장 먼저 할 일은 '적합한 사람을 버스에 태우는 것'으로 규정하고 인재채용의 중요성을 강조했다. P&G의 신입사원 선발 과정은 까다롭기로 유명하다. '우리는 지금 적합한 인재를 채용하고 있는가'라고 항상 질문해야 한다. 미국의 철강사 뉴코는 '성공의 가장 중요한 자산은 사람이고 그 출발점은 적합한 사람을 뽑는 것이다'라는 철학으로 신입사원 채용에 산업심리 전문가까지 참여시켜 신입사원을 선발한다. 호암 이병철은 신입사원 채용 때마다 참석할 정도로 인재발굴에 열성을 보인 것으로 유명하다. 한국의 초우량 기업들도 인재를 스카우트하기 위해 전용 비행기를 띄우고 인재영입을 전담하는 특수조직을 운영하고 있다. 모든 임직원을 헤드헌터화하여 임원 평가에서 실적보다 인재확보 능력에 더 높은 비중을 두는 기업도 있다.

종자가 공장에서 생산되지 않던 시절, 지혜로운 농부가 해야 할 첫 번째 일은 좋은 종자를 구하는 일이었다. 좋은 종자를 심고 난 뒤 부지런히 김매기를 해야 풍성한 수확을 거둔다는 것은 누구나 아는 상식이었다. 어느 승마인은 이렇게 말했다. "좋은 연인이나 배우자를 만나면 인생이 빛나고 바뀌듯, 명마를 만나면 인생이 찬란하게 빛나고 부러움을 한 몸에 받는다. 명마는 간절히 찾고 기다리는 사람에게만 찾아온다." 인재도 그렇다.

 하프스톱 half stop

말 가격 : 스페인 국가대표팀과 조기 축구팀

승마한다고 소개하면 대부분 놀라는 표정을 짓는다. 그들의 머리에 어떤 그림이 지나가는지 알기에 곤혹스럽다. 화려한 라커룸을 배경으로 몸에 붙는 새하얀 승마바지를 입고 검은색 상의 재킷과 승마 모자에, 억대 가격의 빛나는 말에 앉은 내 모습을 그린다. 삼성이 최순실의 딸 정유라에게 사 준 것으로 알려진 '비타나V'의 말 가격이 10억 원 이상 20억 원 수준이고, 한화가 정씨에게 사 준 두 마리 말의 가격이 8억 원으로 소개되며, 정유라의 말 타는 모습이 연일 TV에 나오면서 이 그림은 더욱 선명해졌다. 그 환상을 깨기 위해 얼른, '당신이 본 것은 선수 몸값만 5천억 원을 상회하는 월드컵 스페인 축구팀이고, 우리는 동네 축구팀이라 한 번에 5만 원씩 내고 빈민승마(貧民乘馬), 극빈승마(極貧乘馬)한다'라고 정리한다.

승마장에 있는 승마용 말은 대략 1천만 원 수준이다. 요즘은 더 내렸다. 처음 가져올 때는 80만 원, 백만 원에 불과하지만 사람이 탈 수 있을 정도로 교육시키는 데 소요되는 비용이 반영된 것이다. 개인이 말을 사서 승마하는 말(자마(自馬)라고 부른다)은 대략 2천만 원 수준이며 비싸야 8천만 원이다. 이 수준을 넘는 말은 승마경기용 말이다. 국내 승마대회에 출전하는 말은 1억 원 이상, 아시안 게임에 출전하는 말은 4억 원 이상이다. 올림픽에 출전하는 말은 최소 10억 원 이상의 말이고, 세계 최고의 말로 꼽는 '토탈리스'는 100억 원에 거래되었다. 말이 부상이나 질병에 걸리면 훈련과 출전이 어렵기 때문에 승마선수는 보통 이런 말을 세 마리 이상 보유한다.

승마용 말보다 비싼 말은 경주마다. 평균 4천만 원, 나가는 경주마다 우승하는 경주마는 가격을 매기기 어렵다. 혈통이 좋은 말 '더그린멍키'라는 1세마는 2006년 170억 원에 거래됐고, 2015년 북미 삼관 우승을 달성한 '아메리칸패로아'는 300억 원을 호가한다.

승마용 또는 경주용 말이 아니어도 희귀한 말이 있다. 달리면서 피땀을 흘린다는 한혈마(汗血馬)는 최소 10억 원 이상이다. 투르크메니스탄에만 있는 세상에서 가장 아름다운 말인 아칼테케(Akhal-Teke)의 다른 이름이다. 방송에 따르면 중국에 세 마리가 있는데 한 마리는 후진타오 주석, 다른 한 마리는 장쩌민 수석 소유이고, 나머지 한 마리는 중국 정부가 관리하면서 국빈에게만 승마를 허용한다고 한다. 2014년에는 투르크메니스탄 대통령이 중국 방문 행사 때 시진핑에게 한혈마, 아칼테케를 선물했다고 한다.

17

슈퍼맨과 징기즈칸의
죽음을 부른 낙마
– 성장전략과 위험, 경영자의 과신

"끔찍한 이야길 들었어요." 포천 승마장으로 가는 길에 아내는 뜬금없는 이야기를 시작했다. 긴 이야기를 요약하면 아내의 친구의 친구 아들이 지방대학에 다니는데 방학을 맞아 집에 온 아이의 안색이 좋지 않아 병원에 데려가 보니 신장이 없더라는 것이다. 아들을 추궁했더니 여자친구를 사귀었고 계속 명품선물을 사달라고 졸라서 사주다 보니 나중에는 돈이 없어 신체포기각서를 쓰고 사채를 빌려 선물을 사주었고 사채업자의 협박에 못 이겨 신장을 팔았다는 이야기다. 장기를 잃었다는 '도시의 전설'은 세계 모든 도시에 있다. 친구의 친구가 애틀란타 출장에서 술집에 갔고 눈부신 미녀가 주는 술을 받아 마시고는 정신을 잃었고, 깨어나보니 얼음을 가득 채운 호텔의 욕조에 누워있었으며 자신의 신장이 없어졌다는 이야기는 미국에서 지난 15년 동안 가장 유행한 도시의 전설이다. 물론 허황된 이야기다.

우리는 쉽게 떠오르는 일이 실제로 더 자주 일어난다고 생각하는 경향이 있다. 희귀하고 이례적인 이야기, 예기치 못한 위험에 대한 이야기는 쉽게 기억되고 떠오른다. 승마가 화제가 되면 가장 먼저 1995년 낙마로 전신불구가 되어 사망한 슈퍼맨 크리스토퍼 리브를 떠올린다. 기억력이 좋은 사람은 말에서 떨어져 죽은 징기스칸을 떠올린다. 거침없이 하늘을 날고, 빌딩을 맨손으로 옮기고, 어려움에 처한 사람이 부르기만 하면 무한한 능력을 발휘하던 슈퍼맨이 휠체어에 의지해 주변의 도움을 받으며 살아가는 모습은 도시의 전설만큼 이례적이고 충격을 주기에 충분하다. 그래서 승마는 위험한 스포츠이고, 가장 먼저 묻는 질문이 "승마, 그거 위험하지 않나요?"이다.

슈퍼맨은 크로스컨트리 경기를 하다 사고를 당했다. 크로스컨트리는 유럽 기병대의 전쟁 과정을 모방한 과격하고 위험한 스포츠다. 대부분 고정장애물이 설치되어 있어서 발이 걸리면 말이 그대로 넘어진다. 이 종목을 제외하면 승마는 세계적으로 여자들이 더 많이 즐기는 안전한 스포츠다. 프랑스와 독일에서는 1년 365일 승마대회가 열리고 인구의 40퍼센트가 승마를 즐긴다. 이들은 승마를 위험한 스포츠로 여기지 않는다.

그들은 초보자에게 말을 태우지 않는다. 말과 어울려 노는 법부터 가르친다. 말의 특성과 행동을 이해하고 말이 익숙해지면 승마선생님이 인도하는 말에 태워 말 등의 리듬을 몸으로 익히게 한다. 고삐 없이도 탈 수 있을 정도가 되었을 때 비로소 고삐를 잡고 혼자 타게 한다. 말이 이상행동을 할 여지가 없을 뿐 아니라 이상행동을 하더라도 왜 그런 행동이 일어나는지, 어떻게 진정시킬 수 있는지 충분히 이해할 수 있게 한다. 사람은 모호한 것을 싫어하고 자신이 상황을 통제할 수 있다고 느낄 때 안심한다. 알면 무섭지 않고 안전하다고 느낀다.

기업 활동이 글로벌화하면서 기업가치 극대화가 경영자의 목표라는 공감대가 형성되고 있다. 회사의 주식을 사려는 사람이 많을수록 주가는 올라가고 기업가치는 향상된다. 가장 큰 매수세력은 펀드매니저다. 펀드매니저 사회에는 자국시장편중 Home Country Bias 현상이 있다. 이상하게도 글로벌 펀드매니저의 투자자산을 보면 자국 기업의 주식이 차지하는 비중이 높다. 미국 펀드매니저는 미국기업의 주식에 투자하고 일본의 펀드매니저는 일본기업의 주식에 투자하는 것이다. 투자에서 위험이 크면 수익률이 높고 위험이 낮으면 수익률이 낮으므로 펀드매니저는 위험에 비해 수익률이 높은 대상을 찾는다. 기업이 미래에 벌어들일 현금에 대해서는 분석가 사이에 큰 차이가 없다. 문제는 기업의 잠재위험이다. 펀드매니저는 자신의 나라에 있는 기업의 주식이 더 안전하다고 생각하는 경향이 있다. 자신이 가보지 않은 나라, 한 번도 접해보지 않은 기업에 대한 기억은 도시의 전설처럼 이례적인 사건, 희귀한 사건에 크게 영향을 받는다. 작은 뉴스에도 과민하게 반응한다. 일상에서 제품을 써보고 언제든 방문하여 임직원을 만날 수 있는 기업은 자신이 잘 알고, 상황을 통제할 수 있기 때문에 덜 위험한 것으로 느낀다. 말을 자주 접하고 잘 알수록 말이 덜 위험하다고 느끼는 것처럼 투자자는 자주 접하는 기업일수록, 언제든 필요하면 만날 수 있다는 느낌을 받을수록 덜 위험하다고 느끼고 기업의 가치는 높아진다.

이와는 반대 현상이 있다. 과신 over-confidence이다. 사람들은 자신이 평균적인 운전자인가 물으면 80퍼센트는 그렇다고 대답한다. 학기 초에 학생들에게 상위 50퍼센트 이내의 성적으로 학기를 마칠 수 있는지 물으면 80퍼센트가 그렇다고 대답한다. 실제보다 더 상황을 낙관적으로 보고 자신의 능력을 과대평가한다.

어제 박 사장이 말을 뺐다. 승마장에서 한 해에 서너 번씩 보는 일이다. 대부분 기업의 경영자들이다. 말을 타겠다고 마음먹자마자 말을 사고, 안장과 승마장비를 모두 갖추었다가 한 달이 채 안 되어 승마를 포기한 것이다. 말값과 승마장비 마련에 최소한 천만 원 이상이 든다. 잘 훈련된 말 위에 우아하게 앉아 있으면 말이 걷고, 뛰고, 원하는 모든 것을 다 해 주리라고 생각한다. '까짓것 타면 되지 뭐가 어렵겠냐'고 생각한다. 말이 절대 혼자서는 움직일 생각이 없고, 말을 탄 사람이 최선을 다해야 움직이고, 정확하게 승마기술을 구사하지 않으면 말은 힘들어하고 심지어는 사람을 날려버리기도 한다는 사실은 생각하지 않는다. 박 사장도 세 번의 낙마와 부상치료 끝에 말 타겠다는 생각을 접은 것이다.

승마에 접근하는 가장 좋은 방법은 우선은 승마장의 장비를 빌려서 타보는 것이다. 최소한 1년은 승마장의 말을 탄 다음 고급의 승마를 즐기고 싶을 때 자신의 말을, 그것도 저렴한 말부터 사서 차츰 고급 말로 바꾸는 것이다. 한 걸음에, 한 계단씩 나아가는 것이다.

기업 인수합병의 성공률은 30퍼센트에 불과하다. 이러한 실패의 원인으로 과다한 비용지불, 인수 후 합병과정의 실패를 지적한다. 신사업의 성공률도 7퍼센트에 불과하다고 한다. 미국의 소비재 생산기업인 P&G의 역사는 시사점을 제공한다. P&G는 1837년에 창립하여 180년간 성장을 지속한 소리 없이 강한 기업이다. 아이보리 비누의 개발로 성공하고 이후 세탁용 세제·치약·샴푸·제지산업으로 진출했고, 1980년대부터 화장품과 건전지 시장에까지 끝없이 확대해 온 기업이다. 양초를 만들던 프록터와 비누를 만들던 갬블은 두 회사를 합쳐 P&G를 만들고 한 사람은 생산을 전담하고 한 사람은 영업을 전담했다. 이후 세탁기용 세제로 영역을 확장했고 세제사업을 통해 종이와 섬유제품의 특징을 알게 되면서 제지산업에 진출한다. 비누업계 미국 1위로서 종이와 섬유에 대한 지식이 사내에 대량으로 축적되어 있음에도 1957년 샤민이라는 소규모 지방제지업체를 인수하여 제지산업에 대한 지식과 정보를 축적하는 방법으로 진출하여 최초로 티슈와 생리대, 기저귀 시장을 열었다. 1989년 화장품 시장에 진입할 때에도 역시 녹셀이라는 지방 군소업체를 인수하여 충분히 학습한 다음에 본격적으로 사업을 전개했다. 화장품 사업은 현재 P&G의 가장 큰 매출을 차지하고 있다. 이처럼 P&G는 자신의 능력을 과신하지 않고 신사업에 진출할 때에는 언제나 차근차근 한 걸음에, 한 계단식 올라가는 방식을 택했다. 이러한 신사업 추진방식으로 P&G의 신사업 성공률은 매우 높다.

인수합병이나 신사업 성공률이 낮은 것과, 박 사장이 말부터 덥석 산 것은 우리에게 타고난, 그리고 경영자에게 더 심한 과도한 확신 over-confidence 때문이다. 낯선 일을 시작할 때 지나치게 위험을 느낄 필요도 없지만 과신해서도 안 된다. 가장 기본이 되는 지식에 대해 충실히 학습한 다음, 한 걸음에 한 계단씩 차근차근 추진하는 지혜가 필요한 것이다.

18

리듬, 우리가 해결해야 할
　　가장 **아름다운 숙제**
－ 경기변동

　　지난주 승마에서는 유난히 리듬만을 생각했다. 사실 말 등에 올라가면 의지할 곳이 없다. 고삐에 의지하면 말이 목을 앞으로 또는 아래로 홱 채가는 순간 날아가 땅에 떨어지게 된다. 안장과 등자 또한 말의 반동으로 몸이 공중에 떠 있을 땐 아무런 도움이 되질 않는다. 그러니 말의 움직임에 따라 말 등에 올려놓은 고무줄처럼 리듬을 맞추어 가는 것이 유일하게 안전한 승마방법이다. 그래서 선진국에서는 우리와 달리 승마를 시작하면 말의 고유한 리듬부터 익히게 한다. 생각은 꼬리를 물어 잡다한 상념이 지나갔다.

　　영화 서편제에서 김명곤이 시골 방에서 아들에게 야단치는 장면이 있다.

　　"이 북이라고 하는 것이 소리하고 음향이 맞아서 아우러져야지 그렇게 시도 때도 없이 두드리면 그것이 북 치는 것이냐? 쇠가죽 두드리는 소리제? 자동차가 길을 달리려면 말이여, 길이 잘 닦여야 쓸 것 아녀? 그것처럼 이 북 장단하고 추임새로 소리 길을 닦아줘야 한단 말이여! 일 년이면 봄 여름 가을 겨울이 있듯이 이 북도 밀고 달고 맺고 푸는 그런 길이 있다고 몇 번이나 말을 했어? 추임새를 할 적에는 소리가 나가다가 숨이 딸려가지고 소리가 쳐진다 싶으면 얼씨구, 이렇게 추어서 소리를 부추겨 주어야 할 것 아니여? 소리가 슬프게 나갈 때는 북 가락도 줄이고 추임새도 어이, 아, 이렇게 슬프게 해주고 소리가 씩씩하게 나갈 때는 북소리도 그냥 이렇게 크게 주고 얼씨구 좋다! 이렇게 해야 할 것 아니냐! 이놈아."

승마에서 말과 사람과의 관계를 이처럼 정확하게 표현한 말도 드물 것이다.

노벨 물리학상을 수상한 카이스트^{KAIST} 러플린 총장은 시골대학에서 MIT 대학원으로 진학했을 때 음악 공연과 연주회가 가장 좋았고, 이것을 보고 MIT를 사랑하게 되었다고 이야기했다. 음악과 물리학이 무슨 관련이 있을까? 그는 입자나 파동의 아름다움, 리듬을 이해하지 못하면 물리학을 사랑할 수 없고 물리학에 흥미를 느끼지 못한다고 했다.

수학자는 수학 공식에서 리듬과 아름다움을 찾는다고 한다. 위대한 수학자 라이만은 "나는 항상 진실과 아름다움을 동시에 추구해왔다. 이 둘을 동시에 추구할 수 없을 때는, 나는 주로 아름다움을 선택했다."고 말했다. 법률가는 법조문에서 리듬을, 글 쓰는 사람은 문장에서 리듬을 찾고 아름다움을 느낀다.

사람이 타는 동물은 많이 있다. 낙타를 타는 아라비아의 대상들, 소를 타고 가는 목동, 심지어 아프리카에서는 타조를 타기도 한다. 그 중에서도 가장 보편적인 동물은 말이다. 사람이 말을 가장 많이 타는 이유는 무엇일까? 여러 가지 이유가 있겠지만, 사람이 타기에 가장 편하다는 것이다. 말은 최고 속도로 달릴 때도 몸을 거의 움직이지 않고 다리만 사용한다. 전쟁터에서 진격할 때 뛰는 걸음인 습보로 갈 때, 말 위에 탄 사람은 말 몸의 움직임을 거의 느끼지 못한다. 허리와 등을 사용해서 뛰는 고양잇과 동물, 예를 들면 치타나 사자 등은 빠른 속도로 갈 때 몸의 움직임이 커서 사람이 타고 앉아 있을 수가 없다. 말은 몸을 움직이지 않고 다리로만 뛰기 때문에 지치지 않고 오래 달릴 수 있다. 치타나 사자, 호랑이는 온몸을 사용하여 달리기 때문에 쉬 지쳐버린다. 좋은 경주마를 고를 때 첫 번째 조건을 몸의 움직임 없이 다리만으로 부드럽게 달리는 말을 꼽는 것도 이런 이유에서다.

  지금은 은퇴한 과천벌의 황태자라고 불렸던 김효섭 기수에게 기자들이 경주를 앞두고 말이 어떠냐고 물었다. "이 말은 벤츠를 타는 기분이에요." 김효섭 기수의 이 말은 명언으로 회자하고 있다. 기수는 걸음이 어떻다거나 심장이 크다, 재갈받이가 어떻다로 평가하는 것이 아니라 말 위에서의 리듬으로 훌륭한 말을 알아본다.

  기업경영을 하다 보면 경기의 변동을 겪게 된다. 사업실적 또한 부침을 거듭한다. 세계 경제가 침체국면에 진입하여 모든 기업이 어려운 때도 있고, 업계의 경쟁과열로 수익성 하락을 겪을 수도 있으며 신사업 추진에서 실패하거나 소송이나 비리로 어려움을 겪는 경우도 있다. 이에 대응하는 방식은 기업마다 차이가 있다. 대부분의 기업은 치타나 사자 같은 고양잇과 동물처럼 온몸을 사용하여 이에 대처하려 한다. 위기상황이라 선언하고 전 직원의 원가절감의식 제고와 혁신의 필요성을 강조한다. 생존의 위협에 처했다며 비상사태를 선포하기도 한다. 이 노력은 오래가지 못한다. 온몸을 쓰다 보면 쉬 피로해지고 그 피로로 인해 더 나아가지 못하게 된다. 비상사태는 금세 일상적인 상황이 되어버린다.

　이상하게도 포유류의 수명과 심장박동수를 곱하면 15억 번으로 수렴한다. 우리가 보는 동물들은 15억 번 심장이 뛰면 죽는다는 것이다. 생쥐는 심장박동이 빨라서 수명이 짧고, 거북이는 심장박동이 느리기에 오래 산다. 심장박동은 생물이 느끼는 시간의 빠르기와도 관련이 있어서 생쥐보다 거북이의 시간이 빨리 흐르고, 거북이보다 생쥐가 시간이 더디게 간다. 시간이 빨리 가는 노인이 준비하고 때를 기다리는 반면, 시간이 천천히 흐르는 아이들은 어려운 일을 당하면 어찌할 바를 모른다. 이 이론은 기업에도 적용된다. 포춘 100대 기업도 마찬가지다. 맥박이 빠른 기업, 예를 들면 IT나 빠른 적응이 필요한 산업에 속한 기업은 수명이 짧다. 거친 숨을 몰아쉬는 기업은 장수하기 어려운 이유이다.

　장수하는 우량기업들은 어떨까? 프록터앤드갬블, 존슨앤드존슨, 듀퐁, 디즈니 등의 기업에서 비상사태를 선언하거나 전사적인 원가절감을 했다는 이야기를 들어본 적이 없다. 오히려 듀퐁과 같은 기업은 1, 2차 세계대전과 경제공황을 견뎌낸 기업임을 자랑한다. 이처럼 큰 위기를 겪어낸 저력은 어디서 나왔을까?

　클라우제비츠의 전쟁론에서는 병사들의 정신력과 투혼에 의지해서 전투에 나서는 장군은 이미 패전을 예약해 놓은 것과 같다고 했다. 속도와 전략·군사력의 차이에서 승패는 이미 결정이 났고, 전쟁은 그 결과를 확인하는 행위에 불과하다는 것이다. 기업경영에서 호황과 불황, 위기와 안정의 사이클과 리듬은 항상 일어나는 현상이다. 경영진과 스태프가 이러한 사실을 잊고 불황과 위기에 직면해서 전 직원을 생존의 위협으로 내몬다면 경영자가 지녀야 할 자질이 없음을 자인하는 모습이다. 장수하는 우량기업은 언제나 경기 하락을 염두에 둔 경영을 하고, 그 리듬을 탈 줄 안다.

 경기 하락에 대비하여 현금을 쌓고 주력상품의 사양화에 대비하여 신사업, 신제품을 준비한다. 어느 분야든 호흡과 리듬은 우리가 해결해야 할 가장 아름다운 숙제이다.

하프스톱 half stop

얼룩말은 왜 타지 않을까?

말에 대한 유명한 질문이 있다. "얼룩말은 흰색 바탕에 검은색 줄무늬가 있는 걸까? 아니면 검은색 바탕에 흰색 줄무늬일까?"하는 질문이다. 말의 피부는 검은색이라는 것이 답이다. 이보다 더 근본적인 질문은 "왜 얼룩말은 길들여서 타거나 견인용으로 사용하지 않을까?"하는 질문이다.

실제로 얼룩말을 길들이려 한 사람이 있었다. 조크 카메론(Jock Cameron)이라는 괴팍한 사냥꾼은 실패에 실패를 거듭한 끝에, 망아지 때부터 훈련시킨 얼룩말 네 마리가 이륜마차를 끌게 하는 데 성공했다고 한다. 하지만 얼룩말은 카메론만 가끔 통제할 수 있었고 다른 사람은 아예 접근할 수도 없었다. 툭하면 서로 물고 발길질을 하거나 때로는 완고하게 버티고 서서 움직이지 않다가 갑자기 전속력으로 달리기도 했다. 얼룩말은 포식자를 만나면 도망가지 않고, 뒷다리로 차거나 이빨로 문다. 예상할 수 없는 얼룩말의 행동에 이런 공격성까지 더해지면 통제가 불가능해진다. 이런 위험을 감수하고 길들여도 얼룩말은 말에 비해 스피드와 지구력이 현저히 떨어진다. 사람들은 얼룩말을 길들이기보다는 그 노력을 말 사는 데 기울이는 것이 낫다는 결론을 얻었다.

19

두 살배기 말은
아무도 **모른다**

- 신사업 관리

　연로한 마주님이 있다. 경마일마다 마주실에 머물지만 존재감이 없다. 종일 얘기 한마디라도 하는지 궁금하다. 걸음도 조용조용 다니고 마권도 미리미리 구매하니 부딪힐 일도, 인사드릴 기회도 없다. 자신의 말이 뛰어도 관람대로 나오지 않는다. 우승해도 미동도 하지 않는다. 베팅해서 맞추어도 잃어도 말이 없다. 서울대 법대 나오고 젊을 때는 행정부의 고위공무원으로, 보험회사 사장과 회장을 지냈다고 한다. 경력만으로 보면 굉장한 내공이 느껴진다. 이 분의 말은 모두 뛰어난 성적을 낸다. 지금까지 말 사서 실패한 적이 없다고 한다. 내가 가장 부러워하는 부분이다. 한번은 서울마주협회 직원에게 물었다.

　"○○○ 마주님은 어떤 분이에요?"

　그는 손가락을 펴면서 말했다.

　"일곱 자로 표현할 수 있어요. 대·단·한·할·아·버·지"

　마주님은 1992년 마주제도가 생길 때부터 마주다. 원년 마주 500여분 가운데 지금도 마주하시는 분은 77분이다. 햇수로 25년간 손실

없이 마주 생활을 하고 있다. 지금은 마주 생활만 한다.

우리 조교사는 마주가 좋은 말을 만나 돈을 버는 건 행운이라 믿는다. 그게 아니라는 증거로 나는 20여 년간 적자 없이 모든 말이 잘 뛰는 이 마주님의 사례를 제시했다. 우리 조교사는 말했다.

"그건 대운大運이죠! 대운大運!"

마주馬主란 사람이 있다. 경주마를 사서, 관리 및 훈련 전문가인 조교사調教師에게 맡겨 상금이 걸린 경마 경주에 출전시키는 사람이다. 경마 상금이 수익이고, 경주마 구입비와 경주마 관리비용이 든다. 자신의 분야에서 나름대로 성공한 여유 있는 사람들이 적자를 감수하면서 취미생활로 즐긴다. 목표가 적자 없이 마주 생활을 즐기는 것이다. 사업에 성공해서 일가를 이룬 사람임에도 70퍼센트의 마주가 적자로 마주 생활을 접고, 30퍼센트의 마주만이 이익을 낸다는 점에서 창업 또는 신사업 구조와 닮았다. 손실 없이 또는 이익을 내면서 마주 생활을 하는 건 운일까, 아니면 특별한 비결이 있어서일까? 마주를 꿈꾸는 많은 사람, 경마에 관계된 모든 분의 궁금증이다. 사업에서의 성공, 특히 대기업에서 신사업 성공은 운일까 아니면 특별한 비결이 있어서일까? 금융경제학자와 물리경제 학자들은 운이라는 증거를 제시한다. '블랙스완'의 저자 나심 탈레브가 대표적이다. 기업인과 대다수 경영학자는 운이 아니라 특별한 비결이 있다고 믿고 싶어 한다.

나도 우리 조교사만큼이나 운이라는 걸 인정한다. 하지만 그 운이 작동하도록 하는 노력은 필요하다고 믿는다. 내가 만나본 장기 흑자를 보는 마주님은 세 가지 노력 또는 조건을 갖추었다.

첫째, 그들은 비싼 말을 사지 않는다. 경주마 구입비는 마주의 지출 가운데 가장 큰 항목이다. 좋은 말을 두고 경매장에서 다른 마주들과

가격경쟁을 하지 않는다. 열심히 공부해서 몇 마리를 마음에 두고 가지만 가격이 올라가면 깨끗하게 포기한다. 경매가 끝난 후, 자신이 고른 말 가운데 유찰된 말의 생산자에게 다가가 최저 가격에 팔 의사가 있는지 묻는다. 경주마 경매에 참여해 보지 않은 사람은 이게 얼마나 어려운 일인지 모른다. 사업에서 성공하고, 사회적으로 인정받는 사람이 자신이 갖고 싶었던 최고의 말을 누군가에게 빼앗긴다는 것은 자존심과 관련된 문제다. 경쟁자가 누구냐에 따라 경매에서 입찰가격은 수직으로 올라간다.

 적자를 보지 않는 마주들은 '말은 살 때 돈을 번다'는 신념이 확고하다. 두 살짜리 말이 앞으로 어떻게 뛸지는 누구도 모른다는 것이 정설이다. 잃어도 적게 잃고, 벌면 크게 버는 보수적 방식을 고수한다. 멋있고 잘 뛸 것 같은 말, 모두가 갖고 싶어 하는 말, 갖고 싶은 욕망이 불꽃처럼 일어나는 말에 현혹되지 않는다.

 둘째, 그들은 뛰어난 조교사에게 말을 맡긴다. 정규분포를 창안한 다윈의 사촌인 프란시스 골턴은 생물의 특성이 정규분포를 따른다는 것과, 평균으로 회귀한다는 것을 발견했다. 시력을 예로 들면 시신경이 뛰어나 어떤 환경에서도 시력이 나빠지지 않는 사람이 있는가 하면, 태생적으로 시력이 나쁜 사람이 있다. 대부분의 사람은 환경에 따라 시력이 나빠지기 쉬운 사람과 시력이 나빠지기 어려운 사람으로 나뉜다. 현대사회는 시력이 나빠지기 쉬운 환경에 산다. 그래서 동네 곳곳에 안과와 안경점이 있다. 초원의 유목민이나 바닷가에 사는 사람 가운데 시력이 나쁜 사람은 찾기 어렵다. 19세기 런던에서 현대 인류사에 남을 지식이 만들어진 것도 같은 이유이다. 남태평양이나 아프리카에도 천재가 있었겠지만 뛰어난 지식을 창출하지 못하는 이유다.

최근 뇌 과학 연구에서는 영양, 부모의 성향, 주거환경에 따라 지능이 큰 차이를 보인다고 한다. 웬만한 사람은 환경에 따라 큰 능력 차이를 보인다는 것이다. 이런 이유로 뛰어난 조교사가 말의 채식에 신경을 쓰고, 최상의 훈련을 시키고, 뛰어난 기수를 선임하고, 뛰어난 경주작전을 쓴다면 웬만한 말들은 뛰어난 성적은 아니라도, 명마는 아니라도 웬만한 성적이 나고 손해는 보지 않는다. 그들은 뛰어난 조교사를 찾기 위해 노력하고, 알아보는 눈을 가지고 있다. 문제는 뛰어난 조교사는 누구나 탐낸다는 것이다. 능력이 없거나 아직 능력을 보여주지 못한 조교사는 관리하는 말이 적다. 그러니 한 마리, 한 마리에 지극한 정성을 기울인다. 뛰어난 조교사에게는 너도나도 말을 맡기려 한다. 우수한 조교사는 적게는 40마리, 많게는 70마리의 말을 관리한다. 문제는 어떻게 뛰어난 조교사가 그 많은 말 가운데 내 말을 정성들여 관리하게 하느냐 하는 것이다. 20년간 적자 없이 마주를 하시는 분들은 그 방법을 알고 실천한다.

셋째, 그들은 말에 관심이 많다. 싸고 좋은 말을 구하기 위해 밤새워 연구해서 사온 말이다. 당연히 애정이 간다. 그 말이 어떻게 변해갈지, 어떤 성적을 낼지, 어떤 질병에 시달릴지 궁금하다. 매주 마구간에 들러 말을 확인한다. 훈련과 주행검사, 경주를 분석하고 왜 그런 결과가 나왔는지 묻는다. 책도 읽고 동영상도 보며 연구한다. 말 이야기는 귀 기울여 듣는다. 몇 년이 지나면 말 전문가가 되고 마주가 결정해야 할 것이 무엇인지, 조교사·관리사·기수·수의사가 결정해야 할 것이 무엇이고, 책임이 무엇인지도 안다. 말은 실수 없이 관리 받고, 실수 없이 경주한다.

이런 마주 사업의 성공원리가 개인의 창업이나 대기업의 신사업에도 적용될 수 있을까? 나는 적용된다고 믿는다.

먼저 투자 규모다. 기업마다 총수가 애태우는 것이 미래 먹거리, 미래 신수종사업이다. 문제는 작은 규모의 사업은 눈에 차지 않는다는 것이다. 10조 매출을 기록하는 기업에서 매출 100억, 200억 사업은 눈에 들지 않는다. 모름지기 신사업이라면 전 세계를 대상으로 수조 원대의 시장 규모를 가져야 하고 업계 1위를 할 가능성이 있어야 한다. 전제조건이 이러니 신사업의 성공 가능성을 따지기도 전에 이런 성격의 사업을 찾는 것 자체가 어려워진다. 1조 원 매출이면 적게는 몇 백억 원, 많게는 몇 천억 원의 투자액이 소요된다. 이익률은 정말 많아야 10퍼센트다.

성공 가능성을 거론하면 곧잘 이야기한다. '리스크가 없는 신사업이 있느냐, 신사업은 10개 착수해서 한 개 성공하면 되는 것'이라고 한다. 천억 프로젝트 10개를 투자하면 1조 원이다. 그중에 하나가 성공했다고 가정하자. 실패한 9천억 원은 허공으로 날아간 것이다. 성공한 하나의 사업이 벌어들이는 돈은 이익률 10퍼센트라고 했으므로 100억 원이다. 실패한 신사업 손실을 만회하려면 이 사업으로 90년을 벌어야 회복할 수 있는 것이다. 가능할까?

두 살배기 경주마처럼 신사업을 시작할 때 성공 여부는 누구도 모른다. 모두 불가능하다고 한 사업이 크게 성공하는가 하면, 누구나 성공을 확신하는 사업이 실패한다. 뛰어난 기업은 이런 신사업의 성격을 잘 안다. 그들은 대규모 투자를 하지 않는다. GE가 그렇고, IBM이 그렇고, P&G가 그렇고, 3M이 그렇다. 이들의 투자 규모는 10억, 20억, 100억 규모의 투자다. 10개 중의 하나가 전망이 좋은 것으로 판명될 수 있다. 100억 규모 10개 사업에 투자했다면 이미 900억은 날린 것이다. 전망 좋은 하나에 더 많은 돈을 투자한다. 500억 원을 더 투자

할 수도 있고 1천억 원을 더 투자할 수도 있다. 이익률이 10퍼센트라면 이 사업은 100억 원의 돈을 번다. 9년이면 만회가 가능하다. 전망이 괜찮다면 5천억 원을 더 투자할 수도 있고 2년이면 회수할 수도 있다. 기업의 도산과 부진의 원인을 조사하면 무리한 신사업이 거론되는 경우가 많다. 대규모 투자는 기업을 부실로 이끄는 지름길이다.

둘째, 뛰어난 조교사 또는 뛰어난 리더의 확보다. 영화 '귀여운 여인'을 기억하는가? 창녀와 백만장자의 사랑을 그린 미국판 신데렐라 이야기다. 백만장자는 기업사냥꾼이다. 비효율적인 기업을 사서 쪼개거나 합치는 방법으로 기업 가치를 높여 되파는 사람이다. 이들 기업사냥꾼의 행태를 컨설팅 회사 맥킨지가 분석했다. 이들에게는 몇 가지 원칙이 있었다. 그중 하나가 아무리 매력적인 기업이라도 그 기업을 사고 나서, 새로 맡길 수 있는 경영자가 없으면 절대 그 기업을 사지 않는다는 것이다. 기업경영은 경영자, 그것도 그 기업을 가장 잘 아는 사람이 혼신의 힘을 기울일 때 가치가 올라간다는 것을 그들은 처절한 경험을 통해 배웠다.

우리나라에서 전전자교환기가 개발된 것은 1980년대 말이다. 당시로서는 꿈도 못 꾸는 신기술이었다. 정부에서도 개발보다는 수입으로 가닥을 잡았다. 그때 한국전자통신연구소장이 나섰다. "제가 목숨 걸고 개발하겠습니다. 제 꿈입니다." 당시 체신부는 성공의 근거를 찾을 수 없는 개발사업을 승인했다. 신사업은 유능한 프로젝트 리더, 목숨을 건 리더에 의해 성패가 결정된다.

말에 대한 관심, 사업에 대한 관심도 유사하다. 가끔 동업제의를 받은 사람의 이야기를 들을 것이다. 자금을 대는 사람이 있고, 기술과 영업을 담당하는 사람이 따로 있어서 동업하는 경우다. 이렇게 시작해서 성공한 사례를 찾아보았는지 모르겠다. 대기업에서도 신사업

전담부서를 만들고 전적으로 맡기는 경우가 많다. 최고경영자의 관심 없이 신사업부서만의 노력으로 사업에 성공한 사례를 찾기는 매우 어렵다. 오히려 내부적으로 곪고 곪아서 더는 어떻게 해볼 수 없는 지경에 이르러서야 문제가 드러난다. 그때쯤이면 부실로 회사가 흔들릴 정도다. 누가 자신의 실패를 자인하겠는가? 실패를 자인하는 순간 목이 반쯤 날아간다. 회사에서도, 자신의 경력에도 붉은 줄이 그어진다. 프로젝트 리더는 희망이 없더라도 프로젝트에 매달리는 것이 유일한 대안이다. 조금만 있으면 된다고, 장밋빛 미래와 성과를 부풀리는 것이 유일한 대안이다. 신사업에 대한 경영자의 관심은 필수불가결한 조건이라고 교과서마다 떠든다. 그런데도 실천하는 사람은 드물다. 그래서 기업은 흥하고 망하기를 되풀이한다.

손실 없이 또는 이익을 내면서 마주 생활을 하는 건 운일까, 아니면 특별한 비결이 있어서일까?

"마주님 이번에 산 말 '올포유' 어때요?"

"그게, 공부해서 산다고 되나? 운이 따라야지! 허허허"

20

내가 잘하는 걸 찾아주는 **코치를 찾아라**
– 강점경영

"글쎄 고민이에요. 어떻게 해야 할지."

승마클럽 강 사장이 수심 어린 표정으로 말한다. 승마클럽에는 승마를 가르칠 코치가 필요하다. 특히 승마를 제대로 배우려는 사람들은 좋은 승마코치를 원하고, 승마 코치가 없는 승마장에는 가지 않는 경우가 많다. 인터넷에서도 승마장을 선택할 때에는 국가대표를 지낸 승마 코치가 있는 곳으로 가라고 조언하고 있다. 그런데 문제가 있다. 엘리트 승마선수 출신은 체형도 훌륭할 뿐만 아니라 운동신경이 뛰어나다. 타고나기를 근육발달이 뛰어난 몸으로 태어났고, 근육의 협조성 또한 타의 추종을 허락하지 않는다. 운동신경이 뛰어나니 선수로 선발되었고, 승마를 배우면서 잘하는 건 당연하고 문제가 있는 부분만 끊임없이 지적당하는 방식으로 배웠다. 그들에겐 대회 우승이라는 목표가 있었고, 대회까지 시간은 제한되어 있으니 당연하다. 이들이 훈련하며 배웠던 방식을 취미 삼아 승마하는 사람에게 적용하면 사람들은 금방 좌절하고 승마를 그만두게 된다. 이들은 취미로 승마하는 평균적인 운동신경과 평균적인 신체를 가진 사람이 겪는 어려움을 이해하기 힘들 것이다.

선수 출신이 아니라 취미로 승마를 시작했다가 승마 코치가 된 사람은 손님들의 심정을 잘 안다. 문제점을 지적하기보다 잘하는 걸 칭찬하고 승마가 재미있어지도록 만든다. 사장 입장에서는 참 좋은 승마 코치다. 문제는 승마를 시작하는 사람들이 국가대표 출신 코치가 있는 승마장을 원한다는 것이다. 이들의 요구에 따르면 돈은 많이 들고, 손님은 떨어져 나가니 난감한 것이다.

느지막이 공부를 위해 학교에 갔을 때의 일이다. 나만 모르고 남들은 다 아는 천재 한 사람이 연구실 소파에 누워 책을 읽고 있었다. 누워서 읽으니 자연스럽게 표지가 눈에 들어왔다. 검고 단단한 커버에 금색으로, 대리석보다 단단하게 게임 띠어리 GAME THEORY 라고 적혀 있었다. 수식으로 시작해서 수식으로 끝맺고 복잡한 연립 방정식과 미적분 방정식으로 도배한 책이다.

"그 책을 왜 누워서 읽고 있니? 증명해 가면서 봐야 하는 것 아냐?"
"이렇게 읽으면서 풀면 되잖아요?"
"지금 읽고 있는 걸 증명할 수 있니?"
"한번 풀어볼까요?"

일어나더니 일기 쓰듯 줄줄 증명 수식을 써 내려 간다. 말로만 듣던 천재를 또 한 명 본 것이다. 이 친구는 석사과정 2년간 모든 과목에서 A^+ 성적을 받았다. 마지막 학기에 한 과목 성적이 B였기에, 왜 그랬느냐고 물었다.

"모든 과목이 A^+면 사람들이 절 이상한 놈으로 보잖아요."
이런 답이 돌아왔다.

이런 친구가 학교 다니는 동안 남들 다하는 아르바이트 과외를 못 해봤다. 왜일까? 과외 시키는 부모들이 며칠도 못 가서 그만두게 했기 때문이다. 이 친구는 자신이 가르치는 학생들이 도대체 왜 문제를 풀지 못하는지 이해를 못했다. 문제를 가만히 쳐다보고 있으면 가번, 나번, 다번, 라번, 마번 중에 한 놈이 손을 번쩍 들고 "내가 정답인데요."라고 소리를 지르는데, 그놈만 표시하면 만점인데, 왜 그게 안 되는지 이해를 못한 것이다. 자기가 가르치는 학생들은 왜 그 소리를 못 듣는지 이해를 못하는 것이다.

천재나 머리 좋은 사람 치고 강의 잘한다는 이야기는 못 들어봤다. 아인슈타인이 그렇고, 뉴턴이 그렇다. 스포츠 분야에서도 스타 선수는 지도자로 성공하는 경우가 드물다. 분데스리가의 전설인 차범근 감독이 대표적인 예이다. 허재 감독이 그렇고 선동열 감독이 그렇다. 우리나라에서도 유명 강사는 학교 다닐 때 성적이 좋지 않은 사람이 대부분이다. 남들은 무슨 말인지 다 알아듣는 이야기를 혼자 못 알아듣고는 이런 방법, 저런 방법으로 생각에 생각을 거듭하다가 짧으면 몇 시간, 길게는 몇 년이 지나서야 "아 그게 그 말이었구나!"하고 알아듣는다. 이러니 남들이 왜 이해를 못하는지, 어떻게 하면 쉽게 알아듣는지 잘 이해하고 있다.

승마는 수영이나 댄스와 같은 리듬운동이다. 몸치인 내가 승마를 한다는 것은 애초에 무리였다. 그러니 남들은 "좌속보하면서 왜 엉덩이가 들썩거려요? 나는 엉덩이 들썩거리기가 더 어렵더라."라든가 "경속보 리듬은 그냥 말이 하는 대로 따라가기만 하면 되는 것 아닌가요? 나는 박자 못 맞추기가 더 어렵더라."하는데, 나는 경속보만 하면 무릎 안쪽이 까져서 사시사철 일회용 밴드를 붙였고 좌속보를 하면 간단없이 엉덩이를 맞았다. 때로는 골반과 고환을 맞아서 정신이 반쯤 나가기도 했다. 승마 코치가 아무리 가르쳐도 무슨 말인지 못 알아들어서, 해서는 안 되는 것을 다 해 보고 맨 마지막에 코치의 말을 이해하는 사람이다. 나는 국가대표 출신 승마 코치보다 일반인 승마 코치가 절실히 필요한 사람이다.

경영에서도 흔히 만나는 일이다. 사람들은 천재적인 경영인이나 타고난 경영자의 이야기를 듣고 싶어 하고, 배우려 한다. 워런 버핏과의 점심식사 경매가격은 2012년 역대 최고금액인 346만 달러를 호가하기도 했다. 신문사에서도 세계 최고의 경영자, 최고의 석학을 초청하여 엄청난 강의료를 지급한다. 도움이 될까? 워렌 버핏만 해도 5살 때부터 돈을 벌고, 숫자만 가지고 놀았던 타고난 사업가다. 8살 때는 경마예상지를 만들어 팔았고 그전에는 콜라를 도매로 사서 소매로 팔기도 했다.

처세술이나 성공학 강의도 마찬가지다. 그렇게 많은 성공학 책이 나와도 그 책을 읽고 성공했다는 사람은 찾아보기 어렵다. 컨설팅 회사는 입만 열면 성공한 기업을 자랑한다. 하지만 컨설팅 회사가 소개하는 성공기업의 사례는 많아도 컨설팅 받아서 성공한 기업은 들어보지 못했다. 잘하는 기업 본받기라는 '벤치마킹'을 강조하기도 한다. 남들은 잘하는데 우리는 잘 안 되는 것을 찾아서 개선하는 것이다. 사람이나 조직의 기질과 개성은 쉽게 바꿀 수 있는 게 아니다. 그럼 직원은 어떻게 될까? 안 되는 것을 고치려니 힘만 든다. 한때 세계를 주름잡던 일본 가전 기업들의 최근 성적 부진을 파헤친 책에서도 인사의 원칙은 약점을 최소화하는 것이 아니라 강점을 최대화하는 것인데 이를 실천하지 못한 것을 부진의 이유로 꼽고 있다.

강점경영이란 것이 있다. 경영학의 구루(성자)라는 피터 드러커^{Peter F. Drucker, 1909~2005} 교수가 원조이다. 어떤 사람은 강점경영이 21세기 경영의 핵심 화두가 될 것이라고도 한다. 강점경영은 강점을 활용해서 생산성을 높이는 경영전략이다. 잘하는 걸 더 잘하게 하자는 것이다. 잘하는 사업을 더 잘하는 방법이 훨씬 쉽고 성과가 난다. 약점으로는 성과를 낼 수 없다. 개인이나 조직은 강점에 기반을 두고 접근할 때 가장 큰 효과를 거둘 수 있다. 서툰 능력을 보통수준으로 끌어올리는 데에는 일류를 초일류로 만드는 것보다 훨씬 더 노력과 자원이 필요하다. 강점들이 조화를 이루면 구성원들과 이해관계자들의 몰입과 열정을 이끌어 낼 수 있고, 문제점과 약점이 별로 중요하지 않게 된다고 한다. 강점경영에는 3가지 원칙이 있다. '첫째, 현재의 서비스와 제품의 강점을 더욱 키울 것 둘째, 단점을 비난하지 말고 칭찬할 것 셋째, 나만이 만들 수 있는 제품을 생산할 것'이다.

사람들은 자신의 강점을 잘 안다고 생각하지만 사실이 아니다. 자기소개서를 써 본 사람들은 알 것이다. 장점을 쓰려면 막막해진다. 약점은 매일 누군가에게 지적받기 때문에 잘 알고 있다. 잘 아는데 쓰기가 껄끄러울 뿐이다.

끊임없이 문제점을 지적하는 승마 코치가 있는 곳은 승마 꿈나무들에게 양보하고, 내가 뭘 잘하는지 찾아주는 승마 코치를 찾자. 그런 승마 코치가 있는 승마장을 찾아보자. 승마가 훨씬 재미있고 행복해질 것이다.

21

부자와 말,
둘 다를 가질 수는 **없다**
– 경영자의 외도

특별한 전략도 비법도 없었다. 뛰어난 아이디어 하나로 무모한 도전에 나섰다. 그날그날 생각하지도 못한 문제들이 터졌고, 하루하루 문제 해결을 위해 밤새웠다. 쏟아지는 문제를 해결하지 못하면 사업의 실패로 이어지고, 회복이 어려운 지경으로 떨어질지 모른다는 두려움에 휩싸였다. 그러던 어느 날 회사가 안정을 찾았고 생각하지 못한 큰 성공을 거두었다. 돌아보면 피눈물 나는 노력이 있었지만, 사업하는 사람 누군들 노력을 아끼지 않겠는가? 운이 좋았다. 성공한 이야기가 사람들 사이에 회자했고, 자신의 이야기를 듣고 싶어 했다. 그저 열심히 했을 뿐인데 사람들은 자신만의 독특한 비결을 듣고 싶어 했다. 사람들이 모인 자리에서 평범한 이야기를 했을 뿐인데 기자와 학자들은 이론과 방법론으로 포장한다. 청중들은 사업에 성공한 독특한 비결에 그치지 않고, 살아온 삶과 사회적인 문제에까지 의견을 요구한다. 존경과 애정이 가득한 얼굴로 한마디도 놓치지 않겠다는 자세로 덤빈다. 자신의 생활과 생각, 고민과 느낌까지 존중하는 사람들을 만나는 일이 즐겁다. 사업에만 몰두하며 지냈던 시절, 힘든 결정과 고민거리가 가득한 현장으로 돌아가기보다 오랫동안 잊었던 꿈, 사회를 바꾸고 세상을 바꾸고 싶은 욕심이 생긴다. 그래서 모임의 강사로 나서고 정치인으로 나선다. 물론 본업은 경영자이고 강사와 정치는 취미고 부차적인 일이다.

조교사라는 직업이 있다. 사전적으로 말을 가르치고 길들이는 사람이다. 동물을 가르치는 사람 가운데 말을 가르치는 사람만 조교사라 부른다. 실제로는 더 많은 역할을 하는데 프로구단의 감독쯤으로 생각하면 된다. 10여 명의 직원과 함께 경마 선수인 말을 선발하여 훈련하고, 경주 작전을 수립하고, 관리하는 일을 한다. 중소기업 사장의 역할이다. 직원들은 각자의 역할을 맡아서 체계적으로 움직인다. 마구간을 관리하는 사람, 훈련을 담당하는 사람, 경주 계획과 상대의 작전을 분석하는 사람 등 역할을 나누어 진행한다. 이 체계가 안정되고 특별한 일이 없으면 마방은 조교사가 없어도 돌아간다. 자리를 잡은 중소기업에서 사장이 크게 할 일이 없는 것과 유사하다. 그럼 조교사는 무엇을 할까? 일부는 그래도 현장에서 모든 것을 챙긴다. 다른 일부는 골프를 시작한다. 어떤 이는 의욕적인 일을 시작한다. 대학에서 강의하거나, 다른 사업을 시작하거나, 심지어는 다른 경마장에서 또 다른 조교사 개업을 한다. 취미이고 부업이다. 과연 잘할 수 있을까?

승마장에서 만나는 중년층은 취미로 꾸준히 타는 사람들이다. 젊은 시절 살아남기 위해, 가족을 부양하기 위해 한눈팔지 않고 열심히 사업에 몰두하거나, 또는 병원을 운영해온 사람들이다. 이제는 자녀들도 장성했고 사업도 자리를 잡아 경제적으로 여유가 있다. 사업을 위해 골프도 열심히 쳤고 수영과 테니스도 했다. 부부가 함께할 수 있는 스포츠, 나이 들어서도 즐길 수 있는 스포츠, 사치스런 고급 스포츠로 승마를 한다.

"승마를 잘해서 선수가 되고 싶으세요?" 물으면

"아뇨. 취미로 타는 거죠."라고 답한다.

취미는 사전상의 의미로 '전문적으로 하는 것이 아니라 즐기기 위해서 하는 일'이다. 그런데 취미로 시작한 일이 도를 지나치는 경우가 가끔 생긴다.

요즈음 승마로 생활이 바뀐 사람을 만난다. 승마로 인해 사업에 어려움을 겪고 아예 승마와 관련된 일을 하는 사람. 지금까지 잘하던 사업을 어느 날 그만두고 승마장을 하겠다는 사람. 아예 다른 일은 관두고 승마장에서 말만 타는 사람을 보게 된다. 다른 분야에선 보기 힘든 일이다. 큰 욕심 없이 시작한 승마에 중독된 게 아닌가 하는 생각이다. 우연한 기회에 말을 접하고 승마를 시작하게 되었다. 재미있고 즐겁다. 새로운 기술과 느낌을 얻는다. 레슨을 받으면 승마가 더욱 충실한 느낌이고 좋은 안장을 가지면 승마가 더 잘된다. 더 좋은 말을 타면 더 나은 느낌과 기술을 구사할 수 있게 된다. 주위에서 대회에 한번 출전해 보라고 한다. 대회에서는 더 나은 기술을 구사하는 말을 보게 되고, 그래서 새롭게 도전해야 할 목표가 생긴다. 더 나은 말로 더 고급의 기술을 구사하고 싶다.

늦은 밤 침대에 누우면 승마장에 있는 말이 생각난다. 승마할 때의 천상의 쾌락이 몸으로 느껴지고, 내일 함께할 운동이 떠오른다. 일어나자마자 말이 보고 싶어 직장에 가기 전에 잠시 들러 말을 보고 가자는 생각을 한다. 말과 시간을 보내다 보면 '몇 가지만 전화로 지시하면 내가 없어도 회사는 돌아간다는' 데 생각이 미치고, 통화 후에는 승마장에 눌러앉는다. 이런 나날이 계속되다 어느 날 회사에 가보면 돌이킬 수 없는 상황이 되어버린다. 이렇게 하다 잘 나가는 사업체를 두 번이나 날린 사장님을 봤다.

벤처 1세대의 종말이 아쉬움을 주고 있다. 한글과 컴퓨터 창업자인 이찬진 씨의 경우 국회의원 활동 이후 경영상의 어려움에 봉착해 경영권을 매각했다. 골드뱅크의 김진호, 새롬기술의 오상수 등은 주가조작과 분식회계 등으로 비운의 주인공이 됐고 많은 벤처기업가가 어려움을 겪고 있다. 한때 크라이슬러의 기적이라고 불렸던 아이아코카, 기아자동차의 봉고 신화 김선홍 회장도 끝내 좋은 결실을 보지 못했다. 왜 그랬을까? 다른 이유도 있겠지만, 이들의 외도도 하나의 이유로 꼽는다. 성공한 사업가가 아니라 유명세를 타고 강연에 나서고 본인 스스로 스타 강사, 철학자가 되어버렸다는 것이다.

어느 곳이든 그 일에 목숨을 거는 사람들이 있다. 조교사도, 벤처기업도 수많은 경쟁자가 있다. 그 경쟁자 가운데는 그 일에 목숨을 걸고, 그 일로 승부를 보려는 사람이 있다. 고대 로마시대와 16세기 르네상스 시대에는 모든 분야에서 뛰어난 활약을 보이는 천재가 있었다. 경쟁이 치열한 현대사회에서는 전 학문을 관통하는 천재를 만날 수 없다. 그러기에는 너무나 복잡하고 지식이 광범위하다. 취미와 본업 두 가지를 동시에 잘할 수 있다는 생각에는 그 일에 목숨을 거는 경쟁자에 대한 무시가 깔려 있다. 나아가 세상이 만만하다는 믿음이 깔려 있으며 세상을 무시하는 오만함이 있다.

위대한 기업의 경영자는 결코 이 길을 가지 않았다. 히든챔피언 기업들은 회사가 자신의 운명이었고 유일한 길이었다. 그들의 꿈은 밖에서 유명해지는 것이 아니라 자신이 만든 기업을 영속적으로 키우는 것이었다. 또 다른 이들은 기업을 전문경영인에게 맡기고 자신이 하고 픈 길을 갔다. 정몽준 의원이 그랬고 빌 게이츠가 그랬다.

승마인에게는 꿈이 있다. 움직일 때마다 근육이 햇살에 반짝이는 흑마를 타고 갈대밭을 한없이 달리는 꿈, 먼 지평선 위로 하얀 구름이 떠가는 갈대숲을 발굽에 갈대가 스치는 소리를 들으며 달리는 꿈, 말을 달려 거친 숨소리와 얼굴을 스쳐가는 풀잎 내음 가득한 바람의 향기와 온몸으로 전해오는 말의 움직임을 느끼는 꿈도 있다. 파도가 꿈결처럼 모래를 쓰다듬는 해안에서 끝이 보이지 않는 바닷가를 달려 말발굽이 쳐내는 물방울을 맞는 꿈도 있다. 혹은 4월의 첫 번째 토요일, 새잎이 산을 덮은 마장에서 누구도 제대로 못 다뤘던 꼴통 말의 목을 내리고 앞다리를 직선으로 쫙쫙 뻗게 해서 주위 사람의 감탄을 자아내게 만들겠다는 꿈도 있다. 그 꿈에 대한 집착이 커가는 자신을 발견할 것이다.

봄 햇살이 나뭇잎에 반짝일 때, 사무실에 앉아 며칠 동안 기를 쓰고 해결하려 했지만, 여전히 풀리지 않는 난제에 부딪혔을 때, 귀에는 '따그닥 따그닥' 발굽소리가 들린다. 말 위에서 맡는 바람 내음이 느껴진다. 온몸을 흔드는 그 기막힌 반동이 유혹한다. 다음 순간 '말의 영혼 The Soul of a Horse'의 저자 죠 캠프 Joe Comp 의 말을 떠올린다.

"당신은 부자가 될 수 있다. 말을 가질 수도 있다. 하지만 둘 다를 가질 수는 없다."

하프스톱 half stop

승마인 : 당신이 승마와 경마를 알아야 하는 이유

국내 승마 인구는 2015년 현재 4만 3천 명 정도다. 천 명당 한 명인데 크게 네 그룹으로 나눌 수 있다.

첫 번째 그룹은 중견·중소기업의 경영자와 가족, 의사와 변호사 등 전문직 가족이다. 이들은 우연한 기회에 지인을 통해 승마를 접하고 몇 번 경험한 뒤 자신의 전용 말을 사서 코치에게 레슨받으며 체계적으로 승마를 배운다. 사업이 자리 잡고 자녀도 장성한 여유 있는 계층이다. 승마장의 VIP로서 10년, 20년 이상 장기간 승마를 취미로 즐긴다. 이들의 자녀도 부모를 따라 승마하는 경우가 많다.

승마장에서 만나는 두 번째 그룹은 골드미스와 노총각 직장인들로 동호회 형태로 승마를 시작한다. 미혼인 이들은 결혼해서 애가 생기면 승마장에 올 시간도 없고, 내집마련과 노후준비로 경제적 여유도 없기 때문에 대부분 승마를 그만둔다.

세 번째 그룹은 엘리트 승마인이다. 승마 인구의 10퍼센트 미만이니 4천 명쯤 된다. 중·고등학교 때부터 승마선수로 활약하고 승마특기자로 대학에 입학한 사람들이다. 이후 국가대표급 실력을 가지면 계속 승마선수로 활동하지만, 대부분은 승마장에서 레슨코치로 활동한다.

마지막으로 VIP 승마를 즐기는 그룹이다. 이들은 자신만의 승마장을 가지고 혼자 승마를 즐긴다. 후진타오·시진핑 중국 주석은 전용 승마장을 가졌고, 박정희 대통령도 청와대 한 편에 승마장을 마련해서 즐겼다. 북한의 김정은도 여동생과 고모가 타는 전용 승마장이 있다고 들었다. 이건희, 이재용 부회장은 삼성승마단을 만들어 즐겼고, 한화 김승연 회장도 용인에 승마장을 가지고 있다. 이들 외에도 혼자 즐길 목적으로 승마장을 만드는 사람이 꽤 있다.

그 외에 마사회의 승마보급 프로그램인 말타기 운동으로 승마하는 사람, 승마 체험을 위해 오는 사람도 있지만 1천 명이 시작하면 999명이 1년 내 그만둔다.

유럽에서 승마는 축구, 테니스 다음으로 꼽히는 인기 스포츠다. 한국과는 달리 어렸을 때부터 학교에서 승마를 배운다. 심지어 뉴욕 같은 국제도시에도 초등학교에 승마시설이 있다. 여기에는 두 가지 현실적인 이유가 있다. 먼저 영국과 미국에서는 명문대학에 입학할 때 스포츠 특기가 필수조건이다. 아무리 성적이 좋아도 스포츠 특기가 없으면 입학이 불가능하다. 영국에서는 폴로와 승마를 상류층의 스포츠로 분류한다. 경제력 있는 상류층에게는 누구나 할 수 있는 야구나 축구 같은 대중스포츠보다 승마나 펜싱, 테니스와 같은 고급스포츠가 특기 보유에 상대적으로 유리하다. 이런 이유로 미국, 영국, 홍콩, 일본, 유럽, 중동의 상류층 아이들은 사립초등학교에서 필수과목으로 승마를 배운다. 두 번째 이유는 보기 좋은 체형을 만드는 데 승마가 탁월한 효과를 가졌기 때문이다. 모든 스포츠가 어깨와 허리를 숙이는 자세를 취하는데 반해, 승마는 유일하게 허리를 꼿꼿이 펴고 목표 지점을 지긋하게 쳐다보는 자세를 요구한다. 어릴 때부터 승마하면 굽은 등과 어깨가 펴지고, 길고 반듯한 다리와 날렵한 몸매를 만든다.

이들이 성장해서 사업에 성공하면 경마에도 관심을 갖고, 경주마를 가진 마주로 자키클럽멤버(Jockey Club Member)가 된다. 영국과 홍콩, 일본의 성공한 많은 비즈니스맨이 경주마를 가진 마주들이다. 이들과 저녁 식사에서 만나면 처음엔 와인이 화제가 되지만, 이내 화제는 말로 넘어간다. 말(horse)을 모르면 그들과의 인간적인 소통은 포기해야 한다. 말과 승마, 경마를 모르면 영원히 이방인으로 남는다.

22

괴물은
　　불구를 **극복한다**
- 불황과 혁신

　　괴물 The monster. 말을 아는 사람들 사이에서는 십수 년 만에 정말 뛰어난 말이 나타나면 괴물이라고 부른다. 미국에서는 유령 Ghost 이라고도 부른다. 2013년 7월 일본의 명품 백화점에 황금 말이 등장했다. 실물 크기로 만든 말이었다. 인형은 하나에 2,014엔에 판매했다. 말의 이름은 '오구리캡'이다. 혈통도 좋지 않았고 태어날 때부터 다리가 휘어서 일어나지 못했다. 사람이 안고 초유를 먹여야 했다. 보잘것없는 이 말은 변두리의 경마장에서 데뷔한다. 1988년 첫 경주에서 2등을 했다. 그리고는 내리 2연승, 다시 2등 한 번을 하고는 여덟 번을 연속으로 우승했다. 혈통도 볼품없고 다리도 불구인 말이 오로지 근성 하나로 상대를 제압하는 모습에 일본의 젊은이들이 열광했다. 변두리 경마장에서 뛰게 해서는 안 된다는 항의가 쏟아졌다. 그는 중앙무대로 진출했다. 일반 경주는 뛰지 않고 오로지 대상경주에만 뛰어서 12승을 거두었다. 마지막 경주마저도 특유의 근성으로 우승한 오구리캡은 일본인의 폭발적인 사랑을 받았다. 2010년 7월, 25살의 나이로 세상을 떠나자 공영방송 NHK는 특집 방송을 마련했다. 이 말을 사랑하는 사람이 얼마나 많았는지, 또 얼마나 깊이 사랑했는지 방송은 '오구리캡교 교주'라 불렀고 회색 괴물이라고 불렀다. 서울 경마장에도 괴물이 나타났다. 2세에 그랑프리 대회 우승후보, 골프로 표현하면 초등학생이 US 오픈 우승 후보라고 생각하면 된다. 지금까지 2세마가 그랑프리 대회에 출전한 적이 없어서 주최 측은 규정을 새로 만들어야 했다. 경주에서 3위에 그쳤지만, 하루가 다르게 성장하여 3세 때는 한국에서 상대할 말이 없는 경주마로 자리매김했다.

옛이야기가 되어버렸지만 2008년 베이징올림픽에서 가장 두드러진 사건은 수영 자유형 400m 박태환의 금메달 획득과 육상 단거리 경기에서 자메이카가 메달을 싹쓸이한 사건이다. 박태환의 금메달은 격투기만 잘하는 나라로 알고 있던 외국인에게 한국을 기초 종목에도 강한, 질적으로도 뛰어난 스포츠 강국임을 인식시켰고 서양인의 독무대로 여겨왔던 수영에서의 메달은 베를린 올림픽의 손기정, 바르셀로나 올림픽 황영조의 금메달과 더불어 한국 스포츠의 획을 긋는 사건이라고 평가한다.

우리는 생각하지 못한 기쁜 사건을 접하면 흥분과 감동을 하고, 그 상황을 몇 번이고 회상해 본다. 흥분이 가라앉을 즈음이면 어떻게, 왜 그런 일이 가능했는지를 궁리해 보게 된다. 세인의 기대를 뛰어넘는 결과였던 만큼 금메달 획득 비결에 대한 추측도 난무했다. 당사자는 비결이 인내와 피나는 노력의 결과라고 말하지만, 사람들은 그에 만족하지 않고 좀 더 별난, 새로운 증거를 요구한다. 박태환의 경우 아버지로부터 물려받은 엄청난 폐활량, 어머니로부터 물려받은 유연성, 피로를 잘 느끼지 않는 뛰어난 젖산 내성 능력, 천부적인 부력, 완벽한 좌우대칭형 몸매가 비결로 지목됐다. 자메이카의 단거리 육상 제패는 서부 아프리카 흑인 조상들의 유연성과 액티넨 A라는 특이 유전자, 자양강장에 뛰어난 자메이카 특산물인 '참마'의 장기 복용이 비결로 거론됐다.

기업 경영 평가에서도 이와 유사한 일이 일어난다. 우리는 어느 국가, 어느 기업이 뛰어난 성과와 경쟁력을 보이면 원인을 알고 싶어 한다. 특히 외적 여건에 관심을 갖는다. 그래서 지정학적 위치, 우수한 인력 공급, 정부의 산업정책, 기후와 천연자원, 심지어는 까다로운 소비자의 취향까지 다양한 외적 여건을 제시한다. 박태환이 뛰어난 부모로부터 물려받은 유전자(혈통)와 타고난 신체조건 때문이고, 구글과 토요타가 그 나라의 외적 여건 때문이었을까? 연구결과를 보면 유리한 여건에서 뛰어난 경쟁력이 도출되기보다, 열악한 여건에서 독보적인 경쟁력이 키워진 예가 더 많다. 박태환 선수 또한 서양 선수에 비해 왜소한 체격과 약한 허리를 갖고 있었고, 비염 때문에 잠영 거리가 짧다는 단점이 있었다. 이를 극복하기 위해 그는 몸의 중심을 가슴에 두고, 좌우로 호흡하며 발의 움직임을 자유롭게 변화시키는 수영법을 개발했다. 마이클 포터도 유명한 '경쟁론'에서 오늘날의 도요타 자동차가 있게 한 적시생산시스템(JIT)이 비싼 땅값을 극복하려는 과정에서 나온 혁신이라고 설명한다. 신화창조라는 방송을 통해 소개됐던 세계적 경쟁력을 보유한 우리 중견기업들도 지난 1997년 외환위기로 부도의 위협에 직면했을 때 새로운 제품을 개발하고 시장을 개척한 경우가 많다. 우리나라 대표 기업들도 마찬가지다. 지금은 세계 최고의 경쟁력을 보유한 반도체·조선·자동차·철강 산업은 유리한 조건이라고는 찾아보기 힘든 상황에서 출발했다. 철강만 해도 1960년대 포항제철소를 건설할 때 국내외 경제전문기관은 원료 수입에 필요한 외화액이 우리나라 전체 수출액보다 많아, 원료 수입액을 감당할 수 없음을 근거로 일본에서 철강을 수입해 사용하는 것이 제철소 건립보다 유리하다고 판단했다. 포스코는 자본과 자원이 없었기에 세계에서 가장 짧은 공기로 제철소를 건설했고, 외화가 부족해서 원료 수입 비용이 부담스러웠기 때문에 지속적인 혁신으로 효율을 높일 수 있었다. 이렇게 해서 오늘날 세계 최고 수준의 원가경쟁력과 효율성을 보유한 철강회사가 탄생했다. 최근에는 중국의 철강 투자 확대로 인한 철광석 가격 상승과 철광석 품질 저하가 세계 최초의 파이넥스 공법 개발의 계기가 되었다.

영국의 통계학자 골턴은 별의별 것을 다 측정했다. 그는 열렬한 우생 학자여서 자녀는 우수한 부모에게서 우수한 형질을 물려받는다는 주장을 확인하는 작업도 했다. 골턴은 당시 영국 사회에서 부모가 모두 우수한 두뇌를 가진 자녀들을 조사한 결과 16퍼센트의 자녀가 우수한 두뇌를 가진 것으로 나타났고, 2대가 지나면 4퍼센트로 떨어진다는 결론을 도출했다. 언뜻 들으면 실망스럽겠지만 골턴의 추가조사에서는 당시 영국 사회에서 우수한 두뇌를 가진 사람은 4천여 명에서 5천명 가운데 한 명으로 나타났다. 0.025퍼센트이다. 이것이 사실이라면 말 소유주는 명문 가문의 말을 수백, 수천 배를 지불해도 된다는 결론이 나온다. 그러나 오랜 경주마 생산 연구가의 분석에 따르면 경주마가 조상으로부터 물려받는 것은 성적이나 앞으로 받을 상금이 아니라 자신의 몸값이라는 것이 분명해지고 있다. 경주마 '스마티문학'이 뛰어난 능력을 보이니 사람들은 그의 부마인 스마티존스의 피를 물려받았기 때문이라는 해석을 내놓았다. 하지만 그의 아들 가운데는 성적이 바닥을 치는 말이 수두룩하다. 경마장에서 뛰는 말 가운데 아비말이나 조부마가 뛰어난 명마가 아닌 말은 찾기 어렵다. 그럼 타고난 신체조건 때문일까? 말에 관심 있는 사람들은 말이 생긴 모양, 마체에 엄청난 관심을 갖는다. 안목도 필요하다. 골격과 근육이 과학적으로나 생물학적으로 운동능력을 제한하지 않는지 꼼꼼히 따진다. 마체분석馬体分析에 대한 책도 많고 모두 두꺼운 책이라 읽는 데는 긴 시간과 인내를 요구한다. 마체학 책을 다 읽으면 예외 없이 마지막 페이지에 다음의 글이 나온다.

"지금까지 말의 운동능력과 마체를 살펴보았다. 하지만 이러한 지식이 전부가 아니라는 점을 명심해야 한다. 세계 최고의 말들이 겨루는 경주에서 보면 마체가 형편없는 말이 다수이고, 변두리 부진마 경주에서도 완벽한 마체를 가진 말을 찾을 수 있다."

오구리캡은 혈통도 형편없고 마체는 더욱 엉망이었다. 미국민의 사랑을 한 몸에 받았던 '시비스킷' 또한 구부정한 다리에 왜소한 체격이었다. 생김새로 보면 어디에도 사용할 수 없는 말이었다. 벽두의 아비말인 컬른 또한 선천적으로 다리 질환을 가지고 있었다. 영화 '챔프'의 소재가 되었던 루나는 절름발이 말로 서 있기만 해도 다리를 떨었다. 하지만 경주에만 나서면 뛰려는 투지가 대단했다. 그래서 사람들은 믿는다.

"말은 허파로 달리고, 심장으로 버티며, 의지로 승리한다."라고.

뛰어난 기업의 성공 비결 또한 기업이 처한 여건 때문이 아니다. 임직원 모두가 열심히 일하고, 경쟁에서 이기고 반드시 성공하겠다는 의지가 성공 요인이었다. 지극히 간단한 진리다. 2016년 이후 한국경제는 순환기적 위기가 아니라 구조적 위기에 처해 있다. 가계부채 누증으로 소비자들은 쓸 돈이 없다. 소비를 하지 않으니 투자도 없다. 인구절벽과 저성장 기조 정착이 눈앞에 있다. 대부분의 기업인이 외환위기 때보다 더 어렵다고 한다. 하지만 대외 여건의 악화는 종종 우리에게 개선과 혁신의 기회를 제공하고, 이를 통해 우리의 경쟁력이 한 단계 높아지는 계기가 된다는 점도 잊어서는 안 된다.

23

말의 죽음
- 신사업의 안락사

　인간에게 가장 위험한 동물은 무엇일까? 당사자에겐 억울하겠지만 말馬이다. 사실 말은 사자보다 무섭다. 미국동물협회에 따르면 한 해 동안 말로 인해 사망한 사람은 20여 명에 이른다. 가장 무섭다는 사자에게 위해를 당한 사람은 단 한 명이고, 뱀에 물려 죽는 사람이 5.5명, 곰의 습격을 받아 죽는 사람이 0.5명이다. 사실 말에게는 억울한 일이다. 미국의 경마장에서는 매주 24마리의 경주마가 사고로 죽는다고 한다. 연간으로 따지면 1,250마리가 인간의 손에 죽어 나가는 것이다.
　기업경영에서 가장 위험한 활동은 무엇일까? 기업을 부도에 이르게 하는 활동은 다양하다. 경쟁사가 출현했는데도 적절히 대응을 못한다든가 경쟁환경이 바뀌거나 기술이 급변하는데 여기에 대응하지 못한 경우, 경기의 급격한 하락과 외부의 충격 등이 거론된다. 그러나 이런 충격으로 기업이 일시에 몰락하거나 망하는 경우는 드물다. 상당 기간 동안 어려움을 겪고 기업 활동이 위축되겠지만, 궁극적으로는 대응책을 찾거나 차세대 기술의 개발로 일어선다. 사실 기업의 성적을 장기간에 걸쳐서 살펴보면 예외 없이 평균적인 성적을 거둔다. 지금 성적이 좋은 기업은 성공의 자만으로 게으르고 나태해지기 쉽고, 경쟁이나 시장을 만만히 보게 되어 점차 성과가 하락한다. 부진에 빠진 기업을 그대로 버려두는 경영자나 주주는 없다. 기업이 부진에 빠지면 구조조정이나 경영자 교체 등을 통해 부진 탈출에 안간힘을 쓴다. 그래서 장기적으로는 실적이 회복된다.

기업활동에서 가장 위험한 때는 신사업을 벌일 때이다. 특별한 사업모델이나 신기술을 통해 사업을 확장하여 경영학의 우수기업 사례로 등장하면 어김없이 몇 해 안 가서 부도나 도산으로 화제가 된다. 엔론이 그렇고 월드컴이 그랬다. 우리나라에서도 외환위기 때 신사업을 활발히 추진한 기업, 소위 문어발식 확장에 열을 올린 기업들이 외환위기를 겪으면서 연이어 쓰러졌다. 율산, 나산, 한보, 쌍용, 대우, 진로 등의 기억이 새롭다.

서울경마장에서도 매주 경주마가 죽어 나간다. 말의 소유주인 마주와 프로구단의 감독 격인 조교사는 경주가 있을 때마다 경주의 승패보다는 말의 부상에 더 신경을 쓴다. 아프지만 않으면 경주마의 컨디션은 싸이클이 있어서 언젠가는 우승할 수 있다. 경주 중 부상은 주로를 한 바퀴 돌아 결승선에 나오기 직전인 4코너에서 일어난다. 반대편 직선주로를 뛰다가 코너가 시작되는 지점에서 말은 한꺼번에 몰리고 최고속도를 내면서 달리다 급회전을 해야 한다. 회전하면서 결승선을 앞둔 지점에서 다시 한번 가속한다. 이때 갑자기 경주를 중계하는 모니터에서 자신의 말이 사라지면 사고가 난 것이다. 핸드폰이 울리고, 조교사 대기실에서 경주를 지켜보던 조교사는 급히 주로로 뛰어나간다. 경주마를 뒤따라오던 앰뷸런스에서 기다리던 수의사가 말의 상태를 알려준다. 대부분 "왼쪽 앞다리가 완전히 골절되었습니다. 안락사시켜야겠습니다."라는 의견을 듣는다.

조교사는 마주에게 전화해야 한다. 경주마는 마주의 재산이므로 조교사가 맘대로 처분할 수 없다. 마주의 허락이 있어야 안락사시킬 수 있다. 조교사가 곤혹스러워하는 상황이다. 이보다 더 힘든 상황이 있다. 마주와 통화가 되지 않는 경우다. 마주는 대부분 사업하는 분이고, 경마장에 나오는 사람은 소수다. 주말이면 접대와 골프, 사업차 출장으로 자리에 없다. 말은 고통에 겨워 거품을 물고 흰 눈동자를 번뜩이며 다리를 허공에 내젓는다. 부서진 다리를 움직일 때면 차라리 눈을 감는다. 마주에게 연락은 되지 않고, 망아지 때부터 자식보다 더 소중히 키운 경주마는 고통으로 허공에 다리를 휘젓는 상황, 눈물을 삼키면서 안락사시키려는데 마주에게는 연락이 되지 않는다.

가장 힘든 상황은 따로 있다. 어렵게 연락이 닿은 마주가 결정을 내리지 못하는 경우다. 조교사도 입술을 깨물고 흐르는 눈물을 닦으면서 안락사가 불가피함을 알려도, 마주가 말에 대한 연민과 애정을 버리지 못해 "치료하면 가능성은 없느냐? 줄기세포 치료가 신통하다던데 가능하지 않느냐, 혹 경주마로는 못 쓰더라도 승마용이나 관상용으로 살려서 보내는 방법은 없느냐, 어떻게 말의 목숨을 내가 끊을 수 있겠느냐?"고 하면서 결정을 내리지 못한다. 차라리 말에 대한 애정이 눈곱만치도 없어서 말의 고통을 무시하고 안락사시키지 말고 육용으로 넘기라고 하는 마주는 돌아서서 욕하면 그래도 낫다. 그러면 빨리 말을 실어서 지체 없이 도살장으로 가라고 하면 된다. 말이 안락사하면 처리비용과 화장에 80만 원의 비용이 든다. 안락사하지 않고 육용으로 쓰면 80만 원을 받을 수 있다. 마주 입장에서는 160만 원의 차이가 난다.

신사업에서도 사업을 시작하면 사업계획서는 서랍에 넣고 잊어야 한다. 사업은 생각하거나 계획한 대로 이루어지는 법이 없다. 신사업에서 가장 위험한 경우는 잘못된 사업을 시작하는 것이 아니다. 언뜻 보기에 불가능한 아이템도 막상 해보고 조금씩 방법을 모색하다 보면 성공하는 경우도 있다. 누가 봐도 성공할 것 같은 사업도, 막상 시작해보면 생각하지 못했던 장애물이 나타나 추락하는 경우가 많다. 사업을 시작해 보기 전에는 알 수 없다. 정작 신사업 추진이 위험한 것은 그만두어야 할 때 그만두지 못하는 것이다. 결정해야 할 때 결정하지 못하는 것이다. 회사의 명운이 걸린 사업이거나 생사가 걸린 사업이 아니라면 객관적으로 냉정하게 판단하여 중지하여야 할 때 중지해야 하는데 그 기회를 놓치는 것이다. 안락사 결정을 내리지 못하고 헛된 기대를 갖는 것이다. 신사업은 진행이 될수록 들어가는 자금이 커진다. 단순히 몇 명의 인력이 계획서를 작성하는 단계에서, 실험실에서 시제품을 만들어 보는 과정, 데모 플랜트를 건설하는 과정, 대량 생산설비를 만드는 과정, 시장 출시 과정 등 단계가 지날수록 비용은 기하급수적으로 늘어난다. 그리고 본격적으로 시장에 출시하면 엄청난 고정비와 생산비용으로 감당할 수 없는 수준이 된다.

신사업을 시작하면서 단계마다 새로운 정보가 들어오고 그럴 때마다 주의 깊게 보면 사업의 성패에 대해 느낌이 온다. 신사업 담당자는 어떻게든 그 프로젝트를 계속하려고 한다. 그 열정과 노력, 밤새운 날들을 생각하면 경영자는 마음이 약해진다. 요행을 바라고 프로젝트 책임자의 말을 믿고 싶어진다. 대부분의 기업이 그렇게 머뭇거리다 파멸의 길로 들어선다. 신사업의 성공률이 높은 기업은 다르다. GE나 3M과 같은 기업은 가능성이 없다고 확인되는 순간 가차 없이 탈락시킨다. GE의 경우 CONSER라는 제도가 있어서 여섯 단계별로 리스크

관리책임자가 가능성을 점검한다. 리스크 담당자가 전문적인 질문과 문제점을 제시하고 이 의문에 제대로 된 방안을 제시하지 못하면 프로젝트는 그대로 폐기된다. 우리에게 알려진 3M의 포스트잇도 성과가 몇 년간 없어 회사에서는 중단시킨 사업이다. 가능성이 없다는 판단이 서면 신사업은 아쉽더라도 안락사시켜야 한다.

말이 부상으로 경주중지가 되는 것은 돌발적으로 한순간에 일어나는 경우가 드물다. 무언가 느낌이 있고 대부분 사전에 예후가 있다. 예를 들면 말의 컨디션이 좋지 않다는 징후가 있고 첫 번째 코너를 돌면서 옆에 오는 말과 부딪히거나, 회전으로 인해 무리한 충격이 가해진다거나, 좋지 않은 상태에서 마지막 코너에서 결정적인 충격이 가해진다는 식이다. 기수는 첫 번째, 두 번째 예후가 나타날 때 중지시켜야 하지만 대부분 그렇게 하지 않는다. 경주를 마칠 수 있을 것이라는 기대가 있고, 경주를 중단하고 난 뒤 말을 검사한 결과 눈에 띄는 이상이 없다면 경주를 고의로 중단했다는 의심을 받게 된다. 의심스러우면 경주를 중단하는 것이 옳은 결정이다. 이미 말이 돌이킬 수 없는 상황이면 연민을 가져서도 안 된다. 말을 위해서도 불행한 일이다. 뛰어난 마주는 안락사로 신속하게 숨을 끊어 준다. 말을 모르는 마주, 말을 모르는 조교사가 부질없는 희망과 연민을 갖는다. 결과적으로 모두가 불행해진다.

대부분의 생산직 근로자들은 니어미스 near miss 라는 단어를 잘 안다. 미국의 보험사 간부이던 하인리히는 산업재해를 통계적으로 분석한 결과 중상자 1명이 발생하는 사고 이전에 평균 29건의 경상사고와, 부상자가 발생할 뻔한 경미한 사고가 약 300건 있었던 것을 확인했다. 대형 사고에 앞서 일어나는 예고 성격의 가벼운 사고가 생기더라도 심각하게 받아들이지 않거나 적절한 대책을 마련하지 못한다는 것이다. 니어미스만 잘 인지하고 사전에 바로 잡아도 대형사고는 거의 막을 수 있다. 정작 니어미스를 관리할 것을 강조하는 경영자들이 신사업의 니어미스는 알아채지 못한다. 신사업 단계마다 산업환경, 경쟁자, 수요처, 원료공급처, 규제 동향 등을 점검하면 무언가 느낌이 온다. 사업이 생각보다, 계획한 것보다 늦어진다면 늦어진 문제점을 해결할 수 있는지, 새로운 장애가 얼마나 있을지에 대해 느낌이 온다. 이런 징후들을 놓친다면 사업은 큰 손해로 이어진다.

회복 불가능한 부상을 입은 경주마에게 최고의 복지는 안락사다. 다리가 골절된 말은 치료과정에서 엄청난 고통을 겪지만 회복된 사례가 거의 없다. 인간적인 배려와 동정은 경주마를 더욱 고통스럽게 할 뿐이다. 신사업은 추진 결정보다 중단 결정이 더 어렵다. 실없는 연민과 미련은 기업을 더욱 어렵게 할 뿐이다. 니어미스가 여러 번 나타나거나 돌이킬 수 없다면 안락사시켜야 한다. 때로는 잔인한 결정을 내리는 것이 경영자의 의무다. 그래서 경영자다.

하프스톱 half stop

말의 수명, 말의 죽음 : 이익을 줄 수 없는 날

"말은 몇 살까지 살아요?"라고 묻는 사람을 많이 만난다. 이게 왜 궁금할까? 친구와 소주 마시며 먹는 삼겹살이 몇 년생 돼지인지, 불고기 먹으며 소가 몇 살까지 사는지, 통닭 뜯으며 닭이 몇 살까지 사는지 묻는 사람은 만나지 못했다.

인간의 수명도 논란이 많다. 행복수명·건강수명·자연수명이 있고, 의학적으로 가능한 수명이 있다. 대략 성장기의 6배를 의학적 수명이라고 본다. 건강하기만 하면 120세까지 살 수 있다는 말이다. 과거 의학과 식량이 부족한 시기에 인간의 수명은 30년에 불과했지만 21세기에는 90세를 바라보고 있다. 과학자들은 척추동물의 수명을 몸길이의 4분의 1승으로 추정한다. 이 기준으로 보면 2.4미터인 말의 수명은 대략 30세 전후가 된다. 한데 그럴까?

잠시 황당한 생각을 해보자. 외계인이 지구를 침공해서 인간을 사육한다면 인간의 수명은 몇 살일까? 이때 인간의 수명은 어떤 목적으로 사육하느냐에 따라 달라진다. 고기를 얻을 목적이라면 투입하는 칼로리 대비 단백질 증가가 최고점에 달하는 나이에 모두 도살할 것이다. 대략 사춘기 전후에 해당한다. 외계인은 조숙종을 개발하려 할 것이므로 더 이른 나이에 죽게 된다. 노동력을 얻을 목적으로 사육한다면 수명은 조금 더 길어진다. 일을 못 하는 50세 전후가 인간의 수명이 될 것이다. 반려동물로 사육한다면 수명이 더욱 길어진다. 현재와 비슷한 수명이 될 것이다. 이런 원칙은 인간이 기르는 모든 가축에 적용된다. 육용으로 기르는 돼지, 소, 닭은 성장이 끝나는 시점에 도살된다. 이들의 수명은 두 살 또는 세 살이다. 동력을 제공하거나 노동을 제공하는 일소나 경주마, 승용마는 그 일을 하지 못할 때까지 기른다. 경주마의 경우 능력에 따라 2세에서 10세까지 다양하고, 승마용 말의 경우 20세 후반까지 살아남는다. 반려동물인 고양이, 애완견은 자연수명을 모두 누린다.

자연상태의 야생마는 존재하지 않으므로 말의 수명은 사람이 기르는 말을 기준으로 해야 한다. 답은 인간에게 경제적 이익을 줄 수 있는 나이가 될 것이다. 육용으로 기르는 말은 2~3세, 경주마는 2세에서 10세, 씨수말은 뛰어난 말을 낳지 못하는 나이, 승마용 말은 20세 전후가 말의 수명이다. 기록에 나오는 최장수 말은 '올드 빌리'라는 영국말로 63세까지 살았다.

24

혼자 살 수 있어야
함께 **살 수 있다**
– 아웃소싱(out-sourcing)

    100미터 육상보다 더 짧은 경기가 세 시간 이어진다. 바람도 차가운 10월 첫 주, 하늘 맑은 가을 저녁, 관중의 흥분과 환호가 쏟아진다. 부상자가 속출하고 그 격렬함에 눈을 떼지 못한다. 해마다 이맘때면 미국과 캐나다, 남미의 아르헨티나에서는 로데오 경기가 벌어진다. 우리는 카우보이가 성난 황소 등에서 버티려고 발버둥 치는 모습을 연상한다. 엄청난 몸집과 예리한 뿔을 가진 황소가 광분하여 날뛰는 모습은 보는 이를 흥분시키기에 충분하다. 하지만 위험하기로 따지면 말 로데오가 더 위험하다. 야생마가 흥분하여 날뛸 때, 그 높이와 속도는 상상할 수 없을 정도다. 심지어 펜스를 뛰어넘어 돌진한다. 카우보이는 치명상을 입고 사망하기도 한다.

    로데오 경기는 말의 경기다. 소를 대규모로 방목하던 시절에 카우보이들이 길들지 않은 말을 타거나 송아지를 잡는 기술에서 유래했다. 가장 일반적인 종목이 말 위에서 로프를 던져 송아지 잡기, 송아지를 잡아 바닥에 눕히기, 안장 있는 야생마 타기, 안장 없이 야생마 타기,

거친 황소 타기 등 5가지 종목이다. 황소 타기가 흥행을 위해 특별히 도입된 종목임을 고려하면 로데오는 승마경기다. 송아지 잡기와 눕히기는 시간을 재는 경기이고 나머지는 심사위원이 자세와 기술 점수를 매긴다. 심사위원이 점수를 매기긴 하지만 기본으로 8초 이상은 버티어야 한다. 어떻게 버틸까? 말이나 황소의 어깨에 맨 로프가 없으면 버티지 못하고 나오는 순간 바로 날아간다. 그래서 로데오 선수가 목숨처럼 의지하는 것이 로프다.

초보 승마자가 목숨처럼 의지하는 것 또한 고삐다. 처음 말을 타면 고삐를 꽉 잡으라고 가르친다. 낙마하는 경우에도 고삐를 잡고 있으면 말이 놀라 튀면서 사람을 밟는 사고를 막을 수 있다. 또 사람이 땅에 떨어지기 전에 말이 고개를 들게 되므로 고삐를 잡고 있으면 공중에서 한 번 멈추었다가 떨어져 충격이 줄어든다. 매주 말을 타지만 500킬로그램이 넘는 말 옆에 서면 무섭다. 올라앉으면 의지할 곳이 없다. 등자에 발을 디디지만 몸이 굳는 순간 다리에 힘이 들어가고, 힘이 들어가는 순간 무릎이 올라가면서 등자는 빠져 버린다. 안장은 미끄러워서 흔들리는 말 위에서는 끊임없이 균형을 맞추어야 한다. 고정된 것은 고삐뿐이다. 그러니 목숨 걸고 고삐를 잡는다. 딱딱해져서 더 당길 수 없을 때까지 당긴다. 친구와 손을 잡고 실험해 보기 바란다. 잡은 손이 떨어지지 않을 정도로 잡아야 한다. 영어로 펌firm하게 잡아야 한다. 천천히 당기면 친구는 저항 없이 따라온다. 그런데 순간적으로 힘껏 당기면 어떻게 될까? 아무리 친한 친구라도 딱딱하게 버틴다. 오히려 끌려가지 않기 위해 당기게 된다. 얼굴을 찌푸리고 바로 반응한다.

"왜 그래?"

사람들은 손을 마주 잡고 많은 대화를 나눌 수 있다. 체온을 느끼고 상대의 의사를 알고 내 뜻을 전할 수 있다. 힘껏 잡고 세게 당기는 순간, 대화는 끝나고 전투가 시작된다. 말의 반응도 같다. 기분도 나쁠 뿐 아니라 고삐를 앞으로 당겨 버린다. 말은 내내 긴장상태가 되고, 고삐를 당기는 만큼 체중은 앞으로 향한다. 고삐의 힘이 조금만 약해지면 튕겨서 끌고 나갈 자세가 된다. 말이 당기는 힘은 정확히 1마력이다. 이쯤 되면 초보자는 호랑이를 탄 모양새다. 말은 당기고 있고, 고삐를 놓치거나 힘이 빠지면 말은 튀어나갈 형국이니 사색이 된다. 얼굴은 하얗게 변하고 살아야겠다는 생각밖에 없다. 한 시간 내내 1마력의 말과 싸우다 보면 – 내려서는 손을 들 수조차 없다. 몸은 파김치가 되고 장대비를 맞은 것처럼 온몸이 땀으로 젖는다.

이런 시간이 지나면 서서히 승마 자세가 안정되고, 교관은 고삐 없이 타는 것을 가르친다. 심지어는 장애물 선수에게 고삐를 잡지 않고 넘는 연습을 시킨다. 고삐의 연결을 통한 소통은 승마에서 최상의 경지다. 승마자와 말은 고삐를 통해 대화한다. 체중과 다리도 사용하지만 가장 중요한 소통의 통로가 고삐다. 고삐를 통해 말의 생각과 상태, 의도를 읽고 내 뜻을 전한다. 오른쪽으로 가자, 더 빠르게 가자, 고개를 좀 더 올리고 목을 수축시켜라, 짜증이 났구나, 오늘은 기분이 좋구나, 이 모두를 고삐를 통해 느끼고 전달한다. 어떻게 하면 고삐로 이런 소통이 가능할까? 역설적으로 고삐 없이 말을 탈 수 있어야 가능하다. 비로소 고삐 연결 rein contract이 되고 고삐를 통해 말과 대화할 수 있으며, 말과 내가 하나가 되어 움직이는 것이 가능하다. 고삐의 연결을 통해 말이 내가 되고, 내가 말이 되는 일체감을 갖게 된다. 고삐가 제대로 연결되면 내 손이 말의 입에 연결되어 있는 느낌이 들고, 줄로 이어진 고삐 끈이 고무줄처럼 부드럽게 늘어났다 줄어드는 느낌을 준다. 처음 고삐 연결이 된 경험은 모두가 잊을 수 없다. 말의 입, 고개, 등, 몸통, 다리가 하나로 연결된 느낌이다. 고삐 연결이 제대로 된다면 상급 기술을 가진 것으로 평가한다.

현대의 기업은 혼자 살아갈 수 없다. 이전의 원가관리는 재료비, 인건비, 소모품 등을 관리하는 것이었다. 모두 기업 내부 활동이다. 내부원가가 100퍼센트였다. 하지만 지금은 기업에서 원가관리와 원가회계를 하지 않는다. 원가의 대부분, 80퍼센트 이상이 서플라이 체인 supply chain 상에 있는 협력기업의 비용이기 때문이다. 현대 산업 통계를 보면 서비스 기업의 비중이 극적으로 증가했다. 앨빈 토플러의 예측 - 산업이 발달할수록 3차 산업의 비중이 증가한다는 - 이 맞아서일까? 가장 큰 이유는 기업 내부 활동의 대부분을 외부에 위탁하기 때문이다. 고상하게 아웃소싱 outsourcing 이라고 한다. 전에는 제조업의 비용으로 처리되던 관리비용이 모두 하청·협력업체로 넘어가고, 이들은 서비스업으로 분류되기 때문이다.

심지어는 기업 활동 전부를 외부에 의존하는 기업도 늘고 있다. 가구업체 까사미아의 예를 들어보자. 재료는 인도네시아에서 구입한다. 이 재료는 중국의 하청업체로 보내져서 생산되고, 생산된 가구는 한국으로 들어온다. 판매는 판매대리점이 한다. 까사미아는 무엇을 할까? 본사의 기능은 광고와 디자인, 이러한 기업을 관리하는 기능뿐이다. 나이키 또한 같다. 나이키가 하는 것은 디자인과 연구개발, 마케팅뿐이다. 기업경영환경이 이렇게 되었기 때문에 잭 웰치는 "21세기에 혼자서 1등을 하겠다는 기업만큼 어리석은 기업은 없다."고 강조했다. 선택과 집중으로 요약되는 경영 트렌드, 자신이 잘할 수 있는 분야만 남기고 나머지는 모두 외부업체에 맡긴다는 아웃소싱이 기업경영의 대세로 자리잡고 있다. 이것은 각자가 가진 강점을 서로 활용할 수 있어서 장점이 크다. 이 아웃소싱 전략의 문제점은 없는 것일까?

스탠퍼드대학교. 하버드대학교의 설립자가 하버드이듯, 이 대학은 스탠퍼드가 설립했다. 그는 미국의 동부와 서부를 잇는 횡단 철도를 건설하여 대단한 부를 쌓았다. 이후 스탠퍼드는 대학을 설립하고 실리콘밸리 일대의 땅을 기증했다. 실리콘밸리가 벤처산업의 본거지가 되면서 엄청난 수입을 안겨 주었고, 그 수입을 바탕으로 최고의 대학으로 부상했다. 스탠퍼드대학의 설립 토대가 되었던 철도산업은 어떻게 되었을까? 수송산업의 역사를 살펴보면 재미있는 사실을 발견할 수 있다. 초기 미국의 주요 운송수단은 선박이었다. 뉴욕이 수도로 발전한 것이나 플로리다에 부자들이 밀집한 것도 강을 끼고 있었기 때문이었다. 미국 북동부의 엄청난 농산물은 플로리다의 미시시피 강 상류로 모였고 이 곡물은 미시시피 강을 따라 유럽으로 수송되었다. 승객들도 배를 통해 이동했다. 선박에 의존한 운송은 화물을 생산지에서 항구로, 또는 항구에서 주변의 도시나 목적지로 이동하는 것이 어려운 문제점을 안고 있었다. 유럽에서 개발된 철도는 선박 산업의 구세주였고 곧바로 항구와 주요 도시 간에 건설되었다. 우리나라 최초의 철도인 경부선, 경인선도 화물을 항구로 보내기 위해 만들어졌다. 이제 화물과 승객들은 마차를 타고 기차역으로 와서 기차에 짐을 싣고 항구까지 가서 배를 타면 되었다. 철도의 건설과 함께 화물선과 여객선의 수요는 크게 증가했다. 철도시설이 부족한 지역에는 선박회사가 자금을 지원하여 철도의 부설을 돕기도 했다. 이렇게 철도가 부설되고 기술이 안정되자 모험적인 프로젝트가 시도되었다. 바로 미국의 동서를 잇는 철도건설이다. 당시에는 서부에서 동부로 가는 가장 효율적인 방법은 파나마 운하를 통해 배를 타고 가는 것이었다. 사람들은 항구까지 이동하지 않고 자신이 사는 도시에서 다른 도시로 바로 이동할 수 있게 되었다. 철도 수요가 폭발하면서 미국 전역을 잇는 철도망이 건설되고 철도는 더욱 편리해졌다. 철도가 운송수단의 주인공이 되면서 선박산업은 사양길을 걷게 되었다. 미국의 철도가 황금기를 구가하던 시점에 철도의 수요를 증가시킬 수 있는 새로운 발명품이 도입되었다. 지금까지는 - 서부영화에서 흔히 보았듯이 - 장거리를 철도로 여행한 다음, 철도역에서 집까지는 마차를 이용해야 했다. 도시의 경우 큰 문제가 아니었지만, 농촌에서는 철도역과 집과의 거리가 멀어 누군가 마차로 마중하지 않으면 난감한 상황에 처하기 일쑤였다. 자동차는 이 상황에서 해결책이 되었다. 자동차는 역까지의 거리가 먼 농촌 사람들이 먼저 구입하기 시작했고, 자동차를 타고 역까지 가서 세워놓고 여행 후 타고 돌아오면 되었다. 철도여행은 더욱 편리해졌다. 철도기업은 자동차가 철도 수요 확대를 돕는다는 생각에서 자동차산업의 육성에 적극적으로 노력했다. 선박업이 한 실수를, 자신이 혜택 받은 기억을 잊고 똑같은 실수를 했던 것이다. 오래지 않아 미국 전역을 잇는 고속도로망이 건설되었고 철도는 사양길로 접어들었다. 자신이 키우는 핏덩이가 강아지인지, 호랑이인지 모르고 키운 것이다.

마이크로소프트는 컴퓨터의 운영체계를 납품하는 회사였다. 당시 IBM은 거대한 컴퓨터 제국이었다. 산업의 매출은 컴퓨터 기기 판매에서 일어났고 컴퓨터를 사용하려면 운영체계가 필요했다. 마이크로소프트는 이 운영체계를 IBM에 납품했다. 컴퓨터의 확산이 일어나고 컴퓨터 기술이 발달했다. PC 가격이 떨어지면서 무슨 일이 일어났는지는 다들 잘 알 것이다. 이제 IBM은 마이크로소프트의 적수가 아니다. 인터넷 발전 초기 (주)네이버는 포탈서비스를 제공하는 회사였다. 인터넷망은 통신사업자, 그중에서도 KT가 장악하고 있었다. 하지만 지금은 KT가 2015년 겨우 적자에서 벗어난 반면, 네이버는 10배 이상의 기업가치를 가지고 있다. 선택과 집중으로 요약되는 경영 트렌드, 자신이 잘할 수 있는 분야만 남기고 나머지는 모두 외부업체에 맡긴다는 아웃소싱의 이면이다. 부가가치를 창출하는 분야는 항상 움직인다. 누가 미래의 부가가치분야를 확실히 알 수 있을까? 누구도 알 수 없는 미래의 부가가치에 대한 판단을 근거로 핵심역량만 남기고, 나머지를 아웃소싱한다? 참으로 위험한 도박이다. 판단이 맞더라도 문제는 있다. 둘 다 경영이 어려워지면 어떻게 할 것인가? 부품을 제공하던 기업이 공급을 중단하거나 사고가 일어나 폐업하면 어떻게 할 것인가? 업무를 대행하던 기업의 경영이 나빠졌을 때 우리 기업까지 경영이 좋지 않다면 어떻게 해야 하는가?

"내가 가장 힘들 때 그이가 큰 힘이 되어 주었어요." 연예인의 결혼이나 약혼 인터뷰에서 자주 듣는 말이다. 내가 힘들 때 그가 위로해 주고, 그가 힘들 때 내가 위로해 주면 얼마나 좋을까? 누구나 이런 사랑을 바란다. 그런데 둘 다 힘들 때는 어떻게 될까? 누군가는 자신의 힘듦을 견디고 자신의 아픔과 외로움을 견디고 상대를 위로해야 한다. 그러려면 혼자서도 살 수 있는 힘이 있어야 한다. 사랑? 결혼? 혼자 살기 힘들어서, 못 살아서 결혼했다? 그런 사랑은 실패한다. 상대를 사랑하지 못한다. 고삐 없이 말을 탈 수 있어야 진정한 고삐 연결이 이루어질 수 있다. 홀로 살아갈 수 있어야 내가 힘들어도 상대가 나보다 더 힘들 때 그를 위로해 줄 수 있다.

협력기업 없이도 모든 것을 할 수 있어야 협력기업이 힘들 때, 협력기업을 도울 수 있다. 협력기업이 넘어져도, 협력기업이 협력을 거부해도 살아남을 수 있다. 고삐에 의지하지 않아야 고삐 사용이 가능하고, 혼자 살 수 있어야 둘이 살 수 있는 것처럼 기업도 혼자서도 할 수 있는 일을 남에게 맡겨야 한다. 그것이 아웃소싱이고 동반성장이며 상생협력이다.

하프스톱 half stop

등자(橙子) : 안마(鞍馬)와 도마(跳馬)가 필요한 이유

　등자(橙子)는 말 위에 올라가거나, 말 위에 있을 때 균형을 유지하기 위한 장치다. 안장 아래로 끈을 늘어뜨려 말의 양쪽 옆구리에서 발을 걸칠 수 있게 만든 도구다. 역사학자들은 등자를 바퀴, 종이, 화약, 나침반, 활자의 발명과 함께 인류의 삶을 바꾼 혁명적 발명품으로 평가한다. 우리는 유럽 정신의 뿌리로 그리스·로마 문명과 기독교 정신, 기사도 문화 세 가지를 꼽는다. 등자 없이는 기사(騎士)가 없고, 기사가 없으면 기사도(騎士道)도 없다. 등자는 유럽 정신의 굳건한 뿌리인 셈이다. 등자를 발명하기 전에는 사람이 말 위에서 싸울 수가 없었고, 말은 전쟁터로 이동하기 위한 수단에 불과했다. 말의 속도를 활용한 전차(戰車)가 있었지만, 파괴력이 크지 않았고 전쟁은 보병의 우위에 따라 결정되었다. 기병이 있었지만, 균형을 잡기 어려워 무기를 사용하기는커녕 전쟁터에서 자주 낙마해서 힘을 발휘하지 못했다. 등자와 함께 등장한 기병은 전쟁의 양상을 바꾸었다. 이 단순한 발명품은 동서양에서 전쟁의 혁명을 불러일으켰다. 등자에 의지하여 균형을 확보한 기사는 활을 쏘고 칼을 휘두를 수 있었다. 기병 한 명은 수십 명의 보병을 무력화시켰다. 기병 싸움에서 이기면 기병들은 그대로 보병부대로 내달렸고, 보병은 시속 60킬로미터에 달하는 속도와 2층 높이에서 내리치는 기병의 칼과 창을 막을 방도가 없었다. 기병의 무서움을 아는 보병들은 아군 기병이 싸움에서 패하면 그대로 도망쳤고 전쟁은 그것으로 끝이었다. 병사들은 기병의 창을 막기 위해 튼튼한 갑옷을 만들었고 궁수들은 창 든 기병을 제지하기 위해 석궁을 개발했다. 등자의 등장으로 연쇄적인 무기 혁신이 일어난 것이다.

　역사에 등장하는 최초의 등자는 기원전 5세기경 인도에서 사용된 작은 가죽 고리였다. 엄지발가락에 끼워 말에 오르기 쉽게 한쪽 안장에만 연결한 장치였다. 날씨가 따뜻한 인도인들은 거의 맨발로 다니고 말을 탔기 때문에 가능했다. 안장 양측에 늘어뜨린 동그란 형태의 쇠로 만든 등자는 1세기 또는 2세기경 인도에서 나타난 것으로 추정한다. 유럽에 등자가 소개된 것은 인도나 중국보다 수백 년 늦은 8세기경이다. 550년에서 826년 사이에 아바르족이 유럽을 침략하면서 전해졌다. 유럽에서의 등자 사용 기록은 7~8세기 이후에 보이고, 유물은 10세기 이후에 확인된다.

   등자가 없었던 유럽에서는 군인, 특히 장교 이상의 군인에게 중요한 군사훈련이 있었다. 전쟁이 나면 그들이 가장 먼저 해야 할 행동은 말에 오르는 것이었다. 말에 오르는 훈련, 그 훈련이 올림픽 체조 종목인 말 위로 도약하는 도마(跳馬), 영어로는 long horse다. 양학선이 런던 올림픽에서 세 바퀴 반을 돌아 뒤로 착지하는 1,260도 회전, 양 II 기술로 금메달을 딴 종목이다. 다음으로 중요한 군사훈련이 말 위에서 균형을 잡는 기술이다. 말 위에서 균형을 잡는 갖가지 기술을 발전시킨 것이 안마(鞍馬) 종목이다. 안장(鞍裝)의 안(鞍)이고 영어로 side horse다.

25

왜 승마를 하세요?
- 히든 챔피언

"말 귀신이 씌이면 죽기 전엔 못 벗어난다."

어느 나라 속담일까? 귀신이라는 단어가 나오면 보통은 한국 속담이지만, 이건 우리나라 속담이 아니라 서양 속담이다. 말 귀신이 씌이면 어떻길래?

사람을 혹하게 하고 잘못된 논리를 주장하는 방법에 '거짓 심오' 트릭이 있다. 지지자 불여호지자요, 호지자 불여락지자라^{知之者 不如好之者 好之者 不如樂之者}. 느닷없이 고사성어를 던져 놓고 모인 사람들이 뭔 말인지 갸우뚱하면 기다렸다가 근엄하게 뜻풀이를 한다. '아는 것은 좋아하는 것만 못하고, 좋아하는 것은 즐기는 것만 못하느니라!' 이쯤되면 분위기는 완전히 넘어간다. 성현의 말씀은 터럭만큼 해석이 벗어나면 천지만큼 멀어진다는 근거 없는 엄포까지 덧붙이면 사람들은 숙연해진다. 왜 이런 말을 들어야 하는지, 그 말이 맞거나 한 것인지는 이제 의문사항이 아니다. 다음 말을 기다리는 기분이 되고, 도대체 무슨 말을 하려는지 기다리면 거침없는 주장이 이어진다. 이런 논리 주장법을 거짓 심오라고 한다. 의미도 없는 내용을 심오한 내용인 것처럼 툭 던지고는 청자聽者의 말문을 막고 일방적인 주장을 퍼붓는 방식이다.

즐긴다고? 손가락이 아리고, 쑤시고, 따가운 1월 아침의 눈보라 속에서 승마를 즐긴다고? 숨이 턱턱 막히는 말복 날 오후 2시의 마장에서 승마를 즐긴다고? 초보시절 한창 기량이 늘어날 때면 몰라도 때로는 가기 싫고, 움직이기도 싫을 텐데? 승마를 좋아하는 사람보다 즐기는 사람이 더 고수일까? 말 귀신에 씌이면 죽을 때까지 승마를 즐기게 될까?

사전의 뜻풀이로 보면 '좋아하다'와 '즐기다'의 차이를 찾기 어렵다. 영어의 like 또는 love와 enjoy의 차이 또한 구분하기 어렵다. 차이가 있다면 '즐기다'는 기쁨을 느낀다는 또는 일의 성패에 연연하지 않는다는 뉘앙스 정도다. 축구를 좋아하는 사람과 즐기는 사람, 골프를 좋아하는 사람과 즐기는 사람, 승마를 좋아하는 사람과 즐기는 사람, 누가 더 잘할까? 기업경영을 좋아하거나 즐기는 CEO가 뛰어난 성과를 보여줄 수 있을까?

2000년 이후 독일에서 시작된 강소기업의 열풍은 현재진행형이다. 1인당 수출액 기준으로 독일은 세계 1위다. 이런 독일의 수출 주역은 우리가 들어보지 못한 회사들이다. 특수한 한 분야에서 세계 시장 점유율 60퍼센트에서 80퍼센트를 차지하는 100여 개의 중소기업, 바로 히든 챔피언이다. 전자접착제 시장 1위 델로, 생선가공장비 시장에서 세계 시장의 80퍼센트 이상을 점유하는 바더, 여객기 내부설비 점유율 60퍼센트인 란탈 등이 대표적이다. 이들 기업은 성장률과 수익률, 생존능력과 기술력에서 매우 뛰어난 성과를 보이고 있다. 비결은 무엇일까? 학자들은 최고경영자의 리더십을 꼽는다. 그중에서도 회사와 자신의 구분이 없는 열정과 몰두를 꼽는다. 자신이 만드는 제품이나 제공하는 서비스를 좋아하고 사랑하는 마음에서 나온 열정이다. 독서삼매경이란 말처럼 주관과 객관이 없어지는 경지다. 집중하다 보니 효율적으로 일을 처리한다. 집중하는 사람만 얻을 수 있는 깊은 통찰력과 지혜로 한 차원 높은 의사결정이 가능하다. 문화유산답사기의 '알면 참으로 좋아하게 되고, 좋아하면 보이게 된다'는 말과 상통한다. 직원에게 희망과 자신감을 주고, 고객에게 존경과 신뢰감을 준다. 애사심을 가진 직원들이 있고 회사에 호감을 가진 고객이 있어 회사의 경쟁력으로 이어진다.

미국의 한 학자는 월스트리트에는 없고 다운스트리트에는 있는 것 7가지를 꼽았다. 우리말로 하면 '여의도 증권가에는 없고 뒷골목에는 있는 것' 쯤으로 해석할 수 있다. 상장기업에는 없고 구멍가게에는 있는 것이란 뜻이다. 글로벌 장수 우량기업의 CEO가 가진 자질이다. 첫째, 그들은 자신이 만드는 제품을 사랑한다. 가게 주인들은 그들이 팔고 싶은 제품을 판다. 레스토랑 주인은 음식을 사랑하고, 사람들에게 가게의 음식을 먹게 하고 싶어 운영한다. 보석 가게, 옷 가게도 마찬가지다. 대기업 CEO는 기업의 제품이나 서비스에 열정을 가진 경우가 드물다. 주주가치, 분기별 이익, 막대한 보수, 스톡옵션, 타 기업으로의 스카웃에 관심이 있다. 둘째, 구멍가게 주인은 자신이 원하는 사업이 어떤 것인지 안다. 그리고 마음을 바꾸지 않는다. 가게 주인은 자신이 원하는 결과와 원하는 느낌, 에이프런부터 아이템까지 가게의 모든 문제를 알고 있다. 가게를 열기 전에 어떤 물건을 팔고, 어떤 사람이 찾을 것인지, 고객이 어떤 경험을 할 것인지 안다. 대기업은 생산성 극대화와 이익 극대화에만 관심이 있다. 셋째, 그들은 고객이 가는 데로 따라간다. 가게 주인은 손님이 원하면 따라간다. 예를 들면 모닝커피점에서 시작해서 손님이 햄버거가 아닌 점심식사를 요구하면 점심을 제공한다. 거대기업은 고객의 요구와 변화에 적응하는 노력이 부족하다. 넷째, 효율성을 위해 결코 고객의 서비스를 희생시키지 않는다. 그러면 얼마 안 가 문을 닫는다. 대기업은 그렇게 한다. 다섯째, 종업원을 파트너로 대한다. 가게 주인은 종업원을 가족이라고 표현하고 실제로 가족처럼 대한다. 가게가 어려울 때도 최대한 보호하려 한다. 충성도와 몰입을 이끌어낸다. 여섯째, 속여서는 절대 성공하지 못한다는 것을 안다. 고객이 모두 친구이거나 이웃이기 때문에 속이면 사업을 오래 하지 못한다는 것을 안다. 대기업 리더들은 이런 정직성이 없다. 속여도 오래 속일 수 있다. 월드컴과 엔론이 대표적이다. 일곱째, 가게는 돈이 목표가 아니다. 대기업의 CEO들은 급여에 의해 동기부여 된다. 가게 주인은 사업에 대한 열정과 사업의 지속성에 의해 동기부여 된다. 그들은 그들의 일을 좋아하고 돈이 성공의 기준이 아니다. 가게 주인은 수백만 달러를 받는 CEO가 느낄 수 없는 평화와 성취감을 느낀다.

눈여겨볼 것은 이들이 좋아하는 것이 자신의 일이나 사업이 아니라는 것이다. 다운스트리트의 사장은 자신의 제품을 사랑하고 자신의 요리를 사랑한다. 히든 챔피언의 CEO는 자신이 만드는 제품을 사랑한다. 글로벌 우량기업의 CEO는 자신의 기업을 사랑한다. 그래서 기업의 핵심가치와 문화, 경영철학을 지킨다. 후계자 또한 능력보다 기업의 핵심가치가 몸에 밴 사람, 기업을 사랑하는 사람으로 선정한다. 경영과 관리를 즐기는 사람, 돈 버는 것을 좋아하는 사람이 아니라 기업을 사랑하는 사람이다.

8월의 늦은 오후, 가는 빗줄기가 승마장을 적시고 있다. 흙냄새가 피어오르고 초록이 짙은 산엔 구름이 걸렸다. 빗속에서 젊은 여인이 말을 타고 있다. 말이 움직일 때마다 묶은 머리가 출렁거린다. 여인의 날렵한 몸매와 걸음마다 움직이는 허리선이 아름답다. 베테랑 승마인에게 물었다. 20년 넘게 말을 탄 분이다.

"왜 말을 타세요?"

"나도 오랫동안 생각해 봤어요. 승마경기에 나가서 트로피를 타는 기쁨? 내 승마 실력에 모두가 감탄하는 모습? 장애물 넘을 때의 짜릿함? 말과 사람이 하나가 되어 한 몸처럼 움직일 때의, 말로 표현할 수 없는 쾌감? 풀밭이나 해변을 달릴 때 말의 발자국 소리들? 바람이 얼굴과 뺨을 스칠 때 느끼는 상쾌함? 파란 하늘을 이고 달릴 때 요람에 싸여 흔들리는 느낌? 말의 숨소리, 가을 내음, 땀 내음, 하늘을 나는 듯한 가벼움, 이 모든 것이 어우러진 상쾌함? 이것들 때문일까 생각해 봤어요. 아니었어요. 지금 생각은 그래요. 그냥 말이 좋아서인 것 같아요."

하프스톱 half stop

승마의 재미 : 인간의 3대 쾌락

"승마, 재미있어요?"라는 질문을 자주 듣는다.

이 질문의 바닥에는 두 가지 생각을 깔고 있다. 하나는 '말 위에서 가만히 있는데 무슨 즐거움이나 재미가 있겠느냐'라는 생각이고 다른 하나는 말 타고 있는 건 전혀 힘들지 않을 것이란 생각이다. 사전적으로 재미는 '마음에 거슬림 없이 흡족하여 매우 만족스럽게 욕구가 충족된 기쁜 기분이나 느낌'이다. 우리는 재미라는 단어를 땀에 흠뻑 젖어서 숨을 헐떡이는 상태보다는 몸이 편안한 상태에서 정신적으로 즐겁고 기쁜 경험을 할 때 사용한다. 마음 맞는 사람과의 대화, 놀이나 카드게임, 드라마나 스포츠 중계를 보고 난 뒤에 쓰는 표현이다.

우리가 만나는 스포츠는 크게 보는 스포츠와 직접 즐기는 스포츠로 나눌 수 있다. 복싱·축구·야구·농구는 보기엔 즐겁지만 직접 하면서 재미있다고 말하는 사람은 드물다. 반면 마라톤·수영·승마 같은 스포츠는 중계방송이 재미없다. 본인이 직접 해보지 않으면 즐거움을 알기 어렵다. 승마경기장을 찾고, 중계는 빠지지 않고 보지만 승마경기가 재미있다고 생각한 적이 없다. 승마는 본인이 직접 즐기는 스포츠다. 말과 함께 생활하고 감정을 공유하면서 즐거움과 안정감을 얻는 스포츠다.

말 타고 걸을 때는 온몸이 기분 좋은 마사지를 받는 느낌 또는 어머니가 부드럽게 안고 흔드는 느낌이다. 빠른 걸음인 속보로 가면 말의 반동과 리듬에 움직임을 맞추지 못할 땐 힘들고 고통스럽지만 어느 순간 말의 움직임에 일치시켰을 때, 내 움직임에 말이 리듬을 맞추었을 때는 말과 내가 하나가 된 일체감과 경쾌하게 전진하는 찌릿한 기분을 맛본다. 몸이 완전히 풀린 상태에서 다그닥 다그닥 뛸 때는 세상에 나와 말만 존재하고 서로가 서로에 집중해서 말과 내가 하나가 되어 세상으로 달려나가는 느낌이다. 말이 내 지시에 순응할 마음을 가질 때는 고삐가 고무줄처럼 느껴지고 손이 말의 입까지 늘어난 느낌이다. 그런 기분을 승마인들은

'말뽕'이라고 한다. 가끔씩 찾아오는 이런 말뽕에 승마인은 중독된다. 마호메트는 천상의 기쁨이라고 표현했다. 그는 인간의 기쁨은 세 군데 '위'에 있는데 첫째가 하늘 위에 있고, 둘째는 여자의 배 위에 있으며, 셋째는 말 등 위에 있다고 했다.

흔히 3대 중독 스포츠로 테니스, 낚시, 승마를 꼽는다. 테니스에 중독된 사람은 테니스 엘보로 무릎과 팔을 사용할 수 없을 때도 테니스장으로 나간다. 남아 있는 온전한 팔로 테니스를 한다. 낚시에 중독된 사람은 물가에 갈 수 없을 때, 물을 채운 욕조에 낚싯대를 펼친다. 말에서 떨어져 입원한 승마인은 부러진 갈비뼈 치료보다 회복 후 말을 탈 수 없을까봐 걱정한다. 승마는 재미도 있지만 중독성 있는 유쾌한 스포츠, 짜릿함을 주는 스포츠다. 그런 쾌감을 주는 말을 사랑하고, 말과 함께하는 스포츠다.

26

달리는 말
– 패러독스경영

"말 달리자." 2000년대 초반 인기 헤비메탈 그룹이 부른 노래 제목이다. 국내 최대 승마동호회의 이름이기도 하다. '달리는 말'은 서울마주협회지 이름이다. 이처럼 우리는 '말'하면 '달린다' 또는 '빨리 달린다'는 생각을 떠올린다. 사실 말은 빠른 속도로 오래 달릴 수 있다. 치타는 시속 100킬로미터까지 달릴 수 있다. 그러나 그것은 극히 짧은 100미터 정도의 거리를 달릴 때 가능하며, 100미터를 넘으면 달리는 것 자체가 어려워진다. 말은 2킬로미터 이상을 시속 64킬로미터로 달릴 수 있다. 칭기즈칸의 군대는 사흘 동안 말에서 내리지 않았다고 한다. 지구 위에서 달리기에 있어 말을 따를 동물은 없는 셈이다. 다음 질문으로, 말은 왜 빨리 달리냐고 물으면 포식자로부터 재빨리 도망치기 위해서라는 답이 기다린다. 과연 그럴까? 말이 빨리 달리는 방향으로 진화한 것은 뿔도 없고 날카로운 이빨도 없어 천적을 만나면 달아나는 것이 유일한 대안이었기 때문일까?

연구결과는 그렇지 않을 수도 있다는 결론을 내린다. 우선 얼룩말은 포식자를 만나도 도망가지 않고 우두머리를 중심으로 원을 이루어

대처한다. 중국 광서성 묘족 마을에서는 해마다 춘절과 대보름 행사로 투마鬪馬대회를 벌인다. 발정한 암말을 한쪽에 두고 수말 두 마리를 풀어놓으면 수말은 치열하게 싸운다. 다리가 물려 절뚝거리고 목과 머리가 찢어져 유혈이 낭자하다. 영상을 본 사람들은 말에게 저런 사나운 맹수본능이 있었는가 싶어 충격을 받는다. 또 유럽 북부에는 마차를 끌고 목재를 나르는 육중한 삼림마가 있다. 이 말들은 아예 뛰질 못한다. 말이 포식자로부터 도망가기 위해 빨리 달리는 것이 아니라는 사실은 서식지에서도 나타난다. 현대의 길들여진 말은 6천 년 전 우크라이나에 있던 말이 조상이다. 이후 중앙아시아, 아라비아, 동구의 초원, 몽골의 초원으로 퍼져 나갔다. 여기에는 사자나 호랑이 같은 대형 포식자가 없다. 포식자라고는 늑대, 여우뿐이다. 말과 비교되지 않는 작은 체격이다. 도망가는 것이 유일한 방법이 아니고 효율적인 방법도 아닌 것이다. 사실 빨리 달리는 건 생존에 별로 상관없다. 만약 대형 포식자가 있었다면 말은 멸종했거나 새로운 대응법을 찾았을 것이다.

학자들은 말이 빨리 달리게 된 것은 말이 선택한 음식 때문이고 속도는 오히려 그로 인한 부산물에 가깝다고 한다. 어찌 된 이유인지 모르지만, 말은 초식동물 가운데 가장 질 낮은 초원의 거친 풀을 먹이로 선택했다. 소나 양은 섬유질이 많아서 소화할 수 없는 풀이다. 이렇게 열량이 낮은 먹이를 주식으로 하려면 몸집이 커야 한다. 동물은 바깥으로 노출된 면적만큼 열을 잃기 때문에 생명유지에 필요한 에너지는 동물의 노출된 표면적과 비례한다. 따라서 몸 전체가 표면적에 가까운 몸집이 작은 동물은 몸무게에 비해 훨씬 더 많은 에너지를 필요로 하며, 큰 동물은 상대적으로 적은 에너지를 필요로 한다. 열매나 어린싹만 먹는 밭쥐 같은 동물은 몸집이 작고, 어린 풀을 먹는 사슴과 같은 동물은 중간 크기, 거친 풀을 먹는 말과 코끼리는 몸집이 가장 큰 이유다. 몸집이 큰 동물은 체장이 길고 따라서 보폭이 크므로 달리기에 유리하다. 생쥐가 아무리 빨리 달려도, 벼룩이 아무리 빨리 달려도 개보다 빠를 수는 없다.

이렇게 초원의 메마른 풀을 먹이로 선택한 말에게 새로운 선택압이 나타났다. 말은 한 마리의 종마와 10마리 이내의 암말로 무리를 이루어 생활한다. 보통은 수말 가운데 가장 빠르게, 가장 오래 달릴 수 있는 말이 무리의 우두머리가 되고 번식의 기회를 얻었다. 그럼 빨리 달리기 위해 몸집을 더 키워야 할까? 반드시 그렇지는 않다. 어떤 동물이 지금 달리는 속도의 두 배로 달리려면 길이가 6배 늘어나거나 몸무게가 250배 더 무거워져야 한다. 늘어난 몸무게는 다시 속도를 떨어뜨린다. 우주선이 가진 고전적인 패러독스다. 멀리 보내려면 더 많은 연료가 필요하고, 더 많은 연료는 우주선의 무게를 증가시켜 더 많은 연료를 필요로 한다. 나중에는 연료를 더 넣어도 더 멀리 갈 수 없는 상황이 된다. 자동차회사에게도 이 문제는 영원한 숙제다. 속도를 높이려면 엔진의 크기가 커야 하고 커진 엔진은 그 중량으로 인해 자동차의 속도를 떨어뜨린다. 무게는 가볍고 속도는 빠른 차 또는 중량은 적고 멀리 갈 수 있는 우주선, 이것은 상반되고 배치되는 요구다. 말도 이런 패러독스에 직면했다. 말이 가진 패러독스는 속도와 지구력이다. 빠른 속도를 내려면 몸이 크고 길이가 길어야 한다. 그러나 몸집이 크면 몸무게가 증가하고 큰 무게를 이동시키려면 많은 에너지가 소모된다. 이것은 속도를 떨어뜨리고 오래달리기 힘들게 한다. 몸무게와 속도, 지구력과 속도의 패러독스를 말은 어떻게 해결했을까?

삼성전자의 성공사례가 하버드 비즈니스 리부에 게재되고 난 후 국내에서 패러독스 경영이 화제가 되고 있다. 패러독스 경영은 새로운 개념이 아니다. 이것은 양자택일적 경영을 지양하고 상충하거나 모순적인 요소를 함께 추구하는 것으로, 일관성보다는 역설적인 요소를 공존시키는 경영이다. 그동안의 경영학은 합리적 선택이론이 지배하여 모순되는 대안 또는 동시에 선택할 수 없는 여러 가지 대안 가운데 최선의 한 가지를 선택하는 방법을 가르쳐 왔다. 세계적으로 화제가 된 마이클 포터의 '경쟁전략'에서는 기업은 원가 우위, 차별화, 집중화 전략 중 하나를 선택해야 하고 각 전략은 동시에 추구할 수 없다고 단언했다. 그러나 이후의 연구결과 소수의 성공적인 기업은 저원가와 차별화를 동시에 달성하고 있다는 것이 확인되면서 패러독스 경영은 경영의 본질로까지 인식되었다. 사실 오늘날의 기업은 패러독스로 가득 차 있다. 라틴어로 '패러'는 거스르다는 뜻이고 '독스'는 상식을 뜻한다. 상식을 거스르는 주장이다. 현대의 기업들은 보다 좋은 제품을 싼 비용으로 생산해야 하고, 종업원에게 동일한 가치와 일치된 행동을 요구하면서도 업무수행에서는 자율성을 강조한다. 서로 협력하라고 요구하면서 사내에서는 사업부간 경쟁을 부추긴다. 정보공유를 장려하면서도 보안유지를 요구한다. 인간존중과 평생직장을 외치면서 조직 간소화와 생산라인을 자동화해서 인력 구조조정이 불가피하게 만든다. 분야별 전문가 양성을 외치면서도 다양한 일을 경험한 일반관리자 육성의 필요성을 강조한다. 모두가 상반되고 배치되는 요구이다.

말은 무게와 속도, 지구력과 속도의 패러독스를 어떻게 해결했을까? 동물의 속도는 보폭과 1분당 걸음의 수를 곱한 값이다. 큰 동물은 다리가 더 길기 때문에 보폭도 길지만 더 긴 다리를 앞뒤로 빨리 움직이게 하려면 어려움을 겪는다. 다리를 빨리 움직이기 위해 쓸 수 있는 근육의 힘보다 다리의 무게가 더 빨리 증가한다. 말은 다리 무게의 증가 없이 보폭을 늘리는 방법을 개발했다. 다른 많은 포유동물에 비해 말의 다리는 균형이 맞지 않게 가늘고 가볍다. 발가락을 길게 해서 다리의 3분의 1을 차지하도록 진화한 것이다. 만약 몸통에 가까운 부분이 길어졌다면 몸무게가 늘어났겠지만, 발가락은 최소한의 뼈와 힘줄만 있고 근육이 전혀 없는 아주 가벼운 구조다. 동시에 다리를 움직이는 속도를 증가시키기 위해 수직의 힘만 지탱하도록 설계하여 다리를 움직이는 근육의 사용을 최소화했다. 위쪽 다리의 작은 노력을 아래쪽 다리에서의 큰 운동으로 변화시키는 구조다. 사지를 전방으로 가속시키는 데 투입되는 에너지의 일부는 탄성으로 저장되었다가 재순환되어 순환의 마지막 부분에서 뒷다리의 추진을 돕는다. 멋지게 패러독스를 해결한 것이다.

 사실 패러독스의 해결은 기업뿐 아니라 모든 생물이 생존하기 위한 전제조건이다. 박테리아를 예로 들어보자. 박테리아는 효과적으로 영양분을 섭취할 수 있는 구조를 가진 것과 새로운 서식처를 찾기에 적합한 개체로 나누어져 있다. 좋은 서식지를 찾은 박테리아 군집에서는 가장 효과적으로 영양분을 섭취하는 박테리아가 자손을 남길 가능성이 높다. 새로운 서식지를 탐색하는 개체는 자손을 남길 확률이 떨어진다. 서식지가 충분한 먹이를 오랫동안 제공한다면 새로운 서식지를 찾으려는 박테리아는 사라지고 만다. 그러나 시간이 지나 개체수가 불어나면 서식지 환경은 파괴되고 영양섭취에 골몰했던 박테리아는 멸종의 위기에 처한다. 이제는 서식지를 탐색하는 개체가 자손을 남길 가능성이 높아진다. 박테리아는 서식지 환경에 따라 한곳에 뿌리를 내리고 먹이를 흡수할 수 있는 줄기를 가진 박테리아와 채찍처럼 돌아가는 편모 프로펠러를 가지고 태어나 이곳저곳을 여행하며 새로운 서식지를 찾는 역할을 하는 박테리아의 비율을 달리하면서 패러독스를 해결하고 생존하는 것이다.

기업운영에서 직면하는 패러독스는 실로 다양하지만 가장 기본적인 패러독스는 확장과 탐색이라는 문제다. 자연계에서 탐색을 통해 서식지를 확보하면 주저앉아 먹이 먹기 경쟁이 벌어지듯, 기업도 산업 내 위치를 확보하면 기존의 역량을 잘 활용하는 방향으로 기울어지고 위험감수가 필요한 혁신이나 신사업·신시장 개척에 소홀해진다. 그러다가 서식지 환경이 파괴되거나 더 이상 지속하지 못하면 도산하게 된다. 자연계에서 멸종한 대부분의 종은 그들이 이룬 성과의 희생자들이다. 그들은 불행하게도 지속하지 않았던 생태환경에 완벽하게 적응했던 동물들이다. 장수기업들은 이 점에서 다르다. 현재의 환경에 완벽하게 적응하지 않고 효율성 극대화와 동시에 새로운 것을 시도하고 우연적 요소를 수용하는 조직의 유연성을 확보하고 있는 것이다.

위대한 기업은 패러독스를 잘 해결하는 기업들이다. 그들은 양자택일이 아니라 공존의 천재를 추구한다. 이윤을 초월하는 목적도 가지면서 실용적으로 이윤을 추구한다. 변하지 않는 핵심이념을 지키면서도 환경의 변화를 수용하고 활발하게 대응한다. 크고 달성하기 어려운 목적을 제시하지만 점진적으로 다가가고, 극도로 짜여 있는 문화와 변화에 적응하는 능력을 동시에 보유하고 있다. 장기적 성과와 단기적인 성과, 철학적·미래지향적 자세를 가지면서 일상 업무도 탁월하게 해내는 능력을 갖춘 기업이다.

제**4**장

승마와 리더십

27

기수 없이 뛰는 말이
꼴등하는 이유
– 부조의 리더십

"서울경마공원의 마권 발매가 마감되었습니다." 장내 방송과 함께 마권 판매 창구의 문이 모두 닫히고 시선은 일제히 경주로로 모인다. 모든 말이 발주대에 들어서고 정적이 흐른다. 발주대가 열리면서 12마리의 말과 기수가 힘차게 뛰어나간다. 외곽에 있던 말이 주로 안쪽으로 모이면서 5번마 기수가 낙마했다. 11마리의 말은 쏜살같이 주로를 돈다. 기수를 잃어버린 말도 따라간다. 4코너를 돈 선두권 그룹이 결승선을 향해 질주한다. 기수들은 채찍을 바람개비처럼 돌려치고 관중들은 모두 일어선다. 함성과 발굽 소리가 경기장을 메운다. 사력을 다해 뛰는 선두권의 4마리 말들. 두 마리 말의 발걸음이 점점 느려지고 마침내 1마신(약 2.4미터) 차이로 전문가가 예상했던 11번마와 3번마가 1, 2위로 결승선을 통과한다. 경마 팬들은 보물처럼 쥐고 있던 마권을 찢어 던진다. 그런데 모든 말과 기수가 결승선을 통과한 후, 기수가 낙마한 5번마가 홀로 마지막 말과 30여 미터의 거리를 두고 꼴찌로 결승선을 통과한다.

또 다른 장면이다. 미국 서부의 대평원에서 한 떼의 야생마가 벌판을 뛰고 있다. 카우보이가 말을 포획하러 나선다. 카우보이가 쫓아오는 것을 보고 모든 말이 전속력으로 도망간다. 말떼와 카우보이의 거리는 점점 줄어들고 마침내 카우보이는 말떼의 중앙으로 말을 몬다. 가장 잘 달리는 선두마를 향해 올가미를 던져서 멋지게 말의 목에 건다. 말과 카우보이의 힘 싸움은 이내 끝나고 카우보이는 말을 끌고 목장으로 돌아온다.

익숙하게 본 모습이다. 하지만 이상하지 않은가? 어떻게 기수 없이 뛰는 말이 53킬로그램 몸무게의 기수를 태운 말보다 한참이나 늦게 결승점을 통과할까? 100킬로그램이 넘는 카우보이를 실은 말이 홑몸으로 전속력으로 도망가는 말보다 어떻게 더 빨리 달릴 수 있을까? 육상 100미터 달리기에서 자기 체중의 10분의 1에 달하는 5킬로그램짜리 어린아이를 등에 지고 달리는 선수가 맨몸으로 달리는 우사인 볼트보다 먼저 결승선을 통과하는 것과 같은 현상이다. 하지만 이런 일은 말과 인간의 관계, 경영 현장에서는 언제나 일어나는 일이다. 말이 50킬로그램이 넘는 사람을 태우고도 혼자 달릴 때보다 더 빠르게 달릴 수 있는 것은 부조 때문이다.

부조扶助란 말을 탄 사람이 자신의 뜻을 말에게 전하는 신호체계를 가리키는 단어다. 부조는 말이 혼자서는 할 수 없는 최고의 잠재능력을 발휘하게 한다. 단순히 신호를 전달하는 것이 아니라 말이 어떤 일을 쉽고 효과적으로 할 수 있도록 돕는 것이다.

말의 특성에 맞는 뛰어난 부조는 말이 가진 최고의 잠재능력을 이끌어낸다. 부조는 오랜 시간을 함께하면서 자신이 탈 말의 특성을 파악하는 일부터 시작된다. 말에게 가장 적합한 부조를 사용하기 위해서다. 가장 중요한 부조는 말을 타기 전에 이뤄진다. 말의 컨디션을 최상의 상태로 만들고 함께 일을 하고 싶도록 말의 협력을 얻어야 하며 어떤 일을, 어떤 방법으로, 어떤 전략 하에 실행할 것인지를 결정해야 한다. 경마 경주가 시작되면 기수는 자신의 무게중심을 말의 무게중심과 일치하게 한 다음, 고삐와 체중을 이용해 속도를 내야 할 때는 말의 몸을 더욱 수축시키고 더욱 뻗게 해 보폭을 늘리고 걸음을 빠르게 한다. 최고의 속도를 내야 할 때는 채찍질을, 전략에서 벗어난 행동을 할 때는 체벌까지 가한다. 그래서 말은 혼자일 때보다 사람을 태웠을 때 더 빨리 달릴 수 있게 된다. 기수는 장애물 앞에서는 말이 목표물을 확인할 수 있도록 돕고, 체중을 뒤에 실어 앞발을 가볍게 해 더 높이 뛸 수 있게 한다. 기수의 목표는 말과 하나가 되어 말이 혼자서는 해낼 수 없는 최고의 능력을 발휘하게 하는 것이다.

부조의 리더십은 신사업 추진과 신기술개발에서 특히 빛을 발한다. 승마경기가 말이 목표한 일을 해내게 하는 것이듯 프로젝트는 프로젝트팀이 성과를 내도록 하는 것이다. 프로젝트 리더는 추진전략을 세우고, 최상의 인력으로 팀을 구성하고, 구성원 개개인의 특성을 파악하여 동기를 부여해야 한다. 필요한 자원을 확보하고 외부의 방해와 저항을 막아 최상의 환경에서 프로젝트에 몰입할 수 있도록 해야 한다. 장애물과 과업을 뚜렷이 확인하게 해주고, 때로는 힘찬 고삐질과 채찍으로 극단적인 상황으로 몰아붙이고, 때로는 속도를 늦추고 방향을 수정해야 한다. 2000년 이후 우리나라를 대표하는 신기술인 포스코의 파이넥스와 LG전자의 트롬 세탁기, 삼성중공업의 드릴 십 개발과정을 연구한 교수에 따르면 개발 주역들은 약속이나 한 듯이 "내 청춘을 바쳐 개발했지만 다시 하라고 하면 저는 절대 하지 않을 겁니다."라는 말로 인터뷰를 마쳤다고 한다. 자신이 가진 역량을 뛰어넘는 능력을 발휘하여 탈진한 것이다.

말이 혼자일 때보다 빨리 달리게 하는 부조의 리더십은 쉽게 습득되는 게 아니다. 상당수 승마자는 이 경지에 이르기까지 숱한 시행착오를 거친다. 부조는 우선 고삐가 핸들 기능도 하고 브레이크 기능도 하면서 가속 페달 기능도 하기 때문에 어렵다. 또 움직이는 말 등에서 균형을 잡으면서 신호를 정확히 전달하는 일도 숙달하려면 오랜 연습이 필요하다. 때로는 승마자의 감정이나 본능을 거스르는 행동도 필요하다. 말이 놀라 순간적으로 뛰면 사람도 당황한다. 하지만 사람이 당황하면 말은 더욱 놀라기 때문에 아무것도 아니라는 여유를 보여야 한다. 자신이 의식하지도 못한 채 신호를 주는 경우도 있다. 말을 탄 사람이 딴 곳을 바라보면 자신의 체중이 달라진다. 말은 그 신호에 반응해 체중이 실리는 쪽으로 방향을 바꾸려 한다. 중심을 잠시 잃어 앞으로 숙이면 말은 더 빨리 가자는 신호로 받아들인다.

기업 경영에서도 경영자가 승마 초보자처럼 여러 가지 상반된 신호를 보내는 일이 자주 일어난다. 경영 상황은 수시로 바뀌고 말 등에 앉은 것처럼 항상 중심을 잡기가 어렵다. 평소에는 인재의 중요성을 강조하다가도 불황이면 구조조정을 외친다. 품질을 강조하다가도 납기일이 가까워지면 납기 준수를 요구한다. 급할 때는 수단방법을 가리지 말고 신속히 하라고 지시하지만 문제가 터지면 정도경영, 윤리경영을 하지 않았다고 야단친다. 경영자가 동시에 너무 많은 것을 요구하거나 때로는 상반된 것을 요구하는 것이다.

자신도 모르게 신호를 보내는 경우도 많다. 경영자가 재미로 읽은 책 얘기를 자주 하면 구성원은 그 책의 주제가 경영자의 관심 사항이라고 받아들인다. 경영자가 단지 궁금해서 영업부를 방문해서 몇 마디만 나누어도 종업원은 경영자가 영업을 중시한다는 신호로 받아들인다. 경영자가 일관된 신호를 보내지 못하면 조직은 무기력해지며 그때그때 눈치껏 일하는 사람만 남게 된다. 일관되고 명확한 메시지를 보내는 능력은 그저 얻어지지 않는다. 승마인이 꾸준한 훈련에 의해 흔들리는 말 위에서 본능을 억제하고 일관된 신호를 사용하는 것처럼 경영자의 신호능력 또한 끝없는 훈련에 의해 길러지는 것이다.

리더십 훈련과정이 전 세계를 휩쓸고 있다. 조직의 목표가 양적 성장 중심에서 질적 성장을 중시하는 방향으로 급선회하면서 조직이 리더에게 기대하는 역할도 이전의 관리 중심이 아니라 환경변화를 주도하고 기업이나 조직의 한계를 뛰어넘는 리더십 발휘로 바뀌었다. 1960년대 이후 리더십의 정글이라고 부를 만큼 수많은 리더십 이론이 나왔지만, 경영자의 리더십에 대한 관심은 더욱 증가하고 있다. 최근까지도 서번트 리더십, 칼라 리더십, 레벨5 리더십, 카리스마 리더십, 코칭 리더십 등 다양한 리더십이 소개되고 있다. 하지만 창조와 혁신의 시대에 조직 및 종업원 개인이 가진 능력 이상의 능력을 발휘하도록 하고 싶다면 부조의 리더십에 관심을 가져볼 것을 권하고 싶다.

28

말 영화
– 드리머 리더십

"좋아하는 영화가 뭐에요?"라는 질문을 받아본 적이 있는지 모르겠다. 젊은 세대들은 처음 만나는 사람에게 좋아하는 책이나 영화를 물어보지만, 나이 든 사람들은 묻는 경우가 드물다.

우리나라는 말 영화의 무덤이다. 말 영화가 있었는지도 기억하지 못한다. 1920년대 대공황을 배경으로, 명마 '시비스킷'의 실화를 그린 영화 '시비스킷'은 미국인에게 심금을 울리는 명화로 기억되지만, 이를 기억하는 한국 사람은 드물다. 명화 '블랙뷰티'나 '워호스', '검은 종마'도 우리 극장에서는 버티지 못한다. 한국에서도 '각설탕', '챔피언', '그랑프리'가 상영됐지만, 결과는 마찬가지였다. 아마 말 영화로 '애마부인'이 더 친숙할 것 같다. 2006년 미국인을 감동시킨 '드리머' 또한 우리나라에서는 참패를 면하지 못했다.

'블랙뷰티'가 말이 일생 동안 겪는 삶의 고단함, '시비스킷'이 역경의 극복이 주제라면 '드리머'는 리더십의 뼈대를 보여주고 있다. 두바이월드컵 우승마 가문에서 태어난 '소냐도어(스페인어로 꿈을 꾸는 사람)'는 '벤 크레인'의 훈련과 보호 아래 연전연승을 거둔다. 마주인 중동 왕자는 배다른 형과 경쟁 관계에 있고, 경마를 통해 첨예한 자존심 싸움을 벌인다. 형에게 지지 않겠다는 치기로 컨디션이 최악인 소냐도어를 경주에 출전시킨다. 소냐도어는 경주 중 앞다리가 부러지는 중상을 입는다. 마주와 조교사는 경주마로서는 수명이 끝난 이 두 살짜리 암말을 안락사시키려 하지만, 11살 여주인공 케일(다코다 패닝 분)과 아버지 벤 크레인은 밀린 봉급 대신 말의 소유권을 갖는다. 케일은 그날 이후 온통 소냐도어에 대한 생각뿐이다. 말은 정성스런 간호로 부상에서 회복한다. 하지만 경주 능력을 시험하기 위해 나간 클레이밍 경주 – 미리 정한 가격에 누구나 경주마를 살 수 있는 미국의 경주 형태 – 에서 소냐도어는 뜻하지 않게 팔려버린다. 케일의 말에 대한 열정에 감동한 아버지는 말을 다시 사서 케일의 소유로 등록한다. 마주가 된 케일은 아버지를 조교사로 고용하고, 기수생활 중에 부상을 입어 말 관리사로 일하는 바올레타를 전담 기수로 하여 미국 최고의 경주, 브리더스컵 클래식 출전을 준비한다. 케일에게는 큰 난관이 기다린다. 암말은 수말에 비해 경주능력이 떨어진다. 그때까지 브리더스컵 클래식에 3세 암말이 우승한 예는 없었다. 그리고 출전을 위해서는 12만 달러의 출전비용을 내야 한다. 11살 케일에게도, 파산한 아버지에게도 이만한 돈은 없었다. 케일은 한때 소냐도어의 소유주였던 중동 왕자의 형을 찾아 출전비를 마련한다. 그리고 아버지 벤마저 꼴등할거라고 생각한 브리더스컵 클래식에서 우승하는 꿈을 이루는 과정을 이 영화는 담고 있다. 경주마 '마리아즈 스톰 Mariah's Storm'의 실화를 바탕으로 기독교의 정신인 믿음, 소망, 사랑의 메시지와 경영자가 새길 만한 리더십이 가득 담긴 영화다.

리더십이란 리더가 미리 정한 목적을 이루기 위해 구성원들을 일정한 방향으로 이끌어 성과를 창출하는 능력이다. 이렇게 하려면 어떤 노력이 필요할까? 리더십 이론은 많은 형태의 방법과 유형을 제시한다. 꿈, 사랑, 믿음이라는 세 가지 요소가 기본이 될 것 같다.

첫째, 조직원 모두가 공유하는 목표 또는 꿈이 있어야 한다. 60평생을 인재선별에 바친 컨설턴트가 있었다. 그가 국내 대기업에 '구조화된 인재선발' 컨설팅을 시작할 때 그의 능력을 확신하지 못한 회장이 물었다.

"방금 전 간부회의에서 본 사람 중에 임원으로 성장할 사람을 있는 대로 꼽아보세요."

그는 자신이 판단한 자료를 기초로 여섯 명을 지적했다. 회장은 놀라는 표정이었다.

"어떻게 아셨나요?"

"뛰어난 리더는 세 가지 조건을 갖추고 있습니다. 첫 번째 조건이 크고 구체적인 꿈입니다. 둘째, 남의 이야기를 재미있게 듣습니다. 매사에 수용적이고 긍정적입니다. 셋째, 자신의 일과 작업에 대해 자신이 정한 최저 기준이 높습니다."

'Good to Great'의 저자 짐 콜린스도 위대한 기업의 경영자는 크고 원대한 꿈을 구체적인 계획을 가지고 실천해 나간다고 한다. 경영자의 꿈은 원대하고 구체적이어야 한다. 누구나 머릿속에 그릴 수 있어야 하고 반복해서 항상 암송해야 한다. 영화에서 할아버지와 케일은 쉬지 않고 이야기한다.

"너는 위대한 챔피언이야. You are a Great Champion.
네가 달리면 지축이 흔들리고, When you ran, the ground shook,
하늘이 열리며, the sky opened

하찮은 말들은 비켜서지. and mere mortals parted.
너와 내가 만날 우승자의 Parted the way to victory where
시상대를 향한 길로 비켜서는 거야. you'll meet me in the winner's circle.
그리고 난 꽃으로 장식한 담요를 And I'll put a blanket of flowers
너의 등에 올려줄 거야. on your back."

막연한 꿈이 아니다. 목표를 현실감 있게 그리고 있다. 이 문장을 외우면서 우승을 향한 꿈을 키우고 한 걸음 한 걸음 준비해 나간다. 구체적이고 원대한 꿈은 감동을 주고 협력자를 만든다. 케일은 소냐도 어를 미국 최고의 경마대회 브리더스컵 클래식에 출전시키겠다고 모두에게 발표했지만, 아무도 그 말을 믿지 않는다. 하지만 케일의 어머니는 남편을 간곡하게 설득한다.

"잘 모르겠지만, 그 경주에 나가려면 엄청난 돈이 필요할 거야. I don't know. But if Sonya does get in, I can tell you there's gonna huge fees for a race like that."

"알다시피 그건 불가능한 꿈이야. So you know this is pipe dream."

"당신의 꿈을 기억하나요? Remember dreams, Ben?"

"이건 케일의 꿈이에요. Well, This one's Cale's."

"애가 그 꿈과 함께하도록 합시다. Help her live it."

"난 단지 그런 일은 일어나지 않는다는 걸 이야기하는 거야. I am just saying that isn't goanna happen, that's all honey."

"그게 왜요? 그럼 어때요? So what? So What?"

"그냥 애가 꿈을 이루기 위해 할 수 있는 데까지 하도록 놔두자는 거예요. Just let it take her as far as it can."

스티븐 코비는 성공했을 때의 모습을 그려주는 것은 동기부여에 매우 중요하다고 말한다. 꿈을 이루었을 때의 모습을 더욱 구체적으로 그릴수록 꿈을 이루겠다는 의지는 강해지고 꿈을 이루고자 하는 노력도 배가 된다. 어떤 과업이 주어졌을 때 성공의 이미지를 그리고, 끝없이 합창하면 그 꿈은 이루어지는 것이다. 철학자 아우구스티누스는 "자신의 내면에서 열정이 불타오르는 사람들은 다른 사람에게도 열정을 불러일으킨다."고 했다. 꿈이 가진 가장 중요한 효과는 동기를 유발하고 힘을 준다는 것이다. 주변 사람들이 동감하고 함께 추진함으로써 보람을 느끼게 하고 잠재력을 발산시키게 한다.

우리 모두 이루지 못한 꿈을 하나씩 간직하고 산다. 그리고 누군가 꿈을 이루려고 열정적으로 나설 때 사람들은 할 수 있는 데까지 해보도록 도와주고 싶은 마음이 된다. 이런 열정은 리더의 꿈에 대한 열망에서 나온다. 기독교에서 말하는 간절한 소망이다.

리더가 가져야 할 두 번째 요건은 사랑이다. 서울대 경영대학장을 지낸 교수님이 말했다.

"자네, 조직을 맡으려면, 리더가 되려면 가장 필요한 게 뭔 줄 알아? 사랑이야. 자신을 사랑하지 않는 리더를 누가 따르겠어?"

케일은 영화에서 소냐도어에 대한 강한 애정을 보여준다. 가장 감동적인 장면은 아버지 벤의 오판으로 소냐도어가 팔리게 되었을 때 마구간에서 언쟁을 벌이는 장면이다.

"아빠는 제게 거짓말을 했어요. You lied to me."
"아빠는 언제까지고 You said 소냐도어와 함께하겠다고 말했잖아요. I'd always have Sonador."

제4장 | 승마와 리더십　211

"지금 그 자리에 서서 그렇게 말했다고요. You stood there and said it."
"세상에 있는 모든 경주마는 Every racehorse every world
세상 어디에서든 in the world,
지금 팔기 위해 있는 거야! right now, is for sale."
"그걸 알아야 돼! Get that."
"소냐도어는 그냥 경주마가 아니에요. She wasn't just some horse."
"우리 말이에요! She was our horse."

그렇다. 지금 같이 일하고 있는 사람은 세상에 있는 한 사람이 아니라 내 동료, 나의 부하직원이다. 해고의 위협이나 급여를 통해 부하를 움직일 수 있지만, 이는 리더십이 아니다. 리더는 근본적으로 한 사람 한 사람을 소중한 사람으로 사랑할 때 리더십을 얻는 것이다. 직원이 아니라, 부하가 아니라 우리 직원이다. 기독교에서 말하는 사랑이다.

영화에서는 기수에 대해서도 철저한 사랑과 믿음을 보여준다. 브리더스컵에 출전할 기수는 준비가 되었느냐고 묻자 케일은 단호하게 답한다.

"우리에겐 최고의 기수가 있어요. Gotten the best jockey.
그의 이름은 매를린 바올레타예요. His name is Manlin Vallartya."
그리고 매를린을 보며 말한다.
"오빠가 말했지요. You told me.
나는 세계에서 가장 위대한 기수라고. you were the greatest jockey in the world,
나는 오빠를 믿어요! and I believe you."

사실 매를린은 멕시코 출신으로 큰 대회를 경험한 적이 한 번도 없는, 성적 또한 그저 그런 기수다. 게다가 경주 중 낙마해서 어깨뼈와 갈비뼈가 모두 부러진 상태이고, 낙마 공포증으로 인해 경주에 나갈 수 없는 기수다. 하지만 케일의 이 말에 무섭도록 체중을 줄이고, 훈련을 통해 마침내 브리더스컵 우승 기수가 된다. 심리학자들은 상대가 나를 좋아하느냐 여부는 내가 상대를 좋아하느냐에 달려 있다고 한다. 또 상대가 어떤 사람이 되는가는 내가 상대를 어떻게 생각하느냐에 달려 있다고 한다. 종업원을, 부하 직원을 최고로 생각하는 리더가 최고의 종업원을 가질 수 있다.

셋째, 성공한 리더들은 꿈을 이룰 수 있다는 확고한 믿음을 가진다. 흔들리지 않는 믿음이다. 남극을 탐험한 섀클턴의 리더십에서 보듯 그들은 구출될 수 있다는 믿음을 저버리지 않는다. 리더가 성공에 대한 믿음과 확신이 없다면 목표를 향한 힘도 잃어버리게 된다.

케일이 출전료를 마련하기 위해 아랍의 왕자를 만날 때 왕자는 묻는다. 경쟁 관계인 동생의 말은 브리더스컵 출전이 확정된 반면, 자신의 말은 자격심사에서 탈락한 상태다.

"케일, 내 눈을 보고 말해봐. Cale, you look me in the eye.
넌 너의 말이 내 동생의 말을 이길 가능성이 있다고 생각하니?
and you tell me you think your horse has chance of beating my brother's horse?"

케일은 초롱초롱한 눈동자로 왕자의 눈을 쳐다보며 확신에 찬 목소리로 말한다.

"내 말은 출전하는 모든 말을 이길 거예요.
My horse will beat every horse that shows up."

브리더스컵 출전이 결정되고 꼴찌를 할까봐 잠을 이루지 못하고 마굿간에 나와 서성거리는 아버지 벤에게 묻는다.

"소냐가 대회에서 우승할 거라는 데 아빠는 얼마나 걸겠어요?
How much will you bet on Sonador to win the Classic?

"소냐가 이긴다고 생각하지 않으세요? Don't you think she can win?"

"글쎄… Well…"

"아빠는 소냐가 이긴다고 생각하셔야 해요. You gotta think she can win."

"소냐가 이길 수 있다고 생각하면 무슨 손해가 있어요?
What's the harm in thinking she can win?"

" '우리는 우승할 수 있다'고 말씀하세요. Say 'I think she can win'."

"우리는 우승할 수 있다. I think she can win."

"소냐도 아빠에게 그 말을 듣고 싶어 할 거예요.
She needs to hear you say that."

사기꾼들도 자신이 먼저 속아야 남을 속일 수 있다고 한다. 리더가 결과와 성공에 대한 강한 확신이 있어야 사람을 움직일 수 있고 종업원에게 강한 동기부여를 해줄 수 있다. 결과에 대해 회의를 가진 작업을 남에게 믿으라고 하는 것은 난센스다. 새로운 제품개발이나 프로젝트를 성공적으로 이끄는 사람들에게는 해당 프로젝트에 대한 미친 듯한 열정과 결과에 대한 확신이 있다. 그 확신과 열정을 동료들에게 전염시킨다.

영화 드리머는 리더십의 모든 면을 보여준다. 말에 관심이 없는 사람이라도 한 번쯤은 관람을 권하고 싶은 영화다.

 **하프스톱** half stop

승마와 여자 : 정유라는 왜 남자선수와 시상대에 있을까?

2016년 정유라 이대 부정입학 사건을 계기로 일반 국민의 승마 지식이 몰라보게 달라졌다. 승마경기 종목에 마장마술과 장애물 경기가 있다는 것도 알고, 마장마술 경기에서는 말의 가격이 가장 중요하다는 것도 안다. 말 가격이 국내 대회에서는 1억 원 이상, 아시안게임에 나가려면 5억 원 수준, 올림픽 출전용으로는 15억 원 이상이라는 기사도 나왔다. 이 사건 전에는 "여자도 승마할 수 있나요?"라고 묻는 여자분이 많았다.

스포츠 세계에서 남녀의 벽은 완전히 무너졌다. 가장 먼저 여자의 출전이 허용된 분야는 육상분야다. 다음으로 배구·농구·축구 같은 구기 종목에 여자경기가 도입되었고, 투기 종목이 가장 늦었다. 여성에게는 도저히 적합하지 않을 것 같은 복싱과 격투기 분야에도 여자경기가 있고, 유명 여자 선수들은 스타로 대접받는다.

그런데 2014년 인천 아시안게임 승마 단체전 시상식을 보면 단체선수들은 모두 남자 선수인데, 여자 선수도 함께 있다. 올림픽 종목 가운데 여자와 남자가 함께 겨루는 유일한 스포츠이기 때문이다. 정유라와 국가대표를 다투었던 경쟁자 김혁 선수도 남자였다. 경마장에서 경주하는 기수도 남녀구분이 없다. 나아가 세계적으로 여성 승마 인구 비율은 60~70퍼센트로 승마는 여자에게 더 적합한 운동이다. 민감하고 여린 말과 교감하는 스포츠이기에 여성들이 훨씬 더 잘 다룬다. 실제로 리우올림픽 마장마술 금메달리스트는 여자 선수 '샤롯 두자딘'이고, 런던 올림픽 종합마술 동메달리스트는 엘리자베스 2세 여왕의 손녀인 '자라 필립스'다.

승마를 시작해서 평보, 경속보, 속보까지는 남자에 비해 여성의 숙달도가 빠르다. 자세도 좋고, 말과 리듬이나 호흡도 잘 맞춘다. 힘이 필요한 구보를 배울 때쯤이면 남자가 조금 앞서간다. 건강관리 측면에서도 여성에게 적합하다. 우울증이 해소되고, 변비가 사라지고, 허리가 펴지고, 혈액순환으로 피부도 고와진다. 승마는 여성에게 적극 권할 종목이다.

29

말을 호랑이로
만드는 법
- 소통과 신뢰

　스트롱디맨드. 한때는 경마장을 호령하던 말이다. 고향이 플로리다인 이 말은 2008년부터 2010년까지 스무 번 뛰어서 일곱 번 우승했고 2위와 3위를 각각 한 번씩 했다. 상금으로 2억 7천만 원을 벌었다. 1,700마리 서울경마장 말 가운데 랭킹 3위까지 올랐다. 무엇보다 힘으로 이놈을 당할 말이 없었다. 보통 경주마는 470킬로그램에서 500킬로그램이면 이상적이라고 하는데 이놈은 540킬로그램이 넘었다. 승마장에서는 600킬로그램이 되었다. 기운은 더 충천했다.

　경마장에서 갓 나온 말을 승마장에서는 깍두기라 부른다. 물론 조폭이란 뜻이다. 생김새에서 유래한 별명으로 경마장의 말은 목덜미의 갈기를 조폭의 머리처럼 깎아버린다. 관리의 편리성과, 순간 승부를 다투는 경주에서 경기 중에 고삐가 갈기에 걸리는 것을 방지하려는 의도에서다. 성격 또한 포악한데 경마는 전투사의 승부이기 때문이다. 경마장에서 갓 나온 전투사 기질의 조폭 말, 게다가 힘으로는 당할 자 없는 경주마다.

그런데 이 말을 초보자인 아줌마가 탄다. 타는 방법이 이상하다. 한마디로 시끄럽게 한 시간 내내 떠든다. 말 안 듣는 아들 타박하듯 계속 나무란다.

"내가 뛰지 말라고 했었지? 왜 서고 그래? 으응 잘했어! 착하지. 속보로 가자. 이제 그만. 왜 그래? 고개 흔들지 말라고 했잖아?"

신통하게 둘은 문제없이 잘 탄다. 문제가 생길까봐 모두 조마조마 하지만 아무 문제도 만들지 않았다. 말에서 떨어진 적도 없다. 나도 스트롱디맨드를 타봤지만, 승마장 원장님이 걱정돼서 한 시간 내내 쳐다보고 있었다. 여간 까다로운 말이 아니었다. 고삐의 연결이 조금만 세면 귀를 뒤로 젖히고 반항할 기세였다. 기좌가 조금만 불편해도 주춤거렸다. 반동이 강해서 속보도 어렵고 구보 반동도 장난이 아니다. 걸음이 정확해서 실력향상에는 도움이 된다.

훌라맹고(가명)라는 말이 있었다. 독일산 웜브렛으로 정말 비싸고 좋은 말이다. 똑똑해서 뭐든 다 할 줄 안다. 승마대회에서 받은 트로피를 셀 수가 없다. 그 말이 미친놈이 됐다. 대마장에서 타다가, 날뛰고 말을 듣지 않아 원형 마장에 넣고는 돌린다. 말은 걷다가 채찍을 대면 미친 듯 날뛴다. 그렇게 돌리고 마장으로 나오면 말은 다시 날뛴다. 눈은 반쯤 미친 듯 충혈되어 있고 하루하루 맹수로 변하고 있다. 스트롱디맨드와 훌라맹고, 무슨 일이 있었을까?

기업에 있는 사람들은 누구나 신뢰받고 싶어 한다. 직원이면 동료, 특히 상사로부터의 신뢰가 직장생활의 핵심역량이다. 상사에게 '저 친구는 무엇을 맡겨도 문제없이 해낸다.' 또는 '저 친구는 어떤 일이든 믿고 맡겨도 된다'는 신뢰를 주었다면 성공과 승진은 떼놓은 당상이다. 리더나 경영자 또한 신뢰를 얻고 싶어 한다. 최근에는 소통이 경영의 중요한 열쇠어 key word로 등장하고 있다. 소통은 신뢰를 기반으로 한다. 사실 우리가 영위하는 경제활동 대부분은 신뢰를 바탕으로 일어난다. 신뢰가 없으면 거래비용이 급속히 늘어난다. 기업의 감사부서와 경영관리부서 모두가 신뢰만 있다면 불필요한 조직이다. 거래가 있을 때마다 상대를 믿지 못해서 조심하고, 상대에 대한 정보를 얻어야 한다면 거래에 들어가는 비용은 급속히 늘어나고, 거래 자체가 일어나기 힘든 상황도 생긴다. 신뢰는 또한 나라 경제 효율성을 높이는 중요한 자산이다. 기업에서 서로 신뢰가 없다면 어떻게 될까? 리더가 무슨 말을 하든 직원들이 액면 그대로 받아들이지 않는다. 일이 제대로 될 리가 없다. 진의를 해석하기 바쁘고, 일보다 의도를 파악하는 데 정력을 쏟는다. 직원의 정치 감각은 국회의원급이 된다.

신뢰가 회사의 운명을 결정한다는 연구도 있다. 기업이 존재하고 흥망성쇠를 겪는 이유를 신뢰와 협력으로 증명한 연구도 있다. 사회물리학자들이 단순한 컴퓨터 시뮬레이션 모형으로 실험했다. 가정은 간단하다. 첫째, 세상에는 많은 사람이 있고, 혼자 일할지 기업에 들어와 다른 사람과 함께 일할지 각자 결정할 수 있다. 둘째, 팀워크와 협력 때문에 함께 일하면 더 큰 이익을 얻을 가능성이 높다. 셋째, 사람들이 협력을 시작하고 유지하는 일은 끊임없는 속임수의 위협 때문에 쉽지 않다. '무임승차자'가 집단의 협력과 신뢰를 좀먹는다. 그럴듯하고 받아들일 수 있는 가정이다.

연구자는 여기에 약간의 개성 차이를 포함시켰다. 어떤 사람들은 야심가여서 열심히 일하면서 높은 소득을 열망하는 반면, 어떤 사람들은 야심이 없어 적게 벌고 자유 시간을 많이 갖기를 원하게 한 것이다. 실험에서 열심히 일하는 개인들은 혼자 일할 때보다 협력하면 더 많이 벌기 때문에 모여서 기업을 만들기 시작했다. 시간이 지나자 기업이 커지고 생산성이 높아졌다. 더 많은 사람을 고용했다. 야심가와 야심이 없는 사람이 섞여 있었다. 작은 기업은 한 사람 한 사람의 노력이 전체 생산량에 큰 영향을 주고 소득이 노력에 따라 달라지기 때문에 무임승차로 이익을 보기 어렵다. 눈에 띄기 때문이다. 큰 기업에서는 생산량에 비해 개개인의 기여가 아주 작다. 모의실험에서는 기업이 커지면 야심 없는 개인들이 속임수를 쓰기 시작했다. 불행히도 열심히 일하는 사람들이 금방 그들을 따라 한다. 노력의 성과가 자신에게 돌아오지 않고 게으름뱅이에게 돌아가는 것을 보면서 야심 있는 사람들의 불만이 쌓여간다. 모형은 대규모 기업들이 무임승차자들로 인해 겪는 곤란을 여실히 보여주었다. 열심히 일하는 사람들은 무임승차자들이 적은 다른 기업으로 옮기거나, 독립해서 일하게 된다. 기업은 협력과 그 이득으로 성장하지만, 기업이 성공하면 게으름뱅이가 나타나서 협력을 좀먹는다. 열심히 일하는 사람들로 구성된 새로운 기업이 만들어지고 점점 커진다. 오랜 시간이 지나면 그 기업도 결국 무임승차자들로 오염된다. 그 결과 기업이 망하고 새로 생기는 요동은 끊임없이 계속된다. 모의실험에서 기업들의 규모 분포는 재빨리 안정되고 불변하는 형태가 됨을 보였다. 기업의 규모는 현실에서 관찰되는 것과 같은 멱함수 법칙($y = \frac{1}{s^2}$)을 따랐다. 놀랍게도 성장 속도의 멱함수법칙도 나왔고 기업수명에 대한 멱함수 법칙도 나왔다.

  이 모형은 경제학과 경영학에 엄청난 시사점을 제공한다. 비즈니스에는 냉혹하고 무자비한 인물, 경쟁력을 가진 인물과 잔인한 결단을 내리는 역량이 필요하다고 알고 있었다. 하지만 경쟁력 있는 기업을 보면 협력이 낳는 사회적 응집력이 성공의 원천이라는 걸 증명해 준다. 장수하는 기업은 조직원들이 협력 정신을 계속 유지하고 열심히 일하기 때문이라는 것이다. 야심가의 무리로 구성하고 그들 간에 신뢰를 유지하는 것이 핵심 경쟁력이다. 신뢰가 경영의 성과와 기업의 존망을 결정하는 것이다.

그러면 신뢰를 얻는 비결은 무엇일까?

말의 조교법에 나와 있다. 조교調敎란 말을 가르치고 길들인다는 뜻이다. 첫 번째 원칙이 진정성이다. 생각과 말과 행동이 일치해야 한다는 것이다. 진정성이 없으면 우리는 상대를 믿지 못한다. 자연주의 조교법의 대가, 호스 위스퍼러의 실제 주인공 '벅'은 말한다.

"말은 사람이 자신에 대해 화가 나 있으면 순식간에 그것을 알아차리고 마음의 문을 닫아버린다. 사람보다 수십 배, 수백 배 예민한 후각과 청각으로 사람의 감정을 읽는다. 다른 이유로 화가 나 있어도 마찬가지다. 사람들은 말을 다룰 때 곧잘 개인적인 감정이 튀어나온다. 그 결과 말과 상관없는 이유로 말을 학대한다. 말의 상태를 보면 알 수 있다. 이 과정을 통해 거의 모든 말이 하나 이상의 영혼의 상처를 가지고 있다. 호스맨에게 가장 큰 도전은 자신의 감정을 컨트롤하는 것이다. 사람들은 뜻밖에 순식간에 미친 상태가 된다."

조회 때마다 직원이 회사의 주인이고 가족이라고 강조한 사람이 회사가 어려워지자 구조조정을 한다. 수입이 줄었다고 자식을 호적에서 파내고 집에서 내쫓는 아버지를 신뢰할 수 있을까? 고객 만족이 중요하다고 강조하고는 고객의 문제를 해결하다 회의에 늦은 직원을 나무라면 신뢰가 생길까? 경영자나 리더는 알아채지 못하지만 그들만 쳐다보는 직원들은 수십 배 더 빠른 감각으로 알아차리고 말과 행동을 비교한다. 진정성이 없으면 복지제도를 도입해도, 교육기회를 제공해도, 성과 배분을 해도 믿지 않는다. '저 양반, 왜 저러지?' 하며 의도를 의심한다.

말을 타고 외승을 가면 별의별 위협요소가 등장한다. 사람의 눈엔 아무것도 아니지만 물결에 비치는 햇살, 고양이 냄새를 실은 바람, 반짝이며 바람에 날리는 비닐봉지 모두가 말에게는 위협이다. 이 상황에서 말이 기승자를 믿지 못하면 바로 로데오로 사람을 던져버리고 마방으로 달려간다. 두려움에 사로잡힌 말은 호랑이보다 무섭다. 스트롱디맨드 아줌마는 말을 진정 사랑하고 말을 해칠 마음이 조금도 없다. 스트롱디맨드도 믿는다. 홀라맹고는 진정성 없는 주인을 신뢰하지 않는다. 말과의 생활에서 신뢰는 알파요, 오메가다.

두 번째 원칙은 일관성이다. 미국의 대외정책 가운데 '적성국이 미국 정부가 합리적이고 일관성 있게 행동한다고 믿게 하지 말라'는 원칙이 있다. 그렇게 믿으면 상대국은 미국의 대응을 사전에 예측할 수 있고, 미국을 상대로 부당한 이익을 취하거나 미국의 안전을 위협할 수 있다는 이유에서다. 합리적인 예측이 불가능한 상대가 물리적 힘이나 처벌권을 행사하는 경우 우리는 공포를 느낀다. 폭군에게서 나타나는 현상이다. 고통보다 더 두려운 것이 공포다. 공포가 극에 달하면 분노로 바뀌고 목숨을 걸고 저항하게 된다.

말의 지능은 서너 살 어린애 수준이다. 일관성이 없으면 바람직한 행동을 유도할 수 없다. 오히려 공포를 키운다. 같은 행동에 대해 이럴 땐 넘어가고 저럴 땐 야단치면 말은 종잡을 수 없어 공포를 느낀다. 그때그때 다른 건 말에게 최악이다. 잘하든 못하든 일관성을 가져야 한다. 자세를 바로 하면서 체중을 뒤에 실으면 곧이어 새로운 행동을 요구한다는 신호다. 이어서 아무런 신호를 하지 않으면 말은 당황한다. 이런 행동이 계속되면 말은 혼란스러워진다. 여기에 일관성 없는 처벌과 보상이 더해지면 엉망이 된다. 스트롱디맨드는 잘못된 방법이지만 일관된 방법으로 요구를 했다. 훌라맹고에게는 일관성 없는 신호와 처벌이 내려졌다. 말이 예상하지 못하는 신호와 보상은 말을 두려움에 떨게 만든다.

장수 CEO에게 비결을 물으면 한결같이 말한다. 노 서프라이즈^{No Surprise}. 그때그때 다른 건 죄악이다. 부하직원은 CEO의 심기를 살피게 된다. 훌륭한 리더는 예측 가능한 리더다. 똑같은 잘못을 했을 때 어떤 때에는 불같이 화를 내고 어떤 때에는 그냥 넘어가면 신뢰할 수 없는 리더다. 예측 불가능한 리더가 CEO 자리에 앉으면 비서가 바빠진다. 직원들은 보고 전에 비서에게 심기를 묻게 된다. 중요한 의사결정이 이익과 손실분석에 의해 결정되지 못하고 CEO의 심기에 의해 결정되니 회사가 제대로 굴러갈 리가 없다.

회사를 망하게 하고, 말이 자신을 물어뜯는 호랑이로 만들고 싶은가? 어렵지 않다. 진정성 없는 행동과 그때그때 다른 모습을 보여주면 된다.

30

개를 닮은 직원, 말 같은 **직원**

– 전략 참모

    개를 좋아하는지 모르겠다. 보신탕 이야기가 아니다. 개를 좋아한다면 이 글을 읽지 않길 바란다. 개도 좋아하고 말도 좋아하는가? 기분은 좀 나쁘겠지만 읽어도 된다. 말에 편협된 글임을 알고 읽어 주면 고맙겠다.

    개떡, 개살구, 개꿈, 개나발, 개수작, 개망나니, 개잡놈… 개가 들어가는 명사는 좋은 뜻이 없다. 야생의 상태이거나 질이 떨어지는 경우 '개'라는 단어를 붙인다. 대부분 '참'의 반대말이다.

    개 기르다 다리 물렸다, 개 잡듯 팬다, 개가 개를 낳는다, 개는 인사가 싸움이다… 무슨 뜻인가? 모두 인간답지 못한 행동을 할 때 쓰는 말이다. 개와 관련된 단어와 속담은 왜 이렇게 모두 부정적일까? 말은 이와 다르다. '말은 제주도로 보내고 사람은 서울로 보낸다'는 말을 자주 쓴다. 동물을 셀 때는 '마리'라는 단위를 쓰지만, 말은 '필'이라는 단위를 쓴다. 동물을 훈련하는 사람은 조련사이지만 말은 가르친다고 표현하고, 조교사라 부른다. 말을 인간에 버금가는 인격을 가진 동물로 여겼기 때문이다.

    봄 햇살이 따뜻한 승마장이었다. 코치가 애견을 데려와 앉혔다. 주인이 자리를 비우자 사납게 짖었다. 시끄럽고 성가신 시간이 계속되었다. 채찍으로 땅을 내려치고 날카로운 눈으로 쏘아보며 한 발씩 다가갔다. 개는 꼬랑지를 다리 사이에 감추고 구석으로 들어가 몸을 쪼그렸다. 더 할 수 없이 애처롭고 불쌍한 눈빛을 보이며 고개를 돌리고 흘끔흘끔 쳐다보았다. 이젠 되었다 싶어 돌아서는 순간 개는 으르렁거리며 다리를 물었다. 어쩔 수 없이 채찍으로 내려쳤다. 개는 다시 애처롭고 불쌍한 눈빛으로 변하며 구석으로 쪼그려 앉았다. 애처롭고 불쌍한 눈빛과 으르렁거림은 지루하게 반복되었다. 다음 순간 깨우침이 있었다. 아! '개 같은 놈'이라는 말이 저걸 말하는구나! 그 후로 내가 하는 가장 심한 욕은 '개 같은 놈'이다.

    말을 좋아하는 사람은 '애마'라는 단어를 쓰지 않는다. 나도 이 단어를 싫어한다. 특히나 자동차나 오토바이를 두고 애마라고 하는 사람에겐 감정을 추스르기 어렵다. 애견인들도 누군가 스마트폰이나 장난감을 두고 '나의 애견'이라 하면 '미쳤나?' 하는 반응을 보일 것이다. 차를 애마로 표현하는 사람은 자기가 무슨 말을 하는지 모르거나, 말을 대해 본 적이 없는 사람이다. 맑은 눈빛, 순결한 영혼, 따뜻한 온기와 심장의 두근거림으로 즐거움과 슬픔을 사람과 함께 나누는 생명체를 어떻게 차와 비교할까?

    개와 말은 공통점이 많다. 일반적으로, 이름을 갖는다. 경주마의 이름은 영국의 웨더비^{Wetherby} 국제혈통서에 등록된다. 경주마가 아닌 경우에도 반드시 이름을 짓는다. 개도 요즘은 대부분 이름을 갖는다.

개가 이름을 가진 것은 최근의 일이지만 말이 이름을 가진 건 수천 년 전으로 거슬러 간다. 알렉산더 대왕의 말 부케팔로스, 관우의 말은 적토마다. 관심유도동물이라는 점도 같다. 사람과 같이 감정을 표현할 줄 안다. 그래서 사람의 관심과 애정을 받는다. 육용으로서 가치가 없다는 점도 같다. 개와 말은 투입 대비 얻을 수 있는 칼로리의 효율이 다른 가축에 비해 매우 낮다. 고기를 얻기 위한 가축으로는 적합하지 않다는 것이다. 이런 공통점으로 인해 승마인들이 말에 대해 애정을 담아 말하면 애견인은 같은 맥락이라 생각하고 자신의 개에 대해 이야기한다. 큰 착각이다. 개와 말은 곤충과 물고기만큼 다르다. 둘 다 생물이라는 점, 지방이나 단백질·탄수화물을 섭취해야 한다는 점, 산소가 없이는 살 수 없다는 공통점이 있다. 하지만 우리가 느끼는 차이는 엄청나다.

벌판이 군사로 가득찼다. 중무장한 군대와 코끼리를 앞세운 군대가 마주섰다. 팽팽한 긴장이 이어지고 불화살 신호와 함께 전쟁이 시작된다. 장대비처럼 쏟아지는 불화살과 함성으로 코끼리가 놀라 이성을 잃고 어지럽게 흩어진다. 방향을 잃고 날뛰는 코끼리의 돌진으로 군대의 대형은 무너지고 군사들이 흩어진다. 여기저기 솟는 불꽃과 아우성, 비명으로 수레를 끌던 소들이 놀라 이리저리 달아난다. 언덕에서 지켜보는 장군들의 말 앞에도 불화살이 쏟아진다. 말들은 미동도 않은 채 바라보고 있다. 이상하지 않은가? 왜 말은 미치거나 놀라 도망가지 않을까? 전쟁터에서, 전쟁 중일 때 개를 본 적이 있는가?

학자들은 개와 말의 특성을 분명하게 구분한다. 개는 애정을 구걸하고 가불假拂한다. 사람이 한 번도 애정을 주지 않아도, 처음 보는 사람이라도 개는 꼬리를 흔들고 애정을 보인다. 슬픈 표정이나 기쁜 표정을 보이면서 좋아하고 있음을 확실히 보여준다. 내가 너를 이렇게 좋아하니 알아서 하라는 행동이다. 대부분의 사람은 이 트릭에 걸려든다. 개는 인간의 반응을 미리 예상하고 행동한다. 어떤 일을 하면 좋아할지, 싫어할지를 알고 대응한다. 인간이 걸려들 수밖에 없는 올가미다. 인간이 방자하고 무례하게 행동해도, 인간이 원칙 없고 야비하게 행동해도 탄력적으로 대응한다. 주인의 모습을 보면서, 예상하면서 응석을 부린다. 그리고 끊임없이 인간으로부터 얻을 수 있는 이득을 생각한다. 더 이상 얻을 것이 없으면, 자신이 위험해지거나 손해를 보면 '개처럼' 행동한다. 그래서 전쟁터에는 개가 없다. 내 주장이 아니라 학자들의 이야기다.

말은 애정을 가불假拂하지 않는다. 절대 낯선 이에게 애정을 보이지 않는다. 먼저 사랑을 주어야 하고 신뢰한다는 모습을 보여야 관심을 보인다. 그 관심도 눈에 띄지 않는다. 심심하고 무뚝뚝한 동물이다. 많은 시간과 노력, 공을 들여야 비로소 관심을 보인다. 온전한 리더, 믿을 만한 리더라면 목숨도 아끼지 않고 절대복종한다. 자신의 죽음보다 리더의 신뢰를 잃는 것을 더 두려워한다. 약속과 원칙이 다르면 따르지 않고 여러 가지 방법으로 자기주장을 하며 물러서지 않는다. 이런 일이 계속되면 리더에게 신뢰를 보이지 않고 반항한다.

2014년 전후 2년간 동양, 웅진, STX그룹이 법정관리 신청을 했다. 외환위기 때는 30개 기업집단 중 16개가 사라졌다. 1년 사이에 3개 재벌 그룹이 도산한 것은 외환위기 이후 처음이다. 이쯤이면 경제부 기자와 경영학자들이 바쁘다. 망한 원인을 분석하고 그럴듯한 이유와 교훈을 만들어야 하기 때문이다. 많은 원인이 나왔다. 기업지배구조, 경기변동이 큰 그룹의 사업구조, 오너경영자의 도덕적 해이, 구조조정

시기의 실기, 현금흐름에 비해 과다한 사업확장을 지적했다. 내 생각은 다르다. 근본적인 원인은 2008년의 글로벌 경기 하락이다. 이 경기 하락은 중간재 산업인 건설, 중공업, 해운, 운수, 조선에 가장 큰 영향을 주었고 이들 사업에 의존하는 그룹들은 큰 충격을 받았다. 그 충격을 채무로 조달하여, 빚을 돌려막기 하다가 더 이상 견딜 수 없게 되어 도산한 것이다. 그리고 한 가지가 더 있다. 망한 기업에는 반드시 개 같은 직원이 있었다는 것이다. 동양그룹의 도산에도, 웅진의 그룹의 도산에도 망하게 한 주역에 대한 소문이 들린다. 이들이 오너의 비전에서 활동하면서 합리적인 의사결정을 막았다. 인의 장막을 쳐서 경영자가 현실을 파악하기 어렵게 만들었다고 한다. 회사가 어려운 상황에 처하면 쓴소리를 하는, 정직하게 문제를 지적하고 대책을 이야기하는 직원들은 자리에서 밀린다. 경영자에게 단 소리만 골라 하고, 회사는 어떻게 되든 이익만 챙기려는 사람들이 그 자리를 차지한다. 그들은 경영자에게 먼저 애정을 보이며 다가간다. 기쁨과 존경의 표정을 보이면서 좋아하고 있음을 확실히 보여준다. 경영자의 심리를 미리 예상하여 나쁜 소식은 감추고 기뻐할 만한 이야기만 한다. 어떤 일을 하면 좋아할지, 싫어할지를 알고 대응한다. 경영자가 엉뚱한 짓, 회사를 망치는 행동을 해도 탄력적으로 반응한다. 경영자의 반응을 예상하면서 응석을 부린다. 개 같은 부하직원은 경영자에게 피하기 힘든 유혹이다. 그들은 끊임없이 경영자로부터 얻을 이득을 생각한다. 지나고 보면 경영자에게 심적인 안정을 주는 것 외엔 회사의 성장이나 이익에 기여하는 것이 없다. 개의 행동과 비슷하지 않은가?

이럴 때 말 같은 직원은 고집을 부린다. 성가시고 힘이 드는 직원이다. 종업원과 투자자, 국가사회에 한 약속과 기업경영원칙을 어기기 때문에, 옳지 않은 행동이기 때문에 여러 가지 방법으로 자기주장을 하고 물러서지 않는다. 경영자의 잘못된 결정이 계속되면 신뢰를 보이지 않고 반항한다. 경영자로서는 눈엣가시다.

말 같은 직원을 얻는 것은 품이 든다. 자신의 행동에 절제와 배려가 있어야 하고, 스스로 반듯하게 자기관리를 해야 한다. 말 같은 부하직원은 먼저 다가와 살갑게 대하지 않는다. 경영자가 먼저 반듯한 모습과 신뢰를 보여야 마음을 연다. 경영자가 엉뚱한 짓을 하면 고집을 부린다. 목숨까지 버리며 충성하고, 배신하지 않으며, 자기보다 경영자를 먼저 챙기는 직원이란 걸 알지만, 이 직원을 부리려면 자기가 힘들다. 말 같은 직원을 가지려면 말을 다루는 능력과 자기통제가 필요하다.

기업을 방문할 기회가 자주 있다. 회사의 임원을 보면서 말 같은 직원인지, 개 같은 직원인지를 살핀다. 거꾸로 경영자를 보면서 말 같은 직원에 둘러싸여 있는지, 개 같은 직원과 함께 있는지를 가늠할 때도 있다. 당신의 회사는 어느 쪽인가?

제5장

승마와 혁신

31

야생마,
재갈을 물리다
− 혁신 피로

고연비, 고성능, 넓은 실내공간을 실현한 첨단기술의 월드 카! 1976년 출시한 포니 엑셀이다. 파워핸들도, 에어컨도 없고 창문은 수동으로 내려야 한다. 이 차의 가격은 227만원이었다. 당시에 라면 가격이 20원이었고 현재 가격이 650원임을 감안하면 지금 돈으로 따져서 무려 7,377만 원에 달한다. 운전석과 동승자석에 에어백이 장착되어 있고 에어컨은 물론 첨단 전자장비가 모두 장착되어 있으며 143마력의 카파엔진을 자랑해 젊은 세대들에게 인기 있는 i−30이 2200만 원 수준임을 감안하면 가격은 3분의 1 수준으로 내렸고 품질은 비교가 되질 않는다. 비슷한 경우로 1967년에 발매된 14인치 흑백 브라운관의 금성 텔레비전은 6만 8천 원에 판매되었다. 현재 가치로는 220만 원에 달한다. 2017년, 등장인물의 숨구멍까지 보여주는 55인치 UHD LED TV도 저가형 모델은 40만 원 대에도 구입할 수 있다. 가격은 4분의 1 이하로 떨어지고 기능과 품질은 비교가 불가능할 정도로 향상되었다. 이런 놀라운 현상은 그동안 우리 기업의 끊임없는 혁신의 결과이다. 혁신은 기업의 경쟁력을 높이고 소비자에게는 최고의 품질을 저렴한 가격으로 구매할 수 있게 하여 결과적으로 놀라운 생활수준 향상을 가져왔다.

이러한 혁신활동에 대한 피로를 호소하는 목소리가 높아지고 있다. 외환위기 이전에도 해마다 위기를 강조하며 직원들을 몰아붙였지만 외환위기 이후에는 더욱 노골적이고 적극적으로 해고의 위협을 강조하며 혁신을 요구하고 있다. 혁신의 도구 또한 사업구조조정, 프로세스 혁신, ERP, 식스 시그마, 전환경영 등 해마다 다른 기법으로 몰아붙이고 있다. 똑같은 프로그램으로 오래 하면 싫증을 내기 때문에 계속 프로그램을 바꾼다고 한다. 이제 혁신은 기업체의 이야기가 아니라 공기업·정부조직·교육기관까지 열풍이 불고 있고, 심지어 시민단체에까지 혁신의 바람은 거세다. 혁신의 개념은 처음에는 주로 연구개발 분야에 사용되었지만 점차 기업활동 전반으로 확산되었고 이제는 정부, 지방자치단체 등 공공부문에까지 적용되고 있다. 급기야 혁신을 일회성 이벤트가 아니라 조직 내에 체화하고 생활화해야 한다는 주장까지 들린다. 혁신전도사들은 '이상한 나라의 앨리스'에서의 레드퀸 경주처럼 우리가 이 자리에 그대로 머물러 있으려면 있는 힘을 다해서 뛰어야 하므로 혁신하지 않으면 퇴보하는 것이어서 기업은 생존할 수 없다고 주장한다.

신경과학의 최근 연구에서 밝혀졌듯이 변화는 인간에게 생리적 불편을 유발하기 때문에 고통스럽다. 개에게 두발로 걷는 DNA가 없는 것처럼 인간에게는 혁신의 DNA가 없다. 혁신은 인간에게 부자연스런 것이고 지속적인 혁신은 저항과 피로를 낳게 마련인 것이다. 그래서 혁신 전문가들은 이러한 저항을 없애기 위해 위기감을 조성한 후,

혁신하지 않으면 안 되는 문화를 만들 것을 주문한다. 움직이지 않으려는 사람들을 움직이는 방법으로 채찍을 사용하는 것이다. 고통과 위협을 수단으로 지시와 통제를 통해 혁신을 추진하기에 종업원들은 피동적으로 혁신활동을 한다. 그 결과 실제 혁신 성공률은 16퍼센트에 불과하다고 한다. 이런 혁신과정 관리법은 인류가 8천년 이상 해온 전통적인 말 조련법과 흡사하다. 물론 이성과 합리의 대명사인 인간이나 조직을 말에 비유하는 것은 비약일 수도 있다. 하지만 말과 사람이 3만 년 이상 오랜 기간 동안 함께 전쟁에서부터 농사일에 이르기까지 많은 일을 할 수 있었던 것은 말의 행동과 감정, 사고가 인간의 그것과 공통점이 많았기 때문이라고 한다. 실제로 말의 조련법은 이미 세계 유수기업의 리더십 개발 과정과 변화관리, 학습에 적용되어 우수한 성과를 거두고 있다.

과거의 말 교육 방식은 고통과 테러를 가해서 원하는 행동을 하게 하는 방식이었다. 말 조련사들은 그동안 말에게 인간의 언어로 '내가 말하는 대로 하라. 그렇지 않으면 난 널 괴롭게 하겠다.'는 원칙으로 조련을 해왔다. 예를 들면 한두 살 난 망아지나 야생마를 길들여 고삐와 굴레를 씌우고 안장을 얹는 작업은 최소한 한 달에서 한 달 반 이상이 걸리는 매우 위험한 작업이다. 자유롭게 들판을 뛰놀던 말에게는 등에 무거운 안장을 얹고 가슴을 꽉 조이는 복대와 입천장과 바닥을 찔러 지시하는 재갈과 고삐는 두렵고 고통스럽기 이를 데 없는 일이기 때문이다. 정상적인 말이라면 이 '길들임'에 목숨을 걸고 저항할 것이 당연하고, 그 과정에서 말 조련사가 불구가 되거나 심지어 사망하는 경우도 종종 생긴다. 한국에서도 1999년부터 2001년까지 활약하면서 대상경주 2회 우승을 포함해 총 18승을 기록해 마주에게

8억 7769만 원의 상금을 안겨준 명마 '고려방'의 경우에도 안장을 얹고 사람을 태우도록 순치시키는 데만 5명의 조련사가 병원으로 실려갔다.

그런데 영국 엘리자베스 2세 여왕의 말을 조련해서 유명해진 만티 로버트라는 미국인은 이 작업을 단 30분 만에, 그것도 즐겁게, 말의 협조 하에 해낸다. 8천 년간 내려온 말 조련법에 일대 혁신이다. 여왕의 두 번에 걸친 간곡한 권유를 받아들여 1996년 자신의 말 조련법을 '말과 대화하는 사람'이라는 책으로 발간하여 밀리언 셀러가 되면서 전 세계적인 관심을 끌었다. 그는 1951년, 조교사인 부모와 함께한 네바다 사막 여행에서 야생마 무리를 관찰하면서 말의 언어인 Equus를 이해할 수 있었고, 수십 년간 연구한 결과 말과의 대화가 가능하게 되었다고 한다. 실제로 아리조나 사막에서 야생마 무리 중에 한 마리를 선택하여 15분 만에 조련하는 모습을 BBC와 PBS TV를 통해 보여 주면서 일약 유명세를 타기도 했다. 조련된 말을 야생으로 다시 보내주었는데 무리와 자연스럽게 어울렸고, 사흘 뒤에는 다시 홀로 로버트를 찾아왔다고 한다.

로버트의 조련법은 인간과 말 사이의 신뢰 구축에서 출발한다. 말에게 원하는 행동을 강제하는 것이 아니라, 말 스스로 경계를 풀고 순응할 수 있도록 참고 기다리는 것이 그의 비법秘法이다. 상호간의 믿음을 기반으로 말의 언어로 이야기하고, 해치지 않는다는 것을 스스로 확신하게 하고, 옳은 행동을 할 때까지 묵묵히 기다렸다가 칭찬과 보상을 하는 방법을 취한다. 만약 책임감을 없애고 타이트한 통제를 가하면 학습과정은 사라지고 피동적인 존재만 남게 된다. 우리의 기대와 선입견이 우리의 현실을 만든다고도 한다. 직원에게 말에게,

우리가 어떤 기대와 선입견을 갖는가가 그들의 행동을 결정하는 것이다. 스스로 배우려고 노력하는 욕구를 불러일으키는 것이 자연주의 조련방법의 핵심이고 '느린 것이 가장 빠른 것'이라는 것이 핵심적 교훈이다. 채찍과 당근으로 표현되는 인센티브와 위협을 통한 행동주의는 오래 작동하지 않으며 목적을 가지고 반복적으로 집중하여 관심을 가져줄 때 뇌에 화학적, 물리적 반응을 일으키고 오랫동안 지속되는 개인의 발전을 이끌어 낼 수 있다는 것이 최근 가장 활발한 성과를 보이고 있는 뇌 과학의 결론이다.

한국의 모든 기업들이 혁신피로의 해결에 골몰하고 있다. 직원들이 다시 혁신에 몰입하도록 하는 것은 앞으로 우리 기업과 경제의 성패를 결정한다. 만티 로버트의 조련법에 세계적인 기업들이 주목하는 이유이다.

하프스톱 half stop

순치(馴致) : 명마와 영웅의 운명적 만남

옛날 어느 마을에 용 한 마리가 호수로 내려와 말로 변해 사납게 날뛰는데 아무도 그 말을 타지 못했다. 마침 그곳을 지나던 항우가 이를 보고 두어 시간 말과 힘을 겨루어 제압하고 길들여 탔다.

테살리아의 말 상인이 부케팔로스라는 명마를 가져왔다. 성질이 매우 거칠어 누구도 다루지 못하자 12살의 알렉산더가 자기가 다루어 보겠다고 했다. 그림자에 놀라 날뛰는 말에 올라 지치게 뛰고 돌아와서 순치했다.

순치라 하면 우리는 이렇게 거칠고 사나운 말을 연상하고, 이 말을 사람에게 잘 따르도록 유순하게 만드는 것으로 생각한다. 순치는 유순(柔順)하다는 순이 아니라 말을 가르치거나 길들인다는 순(馴)이다. 말은 사람과 의사소통하며 갖가지 기술을 수행해야 한다. 사냥개, 마약 탐지견, 맹인견을 만들기 위해서는 교육이 필요하지만, 말처럼 복잡한 일을 수행하는 동물은 드물다. 그래서 말을 제외한 다른 동물을 훈련하는 사람을 조련사라 부르는데 반해 말을 가르치는 사람을 조교사라 부른다.

순치는 어린 말을 이동시키기 쉽게 굴레를 씌우는 것으로 시작한다. 아주 어린 나이에 굴레에 길들이기 때문에 굴레를 거부하는 말은 거의 없다. 두 살 내외에 본격적인 순치가 시작되는데 배에 복대를 조이는 일과 안장 지우는 일, 재갈 물리는 일에 길들인다. 망아지는 몸통을 조이는 복대, 등에 지는 안장을 속박으로 여기기 때문에 쉽게 받아들이지 않는다. 말은 뒷발로 자신의 목을 긁을 수 있고, 2미터 떨어진 사람을 찰 수도 있다. 생명에 위협을 느끼며 날뛰는 말은 미친 듯 반항하기 때문에 조교사는 예기치 않은 부상을 입기도 한다.

재갈은 두 개의 쇠막대를 고리로 연결하여 말의 앞니와 어금니 사이에 있는 치간이개에 끼우는 장치다. 초원에 사는 말은 풀을 뜯는 중에도 포식자의 움직임을 살필 수 있는 얼굴이 긴 말이 생존에 유리하다. 이 진화의 압력으로 말의 얼굴은 길어졌지만, 이빨은 그만큼 길어지지 않는 진화의 부작용으로 앞 이빨과 어금니 사이에 빈 공간이 생겼다. 잇몸만 있는 이 공간을 '치간이개'라 부르는데 여기에 재갈을 끼운다. 치간이개에 재갈을 물리면 인간은 말의 목 힘이 아니라 예민한 잇몸 자극으로 말을 정지시키고 속도를 조종하며 방향을 지시할 수 있다. 고삐 잡은 인간의 손과 말이 대화하는 길이 열리는 것이다.

순치에서 가장 어려운 작업은 사람을 태우는 일이다. 야생에서 자신의 등에 누군가 올라갔다는 건 죽음이 코앞에 있다는 걸 의미한다. 본능적으로 거부하고 목숨을 걸고 저항한다. 경종마 아라비안 호스, 더러브렛이 특히 까다롭고 위험하다. 이렇게 사람이 말 위에 오르는 것을 받아들이기까지가 초기 순치 단계이다. 이후 평생 동안 인간과 협력하며 승마 또는 경마기술을 익혀 나간다. 최근에는 말의 심리를 이용한 자연주의 조교법으로 15분 이내에 해내는 사람도 있지만, 초기 순치 작업은 전문가의 손길로 통상 3개월이 소요된다.

항우와 알렉산더의 일화는 오추마와 부케팔로스를 초기 순치하는 과정을 묘사했다. 이 이야기는 사실일까? 용이 호수에 내려왔다는 부분과 부케팔로스가 자신의 그림자를 보고 놀랐다는 것을 제외하면 사실일 가능성이 높다. 하지만 두 영웅은 매우 위험한 짓을 했다. 말이 제 목숨을 돌보지 않고 반항하며 몸을 절벽으로 던지거나, 바위에 부딪히거나, 숲으로 돌진할 가능성이 충분히 있었다. 이 경우 알렉산더나 항우는 중상을 입거나 사망할 수도 있었다. 말은 서열에 대한 본능적인 감각을 가지고 있다. 서열은 말의 생존과 직결된 문제로 서열이 낮은 말은 높은 말에게 절대 복종한다. 오추마와 부케팔로스는 자신이 사람보다 서열이 높다고 생각했을 가능성이 높다. 많은 사람이 자신을 길들이려 노력했지만 실패하면서 서열에 대한 확신은 더욱 확고해졌을 것이다. 이런 말에게 사람이 자신보다 서열이 높은 존재임을 각인시키면 말은 극적으로 유순해진다.

32

회전을 위해
필요한 반정지(half stop)
- 사업방향 전환

   앞바퀴 회전반경 축소현상이라는 것이 있다. 고속으로 달리는 차의 앞바퀴 접지력이 원심력보다 작을 때 핸들을 꺾은 만큼 차가 꺾이지 않는 현상이다. 핸들을 20도 꺾었지만 앞바퀴는 10도밖에 꺾이지 않는 것이다. 후륜구동차가 오르막 커브를 돌 때 가장 심하며 차는 커브에서 외곽으로 튕겨나가 버린다. 이와 반대로 뒷바퀴 회전반경 확대현상도 있다. 전륜구동차가 내리막 커브에서 핸들을 20도 돌렸지만, 뒷바퀴가 밀리면서 차가 40도까지 꺾이는 현상이다. 이 경우 차의 뒷부분이 밖으로 밀리면서 길 밖으로 나가버린다. 커브를 도는 것이 운전자에게 항상 불안하고 위험한 이유다. 자동차 회사는 이 현상을 극복하기 위한 방법을 찾으려 많은 노력을 하고 있지만 아직까지 해결책을 찾지 못해 수많은 운전자가 사망하는 불행한 사고의 원인이다.

   사람의 경우 두 다리로 서 있기에 무게 중심이 몸과 직선상에 있지만 네 발을 가진 동물은 상황에 따라 무게 중심이 변한다. 여기에 체중의 20퍼센트 가까이를 차지하는 흔들리는 목이 달려 있다. 사람으로 치면 팔을 앞으로 쭉 뻗어 가방을 하나 들고 뛰거나 회전하는 것과 같다. 그래서 동물들은 회전을 하거나 걸음을 바꾸거나 할 때 더욱 쉽게 몸의 중심과 균형을 잃는다. 회전하려는 방향으로 고삐를 당기면 말의 목만 안쪽으로 들어오고 엉덩이는 밖으로 밀려나서 게처럼 옆걸음을 하거나 균형을 잃어버린다. 더불어 추진력을 잃어 사람도 말도 짜증스런 상황이 된다. 말이 힘 있게 전진하면서 코너를 돌리려면 어떻게 해야 할까?

기업경영에서도 이전에 성공했던 방식이 일종의 관성을 갖는다. 그래서 새로운 방향으로 기업의 운영방향을 바꿀 때, 즉 코너링을 할 때 많은 어려움을 겪는다. 실적이 부진한 기업에 새로운 경영자가 선임되거나 인수 합병한 기업에서는 반드시 코너링이 일어난다. 소니의 경우 '우리는 하나'라는 철학에서 1994년 이데이 사장 취임 이후 독자적인 생존을 강조하는 컴퍼니제도로 변경하면서 조직은 혼란에 빠졌고 추진력을 잃어 삼성에게 역전당했다. 산요 또한 2세 경영으로 넘어가면서 급격한 방향전환으로 인해 경쟁력을 상실했다. HP에서는 HP way에서 거대기업의 합병을 통한 성장이라는 급격한 New HP Way를 시도하다 조직의 내분과 추진력의 상실이라는 뼈아픈 실패를 경험했다. 코너링을 할 때 경영자의 행동은 크게 두 가지이다. 즉시 채찍으로 때리면서 고삐를 당겨 원하는 방향으로 방향을 꺾는 경우와 시간을 두고 천천히 고삐를 당겨 전환하는 경우이다. 첫 번째 방법은 뒷바퀴 회전반경 확대현상으로 기존 종업원의 반발을 사서 내분을 겪을 가능성이 크고, 기술과 인력을 확보할 목적으로 인수한 기업인 경우에는 핵심인력의 이탈로 실패의 위험이 높다. 두 번째 방법은 앞바퀴 회전반경 축소현상으로 인수된 기업은 이제껏 해온 방식이 더욱 강화

되어 방향전환이 어려워진다. 두 경우 모두 기업은 추진력을 잃어버려 경쟁 기업에게 시장을 잠식당하는 불행한 상황을 맞게 된다.

 말이 추진력을 잃지 않고 편안하게 회전하도록 하는 방법은 전환할 방향으로 몇 걸음 앞서서 시선을 두는 것이다. 고개를 돌리는 것만으로도 체중의 변화가 생겨 말의 안쪽다리가 둔해지고 바깥다리가 활발해져 직진하는 것보다 회전하는 것이 더 편해진다. 그리고 기다리면 스스로 전환할 준비를 해서 방향을 전환한다. 숙련된 사람들은 허벅지를 사용해서 말의 몸이 회전하는 쪽으로 휘어지도록 해서 급격한 회전이 가능하도록 하기도 한다. 핵심은 말이 스스로 회전할 수 있도록 미리 알려주고, 회전하기는 쉽고 직진하기는 어렵도록 만드는 것이다. 효율적인 조직일수록 추진력과 직진성이 강하다. 이런 조직의 회전은 더 어렵다. 채찍으로 때리거나 고삐를 당겨 채근하면 방향전환은 더욱 어렵고 반발은 심해진다. 장수기업과 우량기업들은 회전의 원칙을 잘 이용하고 있다. GE의 신임 CEO 이멜트는 글로벌 성장과 에코 비즈니스라는 시선을, 존슨앤드존슨의 밥 맥도널드는 개발도상국 시장확대라는 시선을 분명히 했다. 그리고 원하는 방향으로 고삐를 당기지 않고 시선을 둔 곳에 더 많은 관심과 자원을 부여하여 직원들이 스스로 원하는 방향으로 전환하도록 한 것이다.

 이 방법을 사용하기 전에 반드시 취해야 하는 동작이 있다. 반정지이다. 하프스톱Half stop 또는 반정지란 말을 정지시킬 때와 같은 동작을 취하지만 정지시킬 때 힘의 반만 사용하는 것이다. 자동차 운전에서 브레이크를 살짝 눌러주는 것에 해당한다. 반정지는 새로운 활동 - 진행속도의 변화, 방향전환 등 - 을 하기 전에 하는 동작이다. 이 동작으로 말은 발걸음이 경쾌해져 전진하려는 힘이 강해지고 기승자에게 주의를 집중한다. 동시에 말과 사람은 승마의 기본자세, 가장 균형 잡힌 자세로 돌아간다. 기업이 방향전환을 하기 전에도 미션과 경영진단을 하는 반정지가 있어야 하는 것이다.

  말을 타고 있는 사람은 타는 동안 기본자세에서 벗어나 있어도 이를 잘 알지 못한다. 회전을 하면서 몸이 말의 중심에서 벗어나 균형을 잃고 있어도 본인은 모르는 경우가 많다. 기업경영에서도 기본자세를 잊는 경우가 있다. 호황 때는 끝없이 호황이 계속될 것이라는 낙관에 사로잡히고 불황이면 희망의 끈을 놓쳐 버린다. 업계가 대형화와 인수합병의 소용돌이에 휘말리면 위기감에 휩싸여 동조한다. 위기가 오면 살아남기 위해 극한적인 원가절감 활동을 펼친다. 이 과정에서 무엇을 하는 기업인지, 핵심가치가 무엇인지, 기업의 핵심역량이 무엇인지를 잊게 된다. 아무나 가질 수 없는 브랜드라는 이미지가 핵심자산인 명품 생산기업이 불황기에 할인판매를 하다가 명품의 이미지를 영영 잃어버리는 사례도 있다. 자동차업계에 불어닥친 인수합병 열풍에 휩싸였다가 경쟁력을 잃어버린 미국기업도 마찬가지이다.

  경영 분야 베스트 셀러에서 등장하는 위대한 기업은 뚜렷한 비전을 가진 기업, 기축에서 떠나지 않는 기업, 핵심가치에 충실한 기업이라는 공통점이 있다. 가정용 소비재 산업에 집중한다는 피엔지(P&G), 양질의 제품을 가장 싼 가격에 판다는 월 마트, 고객에게 서비스한다는 가치관에서 벗어나지 않는 IBM 등이 대표적이다. 특히 IBM은 하드웨어 중심에서 소프트웨어 중심으로 이동하는 과정에서 10여 년간 60여 개의 기업을 인수했지만 IBM의 핵심가치는 고스란히 보존한 경이로운 기업이다. 이들 기업은 새로운 사업이나 전략을 수립할 때마다 반정지를 한다. 사업이나 전략이 비전과 핵심가치에 부합하는지 항상 점검하는 기회를 갖는다는 것이다. 경영 위기나 경기변동으로 비상경영을 해야 할 때, 또는 비상경영에서 성장전략으로 전환해야 할 때는 반정지가 더욱 필요하다.

　우수한 기업은 일상에서도 반정지를 사용한다. MIT의 애리얼리 교수의 실험에 따르면 사람들은 유혹이 일어날 때 혹은 그 직전에 도덕적인 생각을 떠올리기만 해도 부정이 줄어들고 속임수를 쓰지 않는다고 한다. 법정에서 증언하기 전에 선서를 하면 거짓 증언은 줄어든다. 우수한 생산현장에서는 아침마다 사가를 부르고 구호를 외친다. 일상에서 생산작업으로 들어갈 때 행하는 일종의 반정지이다. 안전과 혁신, 행동강령을 떠올리는 것만으로 사고는 줄고 생산성은 증가한다. 건강한 기업은 개인차원과 회사차원에서 최대한 자주 반정지를 한다. 반정지는 기본자세로 돌아가는 동작이다. 기본자세를 잊지 않는 기업은 건강하다.

하프스톱 half stop

멈춤에서 나오는 활발한 걸음,
하프스톱(half stop)과 하프할트(half halt)

　승마 테크닉 가운데 '반정지'라는 기술이 있다. 말을 정지시킬 때의 감각이나 행동과 비슷하지만 '정지하라'는 신호와는 달리 반만 정지하게 하는 신호다. 말이 전진할 때의 힘을 10이라 하고, 정지했을 때의 힘을 0이라고 하면 반정지는 전진하는 힘을 그대로 유지하되 5만 전진하고 나머지 5의 힘은 말의 몸에 저장하는 것이다. 반정지의 기능은 복싱에서의 레프트 잽에 해당하는 기술이다. 어떤 주먹, 어떤 기술을 쓰든, 선행 동작으로 잽이 반드시 필요하기 때문에 복싱 전문가들은 레프트 잽이 세계를 제패한다고 말한다. 사람의 시야와 거리 감각은 예상외로 정확하지 못하다. 그래서 챔피언의 펀치 정확도도 50퍼센트를 넘기지 못한다. 레프트 잽은 상대에게 데미지를 줄 목적이 아니라 거리를 잴 목적으로 사용한다. 부수적으로 자신의 밸런스를 되찾고 상대의 밸런스를 무너뜨린다. 복서는 경기 중에 끊임없이 잽을 던지고, 잽을 더 자주, 더 잘 던지는 선수가 경기를 지배한다. 뛰어난 승마 선수는 눈에 보이지 않은 짧은 순간에 쉼 없이 반정지를 반복한다. 승마에서 회전하거나, 빠른 걸음에서 느린 걸음으로, 느린 걸음에서 빠른 걸음으로 바꿀 때는 초보자도 반드시 반정지를 실행해야 한다. 말은 밸런스를 다시 찾고 추진 의지가 가득한 상태에서 말 탄 사람의 신호를 기다린다. 직진하며 실시하는 반정지는 말의 주의가 기수로 향하게 하고 저장한 추진에너지를 발산해서 한 걸음 한 걸음이 더욱 활발한 걸음으로 전진하게 한다. 반정지는 말의 코앞에 망이 있고 그 망을 말이 밀고 들어가는 느낌으로 실행한다.
　우리는 날마다 성격이 다른 많은 일을 처리해야 한다. 그럴 때마다 잠시 승마의 반정지 기술을 활용하는 것은 어떨까? 이 책에서도 하나의 주제에서 다음 주제로 넘어갈 때 여러분도 잠시 반정지 기술을 활용하기 바란다.

33

말이 시키는 일을 잘하게 하는 사람은 좋은 **조교사가 아니다**
– 학습조직

황당한 강의요청이 있었다. 누구를 대상으로 어떤 강의를 해야 하는지를 묻지 않고 덜컥 승낙했다. 후회막급이다. 강의 대상은 서울과 수도권 고등학교 교장, 교감 선생님 50분이었다. 주제는 맘대로 정하라고 했다. 경영학 전공인 내가 그분들께 할 말이 뭐가 있을까?

40대, 50대 회사 간부나 임원, 중앙부처 공무원 대상 강의는 강사들의 무덤이다. 무슨 이야기를 해도 반응이 없다. 웃겨도 절대 웃지 않는다. 세상에 좋다는 강의는 다 들어봤기에 주무시지도 않고 심각한 표정으로 두 시간 내내 강사의 말과 행동을 관찰하고 분석한다. 교장, 교감 선생님들은 이들보다 한 수 윗길이다.

도발적인 주제로 정했다. '교육敎育과 학습學習'. 60평생 교육현장에서 사신 분, 이미 교육학 박사학위를 여럿 받은 분을 대상으로 교육과 학습에 대해 강의하기로 했다. 반응은 무지 좋았다. 자기 학교에 와서 선생님들을 대상으로 이 강의를 다시 해달라고 했다.

한바탕 폭풍이 지나갔다. 경영현장에서는 3, 4년을 주기로 혁신기법이 소개되고 유행한다. 글로벌 컨설팅업체가 살아남는 방법이다. 2000년에는 지식경영, 학습조직 열풍이 불었다. 기억나는 대로 적으면 이런 내용이다. '구조개혁이나 인원감축에 의한 혁신이 지속적인 변화를 유발하지 못한 채 단발성으로 끝나더라. 기업의 가치를 계산해보니 공장, 토지, 기계, 건물, 현금과 같은 실물자산의 비중은 얼마 되지 않더라. 기업가치의 많은 부분이 기업이 가진 지식자산, 예를 들면 브랜드, 기업의 명성, 신뢰, 유통망, 신기술이나 신제품 창조능력 뭐 이런 것이더라. 다시 말해 기업이 가진 진짜 자산은 사람, 특히 조직에 녹아 있는 지식이 진짜 자산이더라. '잘하는 남 따라 배우기'라는 벤치마킹해 보니 안 되더라. 남이 따라서 배울 수 있다는 것은 진짜 경쟁력이 아니다. 진짜 경쟁력은 모방할 수 없는 것이고, 논문이나 매뉴얼로 표현할 수 있는 명시적 지식이 아니라 직원의 현장경험과 문화, 열정에 녹아 있는 지식이더라. 더 강력한 경쟁 무기는 환경의 변화에 따라 끊임없이 배우고 변화하는 능력이더라. 이런 것들이 축적되면 남이 따라올 수 없는 경쟁력이 구축된다.'

1980년대 말, MIT의 피터 센지 교수가 제시했다. "배우는 능력의 부족은 어린이들에게는 불행한 일로 그치지만, 조직에 있어서는 치명적인 것이다. 21세기 경쟁력이 상품의 질보다는 지식창출과 지식의 생산력에 좌우되는 만큼, 지식 인프라 구축이 기업 성패의 관건이다. 학습조직은 지식의 경제적 가치를 효과적으로 관리하는 것이다." 뭐 이런 이야기다.

지금도 맞는 이야기고 새로운 이야기가 아니다. 열정 있는 직원이 항상 새로운 것을 배우고, 그것이 회사의 노하우로 축적된다면 남이 따라올 수 없는 경쟁력을 갖는다. 그런데 이런 학습조직은 어떻게 만들까? 학습조직이론 또한 학습하는 방법은 제시하지 않고, 배움만 강조하다가 새로운 유행에 자리를 넘겼다.

선생님들에게 말의 교육과 학습을 이야기했다. 가르치는 것은 교육이다. 스스로 배우고 익히는 것이 학습이다. 기업마다 교육부서가 있고, 교육계획과 예산이 있다. 학교에는 가르치는 교사가 있고, 교안과 교육계획이 있다. 5천 년간 사람들은 말을 가르쳤다. 길들임에 저항하는 말을 채찍과 고문으로 가르쳤다. 인간의 말로 명령하고 두 가지 선택을 하게 했다. 따르든가, 고통을 받아들이든가.

1980년부터 재조명된 자연주의 조교법 Natural horsemanship 은 이와 달랐다. 그들은 가장 먼저 말을 이해하려고 했다. 평생을 말과 함께 살아도, 매일 말에 대해 연구한다. 우수한 조교사는 말과 보내는 시간이 많은 사람이다. 말에 대해 안다고 생각하는 순간 호스맨의 자질은 끝이라고 믿는다. 한 마리 한 마리 모두 다르다는 걸 인정하고, 말은 영원히 모르는 동물이라는 걸 인정한다. 매일 사람을 만나고 겪지만 모르는 게 사람이다. 교사는 학생을, 경영자는 직원을 알까?

그들은 말을 신뢰한다. 올바르게 대하면 말은 협력할 것이라 굳게 믿는다. 말의 본성이라 믿는다. 말이 협력하지 않는다면 자신이 잘못된 방법으로 협력을 요청했다고 믿는다. 자신의 언어가 아니라 말의 언어로 이야기한다. 사람의 언어와 말의 언어는 다르다. 선생님의 언어와 학생의 언어는 다르고 경영자의 언어와 직원의 언어는 다르다. 상대를 존중한다면 상대의 언어로 이야기해야 한다.

호스 위스퍼러는 단호함 Firm 과 매정함 Hard 을 구분한다. 원하는 행동과 바람직하지 않는 행동에 대한 기준이 명확하다. 바람직한 행동을 할 때만 칭찬한다. 반대의 경우도 언제든 놓치지 않는다. 무관심으로, 긴장으로 자신의 마음을 알린다.

핵심은 말에게 선택권을 준다는 것이다. 모든 행동의 선택권은 말에게 있다. 호스맨이 하는 역할은 말이 옳은 선택을 할 때까지 기다리는 것이다. 그들은 '학습 그 자체가 기다림'이라 믿는다. 선택권을 주고 기다리는 방법은 결과를 볼 때까지 시간이 걸리지만, 느린 것이 가장 빠른 것이라는 신념을 갖는다. 말이 옳은 선택을 했을 때는 빠지지 않고 칭찬하며, 틀린 선택을 할 때는 관심을 보이지 않는다. 호스맨은 옳은 행동을 하기 쉬운 환경을 만들고, 틀린 일은 하기 어려운 환경을 만든다.

그들은 가르침, 다시 말해 교육은 없다고 단언한다. 권력 가진 자와 외부인이 주입하는 교육은 무기력한 말을 만들 뿐이고, 무엇인가 스스로 성취하는 말을 만들 수 없다고 한다. 말이 학습할 수 있도록 돕는 것이 호스맨의 역할이라고 주장한다. 위대한 조교사는 말이 어떤 일을 하게 만드는 조교사가 아니라, 말이 무엇인가를 하고 싶도록 만드는 조교사라고 한다. 호스 위스퍼러는 365일 말의 문제가 있다는 사람을 만난다. 만나 보면 모두가 사람의 문제를 겪고 있는 말의 사연이었다. 심리상담사는 자녀의 문제를 호소하는 부모를, 교장과 교감은 학생의 문제를 호소하는 선생님을 만날 것이다. 대부분 부모의 문제를 겪고 있는 자녀, 선생님의 문제를 겪고 있는 학생의 사연임을 확인할 것이다. 이게 강의 내용이었다.

내게 학습조직이 뭐냐고 묻는다면 말할 것이다. '가르치려 들지 않는 것, 직원이 무엇인가를 하고 싶도록 만드는 것, CEO와 직원이 함께 시간을 보내는 것, 직원들의 언어로 말하고 옳은 선택을 할 때까지

기다리는 것, 사랑과 규칙이 같은 양을 차지하도록 노력하는 것'이라고 말할 것이다.

34

속도는
추진의 적이다
– 혁신 추진전략

　한국은 뉴스 강국이다. 세월호 참사와 동계올림픽, 경주 코오롱 체육관 참사가 벌써 아득하다. 기억을 더듬어 보자. 2014년 2월 7일부터 23일까지 러시아 소치에서는 동계올림픽이 열렸다. 이상화 선수의 꿀벅지와 김연아 선수에 대한 편파판정으로 시끄러웠다. 그리고 여느 올림픽과 다른 점이 있다면 유난히 속근과 지근이 화제에 올랐다는 것이다. 빙상 강국 네덜란드의 남자 스피드 스케이팅 최강자 '크라머'가 1만 미터 경기에서 호리호리한 '베르흐스마'에게 진 뒤 더욱 화제가 되었다. 베르흐스마는 키 190센티미터, 몸무게 73킬로그램으로 크라머(키 187센티미터, 몸무게 83킬로그램)보다 키는 3센티미터 더 크지만, 몸무게는 10킬로그램이나 덜 나간다. 알다시피 사람의 근육에는 붉은색인 지근이 있고 흰색인 속근이 있다. 속근은 단시간에 폭발적인 힘을 쓰는 데 사용되고 지근은 오랫동안 힘을 쓰는 데 사용된다. 속근은 운동을 하면 커지지만 지근은 유산소 운동을 담당하는 생화학적 인자의 변화만 가져온다. 외형적으로 근육이 울퉁불퉁 튀어나오지 않는다. 이상화의 허벅지는 80퍼센트가 속근이라고 한다. 속근과 지근의 비율은 인종에 따라 다르고 선천적으로 정해진다. 운동선수들은 자기 근육특성에 맞춰 종목을 선택하거나 종목에 맞게 한쪽 근육을 집중적으로 키운다. 숨 한번 안 쉬고 달리는 100미터 육상 선수는 속근 덩어리다. 마라톤 이봉주 선수는 지근으로 구성된 몸이다.

경마에서도 장거리형 말은 지근의 비중이 높고 체형이 미끈하다. 1마일 이상 뛰는 장거리 경주마는 지근 근육을 키우는 훈련을 집중적으로 한다. 장거리 말의 또 다른 특징은 엉덩이가 튼튼하다는 것이다. 장거리를 뛰는 힘은 엉덩이에서 나오고 이 힘이 부드럽게 온몸으로 전달된다.

승마를 하다 보면 – 초보가 아니라 어느 수준까지 올라가면 – '빨리 가지 말고 활기차게 보내라'는 말을 지겹도록 듣는다. 일반인은 그게 그거 아니냐고 할지 모른다. 활기차게 가는 것과 빨리 가는 것의 차이, 뭔가 다른 것 같긴 한데 분명히 떠오르지 않는다. 승마하는 사람에겐 정말 큰 차이다. 극단적으로 '속도는 추진의 적'이라고 말한다. 사전적으로 보면 속도는 물체가 나아가거나 일이 진행되는 빠르기를 말한다. 추진은 물체를 밀어서 앞으로 보내는 것, 목표를 향해 밀고 나가는 것을 말한다. 이게 무슨 차이가 있고, 무슨 관련이 있을까?

말을 탄 사람이 박차를 넣거나 채찍을 들면 말은 빠르게 앞으로 나간다. 나가긴 하지만, 모든 힘이 앞다리에 실려 있다. 총총거리며 속도를 낸다. 뒷다리는 앞다리에 끌려가는 느낌으로 말이 통통 튄다. 이 상태로 십여 분만 운동하면 말은 숨이 차고 기운이 빠져 움직이지 않는다. 박차를 넣으면 죽지 못해 가긴 가지만 힘이 남아 있지 않다. 몸이 둔해지고 말을 듣지 않는다.

자연상태의 말은 체중의 70퍼센트가 앞다리에 실린다. 무겁고 긴 목이 앞에 있기 때문이다. 속도를 내는 말은 이 앞다리를 움직여 나간다. 추진해서 나가는 말은 다르다. 뒷다리가 몸 깊숙이 들어오고 뒷다리의 힘으로 나가는 것이다. 말은 원래 뒷다리 – 후구라고 부른다 – 로 추진력을 얻는다. 차로 치면 후륜구동이다. 뒷다리가 깊숙이 들어오면 말은 힘찬 모습을 하고 몸은 부드럽게 요람처럼 움직인다. 타고 있는 사람은 천국에 있는 기분이다. 이런 상태로 나가는 걸 활기차게 보낸다고 표현한다.

경마에서도 우승하는 말은 추진이 된다. 예시장에서 말을 보면 추진이 되는 말은 뒷다리가 깊숙이 들어온다. 긴 목을 사용하는 걸 보면 안다. 목의 움직임이 부드럽고 리드미컬하다. 엉덩이가 자연스럽게 오르내리고 허리가 미세하지만 부드럽게 움직인다. 경주마 또한 가장 빠른 속력을 후구에서 만들어낸다. 앞발은, 극단적으로 말하면, 추진을 방해하는 역할을 한다. 상태가 안 된 말, 몸이 풀리지 않은 말, 아픈 말, 의욕 없는 말이 앞다리로 속도를 낸다.

추진하는 상태가 되려면 어떻게 해야 할까? 우선 말을 건강한 상태로 만들고 긴장시키지 않아야 한다. 걸으면서 입을 풀어주고 좌우로 전후로 스트레칭시킨다. 경속보나 구보로 몸을 풀어주며 앞다리로 나가지 못하도록 제어한다. 어느 시점에 목이 먼저 부드러워지고 뒷다리가 깊숙이 들어온다. 체중의 70퍼센트를 차지하는 목이 몸체와 가까워진다. 마장마술 경기하는 말을 보면 목이 완전한 아치를 그리고 있고 허리가 부드럽다. 진행방향을 기승자와 목이 정한다. 말의 허리는 회전의 완충 역할을 하고 말의 몸이 회전각도에 따라 굽는다. 뒷다리는 변함없이 직선으로 추진한다.

인사철이 되고 새로운 CEO가 오면 저마다 속도를 낸다. 심지어는 '취임 후 100일 이내에 조직을 장악하지 못하면 그것으로 끝'이라는 협박도 들린다. 정부출자 공기업, 민영화 기업의 신임 CEO는 더 급하다. 임기는 자신을 임명한 정권까지다. 그때까지 결과물을 내고 싶고 뭔가 남기고 싶다. 그래서 속도를 낸다. 신임 CEO가 부임하자마자 혁신추진반과 개혁팀이 구성된다. 정부도 다르지 않다. 대통령이 취임하자마자 변화와 혁신을 위한 아젠다가 뜨고 팀이 구성된다. 혁신실과 팀원들은 다급하게 변화를 요구한다. 속도를 내면 무엇인가 변화의 조짐이 보이고 모두 총총거리고 열심히 뛴다. 후구는 들어오지 않은 상태에서 CEO와 혁신실·기획실이라는 머리와 앞다리에 체중의 70퍼센트가 실리고 중간관리자인 허리는 굳어 있고, 다수인 종업원·후구는 추진을 못한다. 따라오지 못하는 종업원을 다그친다. 혁신조직에 더 강하게 다그치라고, 더 몰아붙이라고 소리 지른다. 1년이 지나면 모두 지쳐 움직이지 않는다. 단거리에만 힘을 내는 속근 조직이 된다. 고과와 승진으로, 해고의 위협으로 다그치면 움직이긴 하지만 의욕도 기운도 없다. 5년이 지나면 남은 게 없고 해 놓은 게 없다.

기업체 직원들과 관료들은 정권이 바뀔 때마다 오는 신임 CEO에 점점 이력이 난다. '우리가 이런 일 한두 번 겪나? 이번엔 얼마나 가나?'를 두고 내기한다. 추진이 아니라 속도를 내는 것이다.

조직의 변화와 혁신은 어떻게 '추진'해야 할까? 조직의 방향을 바꾸는 것은 매우 어렵다. 100년 기업들은 조직의 방향과 일하는 방식을 쉽게 바꾸지 않는다. 서두르지 않고 속도를 내지 않는다. 바꾸는 경우에도 먼저 조직이 이를 수용할 수 있도록, 특히 허리인 중간층이 몸을 충분히 구부릴 수 있도록 유연하게 만들어 놓는다. 방향은 CEO와 혁신실이 정하지만, 직원은 직선으로만 추진하게 해야 한다. 방향전환을 해주는 역할은 허리인 중간관리층이다.

조직에서 '추진'이란 무엇일까? 종업원이 자신의 일에 의미를 찾고 몰입하게 하는 것이다. 혁신은 자신이 하는 일이 어떤 의미를 가지는지 깨우치게 하고 그 의미를 통해 이끌어가는 것이다. 스스로 일하고 싶어 하는 분위기를 만드는 것이다. 메리어트 인터내셔널의 사명은 '우리는 길을 떠나온 나그네들이 마치 친한 친구의 집에 온 듯한 안락함을 주기 위해 존재한다'이다. 호텔 일을 하는 것이 아니라 나그네에게 안락함을 주는 일을 한다는, 일의 의미를 말단의 종업원까지 깨닫게 한다. 월마트의 사명은 '가난한 이에게도 부자와 같은 제품을 구입할 기회를 주기 위해서 일한다'이다. 머크는 '질병과 싸우는 사람들을 고통으로부터 해방한다'는 게 사명이다. 종업원이 가지는 일의 의미이다.

CEO와 혁신실, 변화관리실이 방향을 정해야 한다. 그런 다음에는 이들 조직이 속도를 내면 안 된다. 종업원 모두가 이러한 변화를 몸으로 받아들일 수 있도록 몸을 풀어주어야 한다. 후구가 움직이지 않은 상태에서는 더 나아가지 않도록 만들어야 한다. 후구인 말단 종업원의 움직임을 보고 속도를 조절해야 한다. 자신의 급한 마음과 혁신실의 실적주의를 제어해야 한다. 위대한 CEO와 우량기업의 경영자는 이것을 잘해낸다. 잭 웰치는 100번 같은 말을 하지 않으면 이야기하지 않은 것이라고 말했다. 조직의 구성원 모두가 알고 움직이려면 이렇게 해야 한다. 디즈니랜드의 회장과 임원은 종업원과 같이 매일 현장에 나가 사명을 실천한다. 모든 종업원이 추진을 할 수 있는 조직을 만든다. 후구가 들어오는 것이다.

말단 종업원이 움직이는 상태가 되면 자유롭게 추진할 수 있다.

후구로 추진하는 말은 몇 시간이고 갈 수 있다. 후구로, 엉덩이로, 종업원이 추진하는 조직은 힘 있게 몇 년이고 앞으로 나갈 수 있다.
 "속도는 추진의 적이다."

35

환경에 적응할 수 있는 기업은 **없다**
– 혁신 조직

"태산북두 저 녀석, 망아지 때는 두 발로 걸어 다녔어요."
앞발로 종일 마방馬房 문을 걷어차고 있는 말을 보며 말 관리사가 혀를 찼다. 태산북두는 어미가 임신한 상태에서 미국에서 한국으로 왔다. 이런 걸 포입마胞入馬라고 한다. 한국에서 태어났으니 국산이지만 아비마가 외국에 있다. 국산마도 아니고 외산마도 아니고 제3의 말이다. 성격이 사나워 자신의 기운을 못 이겨서 툭하면 뒷발로 일어서서 앞발을 찬다. 말과 사는 사람들은 말이 사납고 다루기 힘들 때 '두 발로 걷는다'고 표현한다. 정말 말이 두 발로 서서 걸을 수 있을까?

우리나라에는 드물지만, 외국에는 자연사 박물관이 많다. 단골 여행지로 꼽힌다. 자연사 박물관에서 빠지지 않는 것이 말의 화석이다. 화석이 풍부할 뿐 아니라 진화의 과정을 빠짐없이 보여주고 있기 때문이다. 5800만 년 전 북아메리카에 살았던 여우만한 동물이 말의 조상이다. 크기가 25에서 30센티미터 정도인 이 동물은 다리가 짧고 앞다리에 4개의 발가락이 있었고 나뭇잎을 먹었다. 이후 몸집이 점점 커지고 발가락도 가운뎃발가락만 자랐다. 지금의 당나귀처럼 생긴 모습으로 바뀌는 데 4500만 년이 걸렸다. 말이라고 부를 수 있는 에쿠스Equus는 1300만 년 전에 나타났다. 생물학자들은 어려운 용어로 말이 발가락 수 감소, 장대화長大化, 협치頰齒의 복잡화, 대뇌의 대형화라는 방향으로 변해왔다고 한다. 모두가 알고 있는 것처럼, 정말 말은 포식자로부터 살아남기 위해 빨리 도망치는 한 방향으로 진화해 왔을까?

지구의 환경은 변하고, 변하는 환경에 적응하는 생명만 살아남으며 적응하지 못하는 생명은 도태된다는 다윈의 적자생존법칙은 모든 학문과 모든 사람의 사고에 영향을 주었다. 경영학에서도 1980년대에 진화론의 사고를 도입한 상황이론Contingency Approach이 유행했다. 모든 상황에 통하는 만능의 조직이나 전략은 있을 수 없고, 각 기업이 처한 환경에 적합한 전략과 조직을 보유한 기업의 성과가 높으며 전략과 조직이 환경과 맞지 않는 경우, 기업은 생존하기 어렵다는 것이 골자다. 병에 따라 처방이 달라지듯, 상황에 따라 전략과 조직이 달라져야 한다는 것이다. 이어서 경영혁신이 화두로 등장했다. 급변하는 경영 환경 변화에 적응하지 못하는 기업은 쇠락할 수밖에 없고, 살아남으려면 혁신을 통해 변화하는 환경에 적응해야 한다는 주장이다. 환경에 적합한 생명이나 기업이 생존하고 번영하는 건 옳은 것 같다. 그런데 생물이나 기업이 변화하는 환경에 맞추어 체질이나 체형을 바꿀 수 있을까?

진화에 대해 일반이 갖는 오해가 있다. 진화가 하나의 목적을 갖고 직선으로, 한 방향으로 발전했다고 생각하는 것이다. 말은 잘 달리기 위해 덩치가 커지고, 사람이 탈 수 있도록 치간이개가 생기고, 등의 움직임이 적어지고, 사람에게 순종하고, 다리가 길어졌다고 생각하는 식이다.

또 다른 오해는 진화를 현재의 말 또는 인간의 모습으로 완성하기 위한 과정으로 본다는 것이다. 잘못된 생각이다. 진화는 목적이 없다. 진화는 장기적 관점의 진보나 완성이 아니라 단지 그때그때 살아남기 위한 몸부림이었다. 몸부림이라는 말도 오히려 이상하다. 많은 개체 중에는 우연히 돌연변이를 일으킨 개체가 나타난다. 그런 돌연변이를 보인 개체 중에 생존에 유리했던 개체가 살아남았고 자손을 남겼을 뿐이다. 목적도 방향도 없는 우연이 쌓은 결과일 뿐이다.

참치의 양식을 보면 쉽다. 대양을 헤엄치는 참치는 서로 몸이 부딪힐 일이 없었다. 어떤 이유인지 모르지만, 참치의 피부는 매우 약했고 부딪힐 일이 없으니 문제가 되지 않았다. 양식장 환경에서는 다르다. 참치의 관점에서 보면 양식장은 좁고 서로 부딪힌다. 부딪히면 약한 피부는 벗겨지고, 세균이 침입하여 모두 죽었다. 십만 마리의 참치를 넣으면 서너 마리가 살아남았다. 부딪히는 걸 피할 수 있는 성격을 가졌거나, 피부가 유독 강한 참치일 것이다. 살아남은 참치를 번식시키면 또 많은 참치는 피부가 벗겨져 죽지만 살아남는 참치가 있다. 이 과정을 계속하면 양식장의 참치는 바다에 사는 참치와 다른 특성을 갖는다. 바다 참치는 먹이를 찾는 능력이 중요하지만 양식 참치는 먹이 잡는 능력보다 부딪히지 않는 놈, 세균에 견디고 피부가 강한 놈이 살아남는다. 참치는 목적도 방향도 없이 진화한 것이다. 벼멸구도 그렇다. 농부가 농약을 뿌리면 거의 모든 벼멸구가 죽지만 농약을 약간 덜 맞는 벼멸구와 선천적으로 농약에 강한 놈이 살아남는다. 이놈들이 낳은 자손은 농약에 견디는 능력이 강하기 때문에 더 강한 농약을 써야 한다. 또 강한 놈이 살아남고 자손을 남긴다. 벼멸구는 세대를 거치면서 점점 농약에 강한 놈이 살아남고 살아남는 놈은 이전 세대의 벼멸구와는 다르다.

중요한 것은 당세대의 생명체는 변하지 않는다는 것이다. 그리고 목적을 가진 행동을 통해 살아남은 게 아니라는 것이다. 어떻게 하다 보니 새로운 환경에 맞는 유전적 특성을 갖고 태어났거나, 아니면 운 좋게 환경변화가 약한 경우다. 말도 그렇다. 어떤 말도 잘 달리기 위해 다리를 더 길게 하고 심장을 더 키워야겠다는 생각을 하지 않을뿐더러, 그런 생각을 해도 노력해서 바꿀 수가 없다. 유전자가 변하지 않는 한 신체는 변화를 보일 수 없다. 돌연변이로 다리가 긴 말이 태어났고 그 말이 다른 말에 비해 생존에 유리했기 때문에 번식에 성공했다. 누구의 의지도, 어떤 목적도 없이 이루어진 결과다. 농구선수가 팔을 길게 하려고 아무리 노력해도 길어지지 않는 것과 같다.

기업을 생명체로 간주할 수 있을까? 기업은 법적으로 법인격을 부여하므로 법인이다. 기업도 태어나고 성장하고 성숙기를 거쳐 쇠퇴하고 소멸한다. 급작스러운 사고로 사라지기도 한다. 기업의 목적을 관점에 따라 여러 가지로 정하지만, 학자들은 생존이라고 일반적으로 정의한다. 생존 자체만으로 사회와 국가에 크게 기여한다. 생명체의 목적도 생존이다. 고대 중국에서는 기업을 생의生意라고 했다. 살아있는 생명체라는 것이다. 만약 기업을 생명체로 생각한다면 혁신과 변화에 대해 진화론이 주는 의미는 크다.

신기술의 개발 또는 산업환경의 변화는 새로운 기업의 출현을 부른다. 수많은 기업이 생기고 각기 다른 전략과 조직, 문화를 가진 기업이 나타난다. 그 가운데 가장 적합한 조직 또는 운이 좋은 기업이 생존한다. 살아남은 기업은 시행착오를 거쳐 처음엔 엉성했던 부분들이 점차 산업과 경쟁환경에 적합하도록 발전시킨다. 한 산업에서 선도적 위치를 가진 기업은 그 산업 환경에 가장 적합한 유전자를 가졌거나 발전시킨 조직이다. 한 산업에서 확고한 위치를 잡았다는 것은 그 환경에 가장 완전하게 적응한 기업이라는 의미다. 이런 기업이 다시 변화한 환경에 맞추어 적응하고 진화할 수 있을까?

테시오는 경마계의 전설이다. 그는 이탈리아에서 작은 목장을 운영하면서 스스로 터득한 방법으로 세계 최고의 말을 생산했고, 이 말들은 전 세계 경마장을 주름잡는 경주마의 조상이 되었다. 그가 생산한 말은 혈통적으로 우수한 부마와 모마에게서 난 말이 아니었다. 어떤 씨수말과 어떤 씨암말을 교배시켜야 우수한 말이 생산되는가는 호스맨의 영원한 숙제다. 생산자는 좋은 말을 생산하기 위해, 마주와 조교사는 좋은 말을 고르기 위해 평생을 공부하지만, 그 비밀은 풀리지 않고 있다. "현대의 경주마는 단거리 위주로 달리다 보니, 스피드가 중시되고 목이 굵고 엉덩이뼈가 각이 선 단거리마 체형이 되어버렸다."는 말을 들었을 때, 테시오가 말했다.

"그렇다면 말 먹이를 높은 나무에 매달아 놓고 20년, 30년만 키우면 기린으로 만들 수도 있다는 말인가?"

환경에 적응할 수 있는 생명체는 없다. 망아지를 혁신하여 기린을 만들 수는 없다. 오랜 진화과정을 통해 기린처럼 긴 목을 갖게 할 수는 있어도 이미 태어난 망아지를 기린으로 만들 수는 없다. 기업 또한 한번 만들어지면 이미 조직의 문제해결방법, 설비, 의사결정 방식, 문화가 정해진다. 이것을 바꾸기는 어렵다. 이미 특화된 자산, 관계자산, 역량자산은 쉽게 바꾸거나 획득할 수 있는 것이 아니다. 자연계에서는 주어진 환경에 가장 잘 적응한 생물이 오히려 멸종한다. 진화의 창고, 새롭게 발현시킬 유전자를 이미 소모했기 때문이다. 영화 '쥬라기 공원'에서의 밸로시랩터 같은 영악하고 고도로 발달된 생명이 멸종하는 이유다. 혁신의 성공률이 지극히 낮다는 점이 이를 잘 대변해 준다. 연구 결과 실제 혁신 성공률은 16퍼센트에 불과하다.

비즈니스 서적에서는 사업구조를 완전하지 변신한 기업이 소개된다. GE가 전자에서 제트엔진·금융·방송으로 전환했고, 만네스만이 철강기업에서 통신기업으로, 노키아가 임업에서 휴대폰 사업으로 성공했다. 하지만 왜 이들뿐일까? 평범한 현상이라면 떠들 필요가 없다. 이것은 역으로 비즈니스 재구축이 그만큼 어렵다는 이야기다. 오히려 마이크로프로세서 생산 기업인 인텔 신드롬이 더 보편적 이야기다. 인텔은 포스트 마이크로프로세서Post Microprocessor를 위해 할 수 있는 모든 신사업을 시도했지만 완전히 실패했다. 맥도널드 또한 그랬다. 햄버거가 성장한계에 부딪히자 상상할 수 있는 모든 신사업을 시도했지만 결과는 참담했다. 마이크로소프트, 코닥, 수많은 철도회사, 석유회사, 철강회사가 모두 신사업에서 실패했다. 대기업이 시도하는 신사업의 성공률이 10에서 20퍼센트에 불과하다는 사실과 대규모 사업의 경우 3퍼센트가 안 된다는 사실이 이를 잘 증명한다. 1917년에서 1987년 간 포브스 상위 100대 기업 중 살아남은 18개 기업을 연구한 결과, 살아남으려면 변화하지 말아야 한다는 것이 시사점이다. 실제로 장수기업을 연구한 결과를 보면 장수기업은 변화를 잘 시도하지 않는 특징을 보인다고 한다.

지금 업계를 주도하는 기업, 지금 개체 수가 많은 생물은 현재의 환경에 너무나 잘 적응한 생명 또는 기업이다. 거대 석유회사, 거대 공익

기업, 화학회사, 외식 프랜차이즈, 거대 하이테크 기업은 모두 각자의 사업분야에서 뛰어난 과학기술과 경영관리방법으로 탁월한 비즈니스 모델을 구축한 기업이다. 이들에게는 변화에 대응하여 진화할 진화의 연료가 남아 있지 않다. 이들은 지금까지의 환경에 적응하기 위해 진화의 에너지를 모두 소진했기 때문이다. 진화가 덜 된 방향으로의 변화, 역진화는 가능하지 않다는 것이 생물학의 결론이다. 조직생태학에서도 기술환경 등 단속적인 변화가 생기면 기존 기업이 변화를 추진하여 적응하기보다는 새로운 환경에 맞는 전략과 구조를 가진 새로운 기업이 출현해서 기존 기업을 대체하여 시장을 지배한다고 설명한다.

혁신전문가 마이클 해머는 개에게는 두 발로 걷는 유전자가 없듯이 인간에게는 혁신의 유전자가 없다고 했다. 개를 훈련시켜 두 발로 서게 해도 두 발로 뛰는 인간에 비하면 경쟁력이 없다. 그럼 이미 성공한 대기업은 경영환경이 변화하면 어떻게 해야 할까? 가장 좋은 방법은 자신에게 맞는 경영환경을 찾아내거나 조성하는 것이다. 나무늘보와 팬더, 코알라가 지구환경 변화에도 살아남은 비결이다. 변화에 적응하려는 노력은 부질없다. 현대 경영학의 구루인 크리스텐슨도 '혁신기업의 딜레마'에서 이 문제를 다루고 있다. 이미 혁신에 성공한 기업은 연속성 혁신에는 성공할 수 있지만, 와해성 기술혁신에는 대응할 수 없다는 것이다. 이에 대응하는 방법은 현재의 조직과 다른 새로운 조직을 새로운 공간에서, 새로운 사람이 맡도록 해야 한다는 것이다. 새로운 환경에 맞는 기업으로 바꾸려면 CEO부터 임원, 종업원, 주주 모두를 바꾸어야 한다. 완전히 새로운 기업이 된다.

 **하프스톱** half stop

말(Horse)과 인류 : 무기와 사치품, 우리의 친구로

말을 모르는 사람은 없다. 안다고 생각하니 궁금한 것도 없다. 승마 이야기가 나오면 주로 "말은 몇 살까지 살아요?"와 "비싸죠?"라는 두 가지 질문을 듣는다. 하지만 "말을 인간이 자유롭게 조종할 수 있는 이유를 아세요?"라고 물으면 답하는 사람이 없다. 한 걸음만 들어가면 아는 게 없다. 10년 이상 승마하고 말에 대해 공부한 나도, 말에 생계가 걸린 사람들도 말을 몰라 답답해한다. 인류가 말과 함께 살아온 세월은 6천 년 이상이지만 말을 과학적으로 연구한 역사는 채 20년도 되지 않는다.

말은 5천 5백만 년 전 발가락 넷에 개만큼 작고 땅딸막한 에오히푸스(eohippus)에서 출발했다. 현생 말의 시조는 2천만 년 전에 북아메리카에 살았던 에쿠스(Equs)다. 이후 말은 점점 키가 크고, 빠르고, 우아하며 발가락이 하나인 현대 동물로 진화했다. 이후 북아메리카는 말 진화의 요람으로 당시에는 육지로 연결된 구대륙에 새로운 품종을 지속적으로 공급했다. 1만 5천 년 전 빙하기 말기의 급격한 기후의 변화는 북아메리카에 있던 말을 모두 멸종시켰다. (북아메리카에 다시 말이 나타난 것은 콜럼버스가 두 번째 신세계 탐험에서 종마 24마리와 암말 10마리를 데리고 상륙한 뒤의 일이다.) 이 시기에 유럽과 아시아지역의 말도 동시에 멸종했는데 중앙아시아와 현재의 우크라이나 지방에 있던 말의 일부가 간신히 살아남은 것으로 추정한다.

말을 제외한 5대 가축(소, 양, 돼지, 닭, 말)은 대략 9천 년 전에 길들여졌지만, 말의 가축화는 이보다 훨씬 늦은 6천 년 전에야 이루어졌다. (가축화는 야생 동물의 멸종을 불러온다. 야생의 소나 닭, 야생 양과 염소는 가축화와 함께 멸종되었다. 가축화가 시작되면서 야생마는 사라지고, 수십 마리의 프르제발스키 말만 동물원 또는 인간의 보호 아래 야생마의 명맥을 유지하고 있다.) 고고학적 증거로 보면 인류는 말을 처음에는 식용으로 사냥했고 이후 탈 것으로 길들였다. 식용으로 활용하기에는 말의 임신 기간이 지나치게 길고, 한 번에 한 마리 이상 낳지 않으며, 다른 가축에 비해 투입 대비 단백질 확보 효율이 떨어졌기 때문이다. (몽골에서는 지금도 너무 늙어서 번식할 수 없거나, 일을 할 수 없는 말만 식용으로 사용한다.)

오늘날 우리가 만나는 말은 6천 년 전 우크라이나인들이 길들인 말의 후손이다. 이들이 처음으로 말을 탈 것으로 길들였고, 이후 인류의 역사는 극적으로 변했다. 말을 타면서 사람들은 말에 물건을 싣고 깊숙한 대초원 지대로 들어가 필요한 자원을 모았고 기동성이 없는 이웃을 대상으로 갑작스럽고 잔인한 전쟁을 시작했다. 정복과 교역으로 취락의 규모가 커지고 사회계급이 출현하면서 초기 형태의 국가건설로 이어졌다.

이후 말은 동서양을 통틀어 수천 년간, 심지어 2차 세계대전까지 군사용으로 존재했다. (일부 수레를 끄는 견인용 말도 있었지만, 견인용으로는 지금도 소가 일반적이다.) 이런 이유로 유럽에서는 말고기 식용금지령, 동양에서는 말 도살금지 정책이 시행됐고 민간에서 잡아먹지 못하게 했다. 이로 인해 말이 신성한 동물, 상서로운 동물이라는 생각은 더욱 굳어졌고 말고기는 먹지 못할 고기로 간주되었다. 나폴레옹의 러시아 전쟁 패배 이후의 기록과, 임진왜란 때 울산성의 기록에서 먹을 것이 없어 말을 잡아먹었다는 이야기는 비참함의 대명사로 표현된다.

말은 부와 권력을 상징하는 사치품이었다. 1250년 신성로마제국 황제 프레데릭 2세에게 쓴 편지에서 '말보다 더 고귀한 동물은 없습니다. 왜냐하면, 왕자와 귀족·기사를 비천한 백성과 구별하는 잣대가 바로 말이기 때문입니다.'라고 적었다. 말을 가지려면 엄청난 돈이 필요했기 때문이다. 사람도 굶주렸던 중세시대에 마차 끄는 말 두 필을 키우려면 10에이커, 1만 2,241평, 60마지기 보리밭에서 나는 곡식을 몽땅 말에게 먹여야 했고, 말을 키우는 데는 공식 관리와 조교사·말 관리사가 필요했다. 관리는 낮은 직위가 아니었다. 한국과 중국에서는 왕의 사위를 부마(駙馬)라고 한다. 부마도위(駙馬都尉)의 줄임 말로 황제의 수레를 끄는 말의 부상을 대비한 예비 말을 관리하는 직위다. 예비 말을 관리하는 사람의 봉급과 대우는 재상에 버금가는 수준이었다. 그래서 고대 그리스 기병대는 사회 최고의 부유층으로 구성되었고 로마와 중국, 중세 유럽도 동일했다. 말이 가진 부와 권력의 상징성으로 왕의 이미지는 말 탄 전사의 동상으로 만들어졌고, 전쟁 영웅과 권력자들은 기마상으로 광장에 살아남았다.

말은 또한 시대와 장소를 불문하고 신비하고 고귀한 동물이었다. 그 이유를 마빈 해리스는 '음식문화의 수수께끼'에서 제시했다. 단백질은 탄수화물에 비해 월등한 영양원이다. 그리고 이 단백질 공급원으로서 어떤 동물이 선택되느냐 하는 기준에 한 가지 원칙이 있다. '단백질을 얻는 데 투입되는 노력 대비 얻는 단백질의 양'이 그것이다. 동남아에서는 나방을 먹는 곳이 많다. 나방보다 단백질이 우수한 곤충도 많지만, 이들은 군집생활을 하지 않기 때문에 채집에 들어가는 노력이 크기 때문이다. 호랑이, 늑대, 새를 단백질원으로 선택하지 않는 이유도 여기에 있다. 인간이 식량으로 선택하는 동물은 투입 대비 산출, 즉 효율성이 높은 동물이다. 단백질 공급원으로 선택되지 않은 동물은 두 갈래의 극단적인 길을 걷는 경향이 있다. 구더기, 뱀, 메뚜기 같은 곤충, 이슬람 세계에서의 돼지처럼 혐오하거나, 또는 힌두교의 소나 다른 지역의 말처럼 신성시하는 것이다. 가축으로서의 말은 인간이 투입하는 건초 또는 곡식에 비해 만들어내는 단백질의 양과 질은 소나 양에 비해 현저히 떨어진다. 개에 비해서도 경쟁력이 없고 돼지나 닭에 비하면 더욱 초라하다. 말은 인간에게 다른 혜택을 줌으로써 우리 곁에 남았고, 식용 경쟁에서 진 동물이 걷는 길 가운데 신성화의 길을 걸었다. 그래서 알타미라 벽화, 경주 천마총에서 보듯이 역사와 신화에 등장하는 말은 신의 인격, 또는 최소한 인간과 동등한 인격체로 대우받았다.

말이 전쟁 무기에서 사치품으로, 인간의 친구로 인류 역사와 함께 할 수 있었던 이유는 인간사회와 공통점이 많았기 때문이다. 말은 지배-복종의 관계를 직관적으로 알 수 있는 '언어'를 갖고 있었고, 진화과정에서 초원의 서식지에 무리를 이루어 살아왔으며, 권위와 신뢰관계를 기초로 한 사회구조를 형성했다는 공통점이다.

산업혁명으로 증기기관, 특히 내연기관이 발전하면서 기계는 점차 말의 역할을 대체했다. 영화 '시비스킷'에서는 자동차가 말을 대체해가는 과정을 실감 나게 보여준다. 탱크와 전차는 전쟁에서 말의 역할을 크게 축소시켰다. 오늘날 말은 6천 년의 영화를 뒤로 한 채 레저 차원의 경마 경주용이나 스포츠를 위한 승마용으로 기능하고 있다. 말이 가진 위엄과 권력의 상징은 남아서 서구의 왕족, 귀족, 상류층은 여전히 승마와 경마에 심취하고 있다.

저자 | 최현우 (마가, 馬加)

말을 좋아하고 말이 있어 행복한 사람이다. 아내와 매주 승마와 경마를 즐긴다.
1960년 울산에서 태어났고 한국과학기술원(KAIST)에서 조직론(석사)과 금융공학(박사)을 전공했다. 에너지경제연구원, ㈜데이콤, 포스코에서 근무했고, 포스코경영연구원 경영연구센터장을 지냈다. 현재 호서대학교 기술경영대학원 초빙교수로 있으며 기술사업화지원센터장을 맡고 있다. 마주(馬主)이며 서울마주협회 감사를 역임했고 경희대학교 승마CEO과정 책임교수다.
경영학을 공부하고 오랫동안 연구와 컨설팅 활동을 해왔다. 41살 때 승마를 시작했고, 말에 대해 알게 되면서 승마 이야기는 경영 이야기라는 생각을 거듭했다. 승마가 경마에 주는 시사점을 정리하여 이코노미스트 등에 연재했고 CEO를 대상으로 강의했다. 이 책은 말의 이야기, 말과 사람의 이야기, 경영 이야기다.

승마와 경영
승마에서 배우는 경영 인사이트

초판 1쇄 인쇄 | 2017년 10월 20일
초판 1쇄 발행 | 2017년 10월 25일

발행자 | 김혜련
발행처 | ㈜시그마인사이트컴
　　　　 서울특별시 마포구 토정로 222 한국출판콘텐츠센터 3층
　　　　 전화 : (02)707-3330, 팩스 : (02)707-3185
　　　　 http://www.sigmainsight.com
등　록 | 1998년 2월 21일 (제10-1549호)

값 22,000원

* 기업 · 개인 직접주문 : 시그마인사이트컴(전화 : (02)707-3330)
* 독자 여러분의 의견을 기다립니다.(e-Mail : book@sigmainsight.com)

ISBN 978-89-88092-52-1　03320

이 책은 저작권법에 의하여 보호를 받는 저작물이므로 어떠한 형태로든 무단 전재와 무단 복제를 금합니다.
이 책 내용의 일부를 전재하고자 할 경우에는 반드시 저작권자와 출판사 양측의 동의를 받아야 합니다.